Pharmaceutical and Chemical Engineering Trade Practice

医药化工贸易实务

主　编　邵金菊　潘冬青
副主编　姜丽花　卓　涵　宣　扬

ZHEJIANG UNIVERSITY PRESS
浙江大学出版社

图书在版编目（CIP）数据

医药化工贸易实务／邵金菊，潘冬青主编．—杭州：浙江大学出版社，2012.9

ISBN 978-7-308-10643-6

Ⅰ．①医… Ⅱ．①邵… ②潘… Ⅲ．①制药工业—化工产品—国际贸易—教材 Ⅳ．①F746.3

中国版本图书馆 CIP 数据核字（2012）第 226509 号

医药化工贸易实务

主　编　邵金菊　潘冬青

副主编　姜丽花　卓　涵　宣　扬

责任编辑　朱　玲
封面设计　李　陈
出版发行　浙江大学出版社
（杭州市天目山路 148 号　邮政编码 310007）
（网址：http://www.zjupress.com）
排　　版　杭州中大图文设计有限公司
印　　刷　德清县第二印刷厂
开　　本　787mm×1092mm　1/16
印　　张　14.75
字　　数　390 千
版 印 次　2012 年 9 月第 1 版　2012 年 9 月第 1 次印刷
书　　号　ISBN 978-7-308-10643-6
定　　价　30.00 元

前　言

进入21世纪,尤其是中国加入世界贸易组织以来,我国的对外贸易进入了崭新发展阶段,医药化工贸易也步入新的发展时期,不仅表现在量的增长上,也表现在医药化工贸易的关税逐步降低,国内医药化工企业发展迅速。为了适应医药化工贸易发展对复合型国际贸易人才培养的需要,浙江大学宁波理工学院经济与贸易学院与浙江医药高等专科学校合作编写了这本教材。

本教材以培养医药化工贸易应用型复合型人才为目标,从医药化工进出口贸易的全过程入手,逐步展开阐述医药化工贸易的各个环节。本教材在编写中体现了以下特色:

1.适用性。考虑到医药化工专业的学生相对缺乏国际贸易知识背景,本教材在内容的编排上坚持适用性原则,既保留了出口贸易实务的基本体系,又把医药化工贸易的相关知识贯穿本书,充分体现国际贸易实务与医药化工专业知识相结合的特点,教材每章都附有阅读材料和案例解析,使学生易于理解和掌握。

2.前沿性。国际贸易实务涉外性、操作性极强,本教材密切关注国际贸易规则变化的最新动态,反映最新的国际惯例。经国际商会重新修订的《2010年国际贸易术语解释通则》2011年1月1日正式生效,它对现有的十三种贸易术语做了较大增删,本教材紧密结合新规则,对贸易惯例的新动向做了详细的阐述。

3.应用性。教材紧扣应用型人才培养目标,注重医药化工贸易实务操作技能和实践能力的训练,把学生应当学习和掌握的应知应会的基本技能贯穿于教材中,实现理论与实际的有机结合。

参加本教材编写的都是多年从事国际贸易教学的教师,具有丰富的教学经验,长期关注学科的发展动态;同时在科研、服务地方经济方面取得了可喜的成果,为教材的编写打下了良好的学术基础。本教材各章撰写的具体分工为:邵金菊编写第1、2、4章,潘冬青编写第7、8、9、10章,姜丽花编写第3、5、6章,邵金菊、卓涵和宣扬等负责全书的总纂定稿。

在本书编写过程中,我们参阅了近年来国际贸易实务与医药化工贸易相关教材和资料，在此一并向原著者表示谢意。

本书既可作为医药化工类专业的教学教材和国际经济与贸易专业的辅助教材，也可作为外贸等相关涉外部门的参考资料。由于编写人员视野和水平有限，对有关问题的研究和阐述还存在不足和疏漏之处，恳请同行和读者给予批评指正。

编　者

2012 年 6 月

目　录

第一章 医药化工贸易概述

学习目标:

通过本章的学习,理解医药化工国际贸易基本概念和医药化工国际贸易的不同形式;熟悉医药化工国际贸易的特点;掌握开展医药化工国际贸易必须具备的基本条件。

第一节 医药化工贸易的含义

国际贸易是世界经济中不可缺少的组成部分,国际医药化工贸易又是国际贸易的一个重要领域。了解国际贸易和国际医药化工贸易的基本知识是对其进行研究的基础。

一、国际医药化工贸易的含义

(一)国际贸易与国际医药化工贸易的概念

国际贸易(international trade)是指世界各个国家或地区在商品和劳务等方面进行的交换活动。它是各国或地区在国际分工的基础上相互联系的主要形式,反映了世界各国或地区在经济上的相互依赖关系,是由各国对外贸易的总和构成的。从国际范围来看,国际贸易是一种世界性的交换活动,所以又称为世界贸易(world trade)。国际医药化工贸易是指以医药化工相关产品为交易商品的国际贸易。

如果从单个国家或地区的角度出发,当一国或一个地区,以本国或本地区为主体,同世界其他国家或地区进行商品和劳务等交换活动时,则称为对外贸易(foreign trade)。某些国家如英国、日本等,把这类交换活动称为海外贸易(overseas trade)。

国际贸易与对外贸易,既有联系,又有区别。它们的联系表现在,世界各国对外贸易的总和构成了国际贸易,它们是个体与总体的关系。但是,作为各国对外贸易总和的国际贸易,又同构成这个总体的各个国家的对外贸易存在着区别。一方面,两者的研究角度不同。对外贸易是以一国或一地区为主体,对其他国家或地区进行商品和劳务等交换活动;而国际贸易则是从世界角度来研究的。另一方面,两者的考察范围不同。对外贸易只考察本国或本地区与别国或其他地区的贸易活动,而国际贸易的考察范围是所有国家或地区对外贸易的总和,它既包括本国与别国的贸易活动,又包括其他国家之间的贸易活动。

阅读材料

贸易可以使每个人状况更好

人们为什么选择在物品与劳务上依靠其他人？这种选择如何改善人们的生活？我们来看一种最简单的经济。假设世界上有两种物品——牛肉与土豆，也只有两个人——牧牛人和种土豆的农民；他们每人都既喜欢吃牛肉，又喜欢吃土豆。如果牧牛人只能生产牛肉，而农民只能生产土豆，那么，贸易的好处是最明显的。在一个方案中，牧牛人和农民可能选择“老死不相往来”。但在吃了几个月烤牛肉、煮牛肉、炸牛肉和烧牛肉之后，牧牛人肯定觉得自己并不怎么惬意；同样，一直吃土豆泥、炸土豆、烤土豆和用贝壳烘土豆的农民肯定也有同感。如果采取另一个方案，牛肉和土豆之间展开贸易，这时两个人就都可以拥有汉堡包和炸薯条了。

当比较一个人、一个企业或一个国家与另一个人、另一个企业或另一个国家的生产率时，经济学家通常是看“绝对优势”。当生产者生产一种物品所需要的投入量较少时，就可以说明该生产者在生产这种物品中有绝对优势。但是，还有另一种比较方法，我们可以不比较所需要的投入，而是比较机会成本，即为了得到某种东西而放弃的其他东西。为了分析贸易的好处，经济学家提出了“比较优势”的概念，即生产一种物品机会成本较少的生产者具有比较优势。请看下面的例子：

迈克尔·乔丹是一名优秀的运动员，他很可能在其他活动中也出类拔萃。假设乔丹修剪自己的草坪比其他任何人都快，但是仅仅因为他能迅速修剪草坪，就意味着他应该自己修剪草坪吗？

为了回答这个问题，我们可以引入机会成本和比较优势的概念。比如说，乔丹用 2 小时能修剪完草坪；在同样的 2 小时里，他可以拍一部运动鞋的电视商业广告而赚到 1 万美元。与他相比，住在乔丹隔壁的小姑娘詹尼弗要用 4 小时才能修剪完乔丹家的草坪；在这同样的 4 小时中，她可以在麦当劳工作并赚到 20 美元。

在这个例子中，乔丹在修剪草坪上有绝对优势，因为他可以用更少的时间干完这个活；但詹尼弗在修剪草坪上有比较优势，因为她的机会成本低。所以，如果乔丹和詹尼弗之间展开贸易，对双方就有好处。乔丹不应该修剪草坪，而应该去拍商业广告片，然后雇用詹尼弗来修剪草坪。显然，只要乔丹支付给詹尼弗的酬劳大于 20 美元而低于 1 万美元，双方的状况都会更好。

国际贸易的好处也是显而易见的。当一国允许贸易并成为一种物品的出口者时，该物品的国内生产者状况变好，而该物品的国内消费者状况变坏，只要赢家的收益超过了输家的损失，贸易就增加了该国的经济福利。而当一国允许贸易并成为一种物品的进口者时，该物品的国内消费者状况变好，而该物品的国内生产者状况变坏，只要赢家的收益超过了输家的损失，贸易同样增加了该国的经济福利。因为贸易的好处是依据比较优势，而不是绝对优势。即使一国在生产每一种物品上都比另一国强，这个国家仍然能从与别国的贸易中获益。

贸易可以使每个人状况更好。了解这个基本的经济学原理，对我们做出正确的经济决策是非常有益的。谁也不见得什么都做，所以总要把有些业务外包出去，把有些产品购买进来。人与人之间、企业与企业之间、地区与地区之间、国家与国家之间，甚至是地球人与神秘的外星人之间，不是都可以多开展贸易吗？

资料来源：吴智勇．贸易可以使每个人状况更好．经济世界，2000(12)．

(二)国际贸易的规模

国际贸易的规模可以用以下两种方法来计量。

1．国际贸易值(value of international trade)

国际贸易是由世界各国对外贸易的总和构成的。要了解国际贸易值，首先必须知道对外贸易值的含义。

一定时期内一国从国外进口的商品的全部价值，称为进口贸易值。一定时期内一国向国外出口的商品的全部价值，称为出口贸易值。两者之和便是该国的对外贸易总值(value of foreign trade)。一国的对外贸易总值一般是由该国或国际上最通用的货币来表示的。这里“最通用货币”通常是采用美元，因为美元是当代国际贸易中的主要结算货币，也是最重要的国际储备货币。

从概念上看，国际贸易值虽然应该是世界各国对外贸易值的总和，但却不能简单相加。由于一国的出口就是另一国的进口，将各国对外贸易值相加得出的国际贸易值存在重复计算。因而，通常所说的国际贸易值仅指世界各国出口贸易值的总和。

2．国际贸易量(quantity of international trade)

国际贸易量是以不变价格计算的反映贸易规模的指标。由于现实生活中物价经常变动，从而影响到国际贸易值的变化，使国际贸易值对国际贸易的实际规模产生扭曲的反映。为了避免物价因素对国际贸易值的影响，进而对国际贸易规模变化的影响，真实地反映国际贸易的发展趋势，只有按一定时期的不变价格来计算国际贸易量。具体做法是，以某个确定年份为基期计算的进口或出口价格指数去除当时的进出口值，得到相当于按不变价格计算的进出口值，即国际贸易量＝国际贸易值/价格指数。通过这种方法计算的国际贸易值剔除了价格变动的因素，单纯地反映了国际贸易的数量关系。用各个时期的国际贸易量与基期比较，能较准确地反映国际贸易规模的变动趋势。

(三)贸易差额(balance of trade)

一国在一定时期内(通常为一年)进口贸易总值和出口贸易总值之间的差额，称为贸易差额。当进口贸易总值超过出口贸易总值时，出现贸易逆差，或称为入超。相反，当出口贸易总值大于进口贸易总值时，出现贸易顺差，或称为出超。若进出口总值基本相等时，则称为贸易平衡。

一国的贸易差额可以显示该国对外贸易的收支状况，反映该国的经济实力以及在国际市场上的竞争能力，是判断该国对外贸易是否处于有利地位的一个重要标志。一般来说，贸易顺差表示一国在对外贸易中处于有利地位；贸易逆差则表示一国在对外贸易中处于不利地位。因此，通常各国都会通过扩大出口来争取贸易顺差。但是，长期顺差不一定有利。因为长期顺差意味着大量资源外流，并且可能引起本国货币升值或升值压力，甚至引发贸易摩擦。

二、国际医药化工贸易的形式

作为国际贸易的一个部分，国际医药化工贸易的形式与一般国际贸易的形式基本相同。国际贸易形式多样，现介绍如下。

(一)依据商品移动方向分类

1. 出口贸易(export trade)

将本国生产或加工的商品运往其他国家的市场销售，称为出口贸易。当外国商品输入本国后，未经任何实质性加工改制，再向国外出口，称为复出口或再出口(re-export)。

2. 进口贸易(import trade)

将外国生产或加工的商品输入本国国内市场销售，称为进口贸易。与此相适应，本国输出到国外的商品，未经实质性加工改制再输入本国时称为复进口或再进口(re-import)。

3. 过境贸易(transit trade)

A 国的贸易货物通过 B 国国境，不经加工改制而运往第三国 C 国的贸易活动，对于 B 国而言是过境贸易，也称通过贸易。在过境贸易中，B 国不参与 A、C 两国之间的贸易。

(二)依据贸易是否有第三者参与分类

1. 直接贸易(direct trade)

商品生产国直接将商品销售给消费国，没有第三国经手的贸易行为，称为直接贸易。直接贸易避免了中间商的渔利，减少了中间环节所支付的各种流通费用，降低了出口商品的成本，对出口商和进口商都是有利的。因而，在国际贸易中大多数采取直接贸易的方式。

2. 间接贸易(indirect trade)

商品生产国与消费国通过第三国进行商品买卖的行为，称为间接贸易。在国际贸易中，由于运输航线不通、销售渠道不畅、外汇结算困难以及政治和文化等障碍，或多或少地影响到直接贸易的进行。各国为了扩大销售，或取得急需商品，往往通过第三国进行贸易。因而，国际贸易中仍存在相当大的部分以间接贸易的方式进行。

3. 转口贸易(entrepot trade)

一国或一地区进口某种商品不是以消费为目的，而是把它作为商品再向别国出口的行为，称为转口贸易，也称为中转贸易。即使商品直接从生产国运到消费国，但只要两者之间并未直接发生交易关系，而是由第三国的转口商分别同生产国与消费国发生交易活动，则仍然属于转口贸易。从事转口贸易的国家、地区或城市大多数地处世界各大区域的中心位置，与世界各地贸易联系较频繁，港口设备较好，贸易设施完备，贸易信息灵通，如新加坡、中国香港等。

转口贸易与过境贸易不同，表现为：一是在过境贸易中，第三国不能直接参与商品的交易活动，而转口贸易必须由转口商来完成交易手续。二是过境贸易中，接受过境商品的国家只收取少量的过境税和必要的手续费，而转口贸易中，转口商是以盈利为目的的，往往能够获取大量的转口贸易利润。

(三)依据统计进出口贸易的分类

1. 总贸易(general trade)

总贸易是以国境为标准划分和统计的进出口贸易。按照这个标准,凡是进入国境的商品即为总进口(general import),凡离开国境的商品即为总出口(general export)。总进口额与总出口额之和即为总贸易额。目前,有中国、美国、日本、英国、加拿大、澳大利亚等90多个国家和地区是以国境为标准统计其进出口额的。

2. 专门贸易(special trade)

专门贸易是以关境为标准划分和统计的进出口贸易。按照这种标准,凡进入关境之后的商品才列为进口,称为专门进口(special import);凡离开关境的商品都要列为出口,称为专门出口(special export)。专门进口额与专门出口额之和称为专门贸易额。

总贸易额与专门贸易额的数额往往不相同,这是因为:①各国的关境和国境往往是不一致的。国境是指一个国家行使主权的领土(包括领海、领空)范围。关境是指一个国家的海关可以代表国家全面实施法规的范围。世界上大多数国家的国境和关境是一致的,但当一国国境内设有自由贸易区、海关保税仓库等,则其国境大于关境,因而总贸易额大于专门贸易额。相反,由于区域经济一体化的发展,出现了区域化的经济组织,如欧盟。欧盟的所有成员国联合组成关税联盟,从而使欧盟成员国的关境都大于它们各自的国境,以致使这些国家的总贸易额小于专门贸易额。②对某些特殊形式的贸易两者的处理不同。比如,过境贸易计入总贸易额中,但不会列入专门贸易额。因此,联合国发表的各国外贸资料,一般都注明是用何种体系编制的。

学习材料

总贸易体系与专门贸易体系的分布

各国在统计国际贸易时采用的方法常常不同,所以联合国发表的各国对外贸易额资料均注明是按何种贸易体系编制的。目前,约有90个国家和地区,包括日本、英国、加拿大、美国、澳大利亚等国采用总贸易体系,而采用专门贸易体系的约有80多个国家和地区,包括中国、德国、意大利、法国等国。

(四)依据贸易商品的形式分类

1. 有形贸易(visible trade)

在国际贸易中,实物商品的进出口称为有形贸易。

世界市场上有形商品的种类繁多,为了便于统计,联合国统计处制定了《国际贸易商品标准分类》,即SITC。

在标准分类中,对每一项具体的商品均采用5位数的目录编号法,例如:甘草的编号为29241。其中:

第一位数表示部门,2——表示该商品属燃料以外的非食用粗原料。

第二位数表示类，9——表示该商品属动物或植物粗原料。

第三位数表示组，2——表示该商品属植物粗原料。

第四位数表示分组，4——表示该商品为药用植物。

第五位数表示项目，1——表示该商品为甘草。

目前，此分类标准已被世界上绝大多数国家采用。我国从 1981 年起，以 SITC 为基础，结合实际，编制了新的分类标准。1980—1991 年海关统计采用以《国际贸易标准分类》第二次修订本（SITCRev. 2）为基础的 6 位数商品分类编制，前 5 位数表示的内容与 SITC 相同，第 6 位数表示“子目”。1992 年起采用以《商品名称和编码协调制度》（HS）为基础的 8 位数商品分类收集和编制贸易统计。现行《海关统计商品目录》有 7300 余个 8 位数商品编号，其前 6 位数是 2002 年版《协调制度》（HS）编码，第 7、8 位数是根据中国关税、统计和贸易管理方面的需要而增设的本国子目。同时，采用《国际贸易标准分类》第三次修订本（SITCRev. 3）进行贸易分类。

2. *无形贸易*（invisible trade）

国际贸易中，无形商品的进出口，称为无形贸易。它包括两类：一类是与实物商品的贸易有关的国际服务贸易；另一类是与实物商品贸易无关的国际服务贸易、国际资本流动和技术等的贸易。

有形贸易与无形贸易是联系在一起的。有形贸易的贸易产生，启动了服务贸易以及相关的资本流动和技术贸易，而服务贸易又反过来促进了有形商品的贸易。但两者是有区别的，有形贸易需要结关，从而表现在海关的贸易统计上，它是国际收支的构成部分，而无形贸易不经过海关办理手续，从而不反映在海关的贸易统计上，但它显示在国际收支表上。

（五）依据国际收支中清偿工具的不同分类

1. *现汇贸易*（trade by cash）

通过银行汇总，对每笔交易以现汇单独结算的贸易方式，称为现汇贸易。现汇贸易要求进口国有比较充裕的外汇储备，交易达成后，进口方按合同规定，通过汇付、托收或信用证等方式进行支付。在时间上有预付、即期付款、延期付款三种；在支付凭证方面又有凭单据交付或凭收到货物支付两种。

2. *记账贸易*（trade on account）

由于许多发展中国家存在外汇短缺的现象，现汇贸易不是总能顺利达成的，从而产生了记账结算的贸易方式，即记账贸易。

记账贸易是指进行贸易的两国政府缔结有关协定，各自以政府的名义在对方的指定银行开立结算账户，在约定的期限内，两国所有的贸易支付都在账户上进行记账索取，届期，账户上的收支差额再按预定的方法处理。记账贸易可使贸易国家以有限的外汇实现大量的进出口贸易，但要对所使用的货币及本国货币的汇率作出规定。

3. *易货贸易*（barter trade）

以货物经过计价作为清偿工具的贸易称为易货贸易。它起因于贸易参与国双方的货币不能自由兑换，而且比较缺乏可兑换的外汇储备的情况。在这种贸易形式下，进口与出口直接联系，贸易双方有进有出，进出基本平衡。

除以上分类标准外，依货物运输方式不同，又可把国际贸易分为四种形式：陆路贸易（trade by roadway）、海路贸易（trade by seaway）、空运贸易（trade by airway）、邮购贸易（trade by mail order）。

第二节　医药化工贸易应具备的条件

一、医药化工贸易的特点

医药化工国际贸易与国内贸易相比，既有一致性，又有区别。其一致性表现为：两者都是商品和劳务的交换；货物都是从生产者向消费者转移；进行贸易的过程大同小异；经营的目的都是取得利润或经济利益。但是由于医药化工国际贸易是在不同国家之间进行的商品和劳务交换，受到各国语言、文化、宗教、习俗、医疗模式、医学理论体系等方面的影响。两者又有区别，这种区别具体表现在以下几个方面。

（一）语言、风俗不同

国际贸易买卖是不同国家之间的交易，在贸易交谈、电信联系、合同签订和单证处理上，如果采用一种共同的语言，可以顺利达成交易和完成交易。现行国际贸易最通行、最基本的语言是英语，但是英语也并不能解决国家间贸易语言使用的所有问题。如东欧、北欧通常使用德语，法国及中西非国家通常使用法语，而西班牙及大部分中南美国家则普遍采用西班牙语。医药产品关系人们的生命健康，故语言翻译的准确性是医药国际贸易达成的关键。如：有人将乌鸡白凤丸直译为“Black Cock and White Phoenix Decoction”。但在英语中，cock除表示“公鸡”之外，也是俚语中对男性性器官的称呼，而乌鸡白凤丸是一种治疗妇科病的药，西方女士在看到这样的药名时一定不会购买。这说明，语言障碍是引起误解也是导致交易失败的主要因素之一。

同时，各国贸易商和消费者的民族特征、宗教信仰、风俗习惯都有较大差异，甚至在商品包装的颜色、图案及产品说明上都有不同的忌讳、偏好和具体规定，从而对贸易商和出口商品生产者提出了较高的要求。如：在我国传统文化中，龙是权力和高贵的象征，因此，不少商品以“龙”(dragon)命名；而在西方文化中“龙”(dragon)是“凶残的恶魔”，是邪恶的象征。红色在中国有喜庆、欢乐之意。在英美国家，red却有流血、恐怖和战争等含义，常表示愤怒和犯罪。

（二）医学理论体系不同

中医理论是受中国古代哲学、心理学、天文学、气象学、逻辑学、养生学以及宗教文化的影响而形成的。中西医学的理论基础、研究对象、认识方法迥异，这使中医独特的医学哲理为西方社会所不解。西方社会对中医药的误解成为中国发展对外医药贸易必须跨越的障碍。在国际贸易中，如何有效传播中医文化，对中医药商品及服务如何准确地翻译，既反映中医的实质，又能争取外商的了解和认同，并非易事。如：中医特有的术语“阴阳”、“五行”、

“九宫八卦”、“灵龟八法”、“经络”、“三焦”等词在西方看来是玄妙难解的。

(三)各国法律和经济政策不同

各国的法律规章和贸易规章存在较大差异，如：各国的国家药典就有 CP，USP，BP，JP 等；又如：各国都有药品生产质量管理规范，即 GMP，但都不尽相同。因此，从事国际贸易，必须了解对方国家贸易法规、国际贸易法规及国际贸易惯例。同时，各国为了控制商品的进出口，往往采取各种外贸政策、国别政策和海关政策等，作为进出口企业，如果不了解这些规定，必将影响其进出口业务的开展。

(四)各国贸易障碍多

医药化工国际市场上医药商品价格的变化通常影响一国医药工业的产量。医药化工业是高投入、高回报、高技术的朝阳产业，关系到国民的生命健康。为了保护本国医药产业，优化产业结构，实现经济发展目标，政府通过设置关税或非关税壁垒的方式，采取各种限制进口的措施，以保护本国医药化工产业及医药市场免受外国同类商品竞争。

(五)风险较大

开展国际贸易，可能面临和发生的风险相比国内贸易更大。具体包括：信用风险、商业风险、汇率风险、市场风险和政治风险。

(1)信用风险。经营进出口贸易，自买卖双方接洽开始，经过报价、还价、确认后订立合同，再到卖方交货，买方支付货款，要经过一段相当长的时间。在此期间，买卖双方的财务、经营可能发生变化，有时危及履约。

(2)商业风险。在国际贸易中，进口商往往以各种理由拒收货物，对出口商来说这就是商业风险。拒收的理由大多数是由货样不符、交货期晚、单证不符等造成的。这些理由，在货物遭到拒收前是无法确定的。拒收后，虽可交涉弥补，但损失已发生。

(3)汇率风险。在国际贸易中，交易双方必有一方要以外币计价。如果汇率不断变化，计价货币选择不好，就要承担货物本身的汇兑风险。

(4)市场风险。通货膨胀、有竞争力的替代品的出现、竞争对手因采用新技术而大幅度降低成本或经济危机等原因造成的供需失衡，都会带来商品价格的波动，形成一定风险。所不同的是在国际贸易中，价格是依国际市场供需关系的变化而变化的，决定变化的因素更多、更复杂，也更加无法预测和难以控制，因此风险也就更大。

(5)政治风险。大多数国家实行贸易管制，这些贸易管制政策与措施受制于国内政治经济状况，常常予以修改，尤其是经济上处于困难地位的国家，具体的政策和措施往往是朝令夕改，变化很大。再加上一些国家内部的政局变动，常常使经营贸易者承担许多国内贸易无需承担的政治风险。

二、从事医药化工贸易必须具备的条件

从上述医药化工贸易的特点可以看出，经营国际贸易会遇到诸多困难，办理更复杂的业务，面对更大的风险，并且，医药商品作为与人体健康和生命安全直接相关的特殊产品，其涉及贸易的问题更多。因此，对于国际医药化工贸易而言，经营者必须具备一些起码的条件，主要有如下几个方面。

(一)从业人员要具有一定的专业知识

从事医药国际贸易工作的人员至少应有下列专门知识:通晓外语、市场营销学、医药化工相关知识、法律知识、保险知识、运输业务知识、国际金融汇兑知识。熟悉各国关税制度及非关税方面的措施,通晓国内外外贸政策、法律、规章制度和报关、商检手续。还需具备外贸财会、统计方面的知识。

(二)外贸企业要有灵通的商业信息情报

进行国际贸易的第一个重要环节,就是对国际市场进行周密的调查研究,掌握商业信息,包括对贸易各国进行国别调查,对客户进行资信调查,特别是对商品市场进行详细调研,以把握有利的时机,使对外贸易取得最佳效益。进行国际医药化工贸易,还应了解国际医药市场的基本情况,进口国医药商品进口限制和特殊规定,出口药品在进口国的市场供需状况及价格走势,竞争药品的特点,进口国医药流通渠道等商业情报。

(三)企业要有雄厚的资金

国际贸易多是大宗交易,而医药制成品的贸易更是需要较高投入。要想经营好国际医药贸易,获得最佳经济效益,则需要较雄厚的资金。不仅经营进出口贸易的生产企业需要雄厚资金维持生产;而且专业外贸经营企业要抓住商业机会,也需要大量资金;即使是一般代理商,资金过少,也难以获得委托者的信赖。

(四)外贸企业要有良好的商业信用

开展国际贸易,对经营者的要求较高。经营者首先要有较多的经济理论知识,能了解生产与贸易之间的相互关系以及本国经济的变动趋势,还要有较多的世界经济方面的知识,知道世界各国经济、政治变化的动态,更要有良好的商业信誉,要"重合同,守信用"。只有这样,才能高瞻远瞩、洞悉全局,在外贸活动中立于不败之地。

三、发展医药化工贸易的意义

(一)推动医药化工产业的发展和国民经济结构的优化

医药产品是国际贸易量较大的产品之一,积极发展医药化工国际贸易,参与国际医药市场竞争,可为本国医药化工产业提供广阔的市场空间,加速医药产品结构升级,提高医药生产技术,促进世界医疗服务,通过医药化工产业的前后向联系带动相关产业的发展,从而加大技术密集型产业占国民经济的比重,优化国民经济结构。随着经济全球化的发展和国际竞争日趋激烈,世界大多数国家把医药化工产业作为21世纪的战略性产业来培养和发展。参与国际医药生产分工和医药商品交换已成为各国提升国家竞争力的重要手段。

(二)节约社会劳动、提高经济效益

各国经济技术条件的不同,导致医药商品生产所耗费的社会劳动也不同。一国通过对外贸易,出口国内生产条件有利、劳动耗费较少的医药商品,换取国内生产条件不利、劳动耗费较多的产品,从而获得由于产品成本不同所带来的差额利润。医药商品的国际分工和国际交换,可节约社会劳动消耗,优化资源配置和提高经济效益,这显然有利于医药产业乃至整个国民经济的发展。

(三)积聚发展资金、吸取先进技术

医药化工产业具有高技术、高风险、高投入、高回报的特征,这就要求企业必须积聚充足的资金,采用先进技术,培训专门人才,收集广泛的医药信息。发展医药对外贸易,加强对外交流,出口创汇,积累生产及科研资金,对引进新的医药成果,学习世界先进的医药技术和管理经验,扩大医药生产规模均有重要的意义。

(四)促进医疗卫生事业的发展,保障国民生命健康

医药生产和流通直接关系到人的生命健康和生活质量,各国政府都十分重视。通过发展医药化工国际贸易,尤其是医药服务贸易,可加强各国医疗卫生事业的交流与合作,推动新药的研发和生产,提高医疗服务水平,增强一国抗病救灾能力,保障人民的生命健康。

第三节　国际医药化工贸易的法律规范

国际医药化工贸易的活动必须依法进行,只有符合有关法律规范,当事人之间签订的合同才受法律承认,当事人的权利也才受法律保护,并且义务的履行也受到法律的监护和约束。所以,对外达成的医药商品买卖合同,不仅是一种经济行为,更是国内外当事人之间的法律行为。

和国际医药化工贸易密切相关的法律是国际贸易法。国际贸易法是调整国际贸易关系以及同国际贸易有关的其他各种关系的法律规范的总称。目前,在国际医药贸易领域中起作用的法律主要有以下三类。

一、各国国内有关法律

国际医药商品买卖合同的当事人,分别居于不同国家和地区,而各国法律因为法的习惯不同而分属不同的法系,对同一具体问题的规定也大相径庭。为了解决彼此在贸易中发生的"法律冲突",世界各国均对本国的对外贸易制定了相关的法律,如有规定对外贸易主体权利和义务、维护对外贸易秩序,保护对外贸易主体合法权益的专门对外贸易管理法,如我国《对外贸易法》、《海关法》,德国的《关税法》、《外贸法》;规定当事人权利和义务的民法、合同法,如法国《民典法》,美国《统一法商典》,英国《货物买卖法》;以及规定如何诉诸仲裁与诉讼的程序法,如我国《民事诉讼法》等。另外,许多国家的国内法律中设有特别为解决本国的法律规定与国外的法律规定相冲突的法律适用的条款,即用法律规定在处理国际民商事法律关系中应适用哪一国的法律。如《中华人民共和国合同法》第 126 条规定:"涉外合同的当事人可以选择处理合同争议所适用的法律,但法律另有规定除外。涉外合同的当事人没有选择的,适用与合同有最密切联系的国家的法律。"

可见,国际医药商品买卖合同应当符合合同选择或根据国际私法规则适用的包括买卖双方所在国在内的某一国家的国内法。我国与医药化工贸易合同有关的法律、法规和规章主要包括:1999 年 3 月 15 日第九届全国人民代表大会第二次会议通过,自 1999 年 10 月 1 日起施行的《中华人民共和国合同法》;1994 年 5 月 12 日第八届全国人民代表大会常务委员

会第七次会议通过，2004 年 4 月 6 日第十届全国人民代表大会常务委员会第八次会议修订的《中华人民共和国对外贸易法》；1984 年 9 月 20 日第五届全国人民代表大会常务委员会第七次会议通过，2001 年 2 月 28 日第九届全国人民代表大会常务委员会第二十次会议修订的《中华人民共和国药品管理法》；2004 年国家食品药品监督管理局和海关总署共同颁布并实施的《药品进口管理办法》等。

二、国际贸易惯例

国际贸易惯例是在长期的国际贸易实践中逐渐形成的一些有较为明确、固定内容的贸易习惯和一般做法，其中包括成文的或不成文的原则、准则和规则。

国际贸易惯例不是法律，不具有强制性，它的使用是以当事人的意思自治为基础的。当事人双方可以自行决定是否采用国际贸易惯例并在合同中加以注明，一方不能强制对方采用，国际贸易惯例也不能自动适用。它与国际贸易条约和国内法律中某些强制性的规定不同，不能直接约束有关国家和公民。国际惯例的任意性还体现在当事人在引用惯例时还可以对惯例进行相应的修改和增减。

但当事人双方协商一致决定适用某种国际贸易惯例时，那么，这种国际贸易惯例就对双方当事人产生强制约束力。

目前，主要的国际贸易惯例有以下一些情形。

(一)调整国际货物贸易买卖关系的贸易惯例

如关于价格术语方面主要有国际法协会的《1932 年华沙—牛津规则》(Warsaw-Oxford Rules 1932，简称 W. O. Rules 1932)；国际商会的《2010 年国际贸易术语解释通则》(International Rules for the Interpretation of Trade Terms 2010，简称 INCOTERMS 2010)；美国一些商业团体的《美国对外贸易定义修订本(1941)》(Revised American Foreign Trade Definition 1941)。

(二)调整国际货物运输和保险关系的贸易惯例

如波罗的海国际航运公会制定的《统一杂货租船合同》、国际海事委员会制定的《电子提单规则》和《海运单规则》、国际商会制定的《联合运输单证统一规则》，伦敦保险业 1982 年制定的《协会货物条款》(Institute Cargo Clause)。

(三)调整国际贸易支付关系的惯例

如：国际商会制定的《托收统一规则》(Uniform Rules for Collection)、《跟单信用证统一惯例》(Uniform Customs and Practice for Documentary Credits)等。

(四)区域性、行业性惯例

(1)行业标准合同。各行业的商人在进行交易时都通过签订合同对货物买卖应负担的责任、费用和风险等作出成套的规定，在这些合同的基础上逐渐形成了标准的合同格式和项目，并被普遍采用，逐渐成为特定贸易行业的“惯例”。例如，联合国欧洲经济委员会对进出口成套设备、承揽成套设备安装工程，以及钢铁产品、谷物、柑橘、软木、块煤、马铃薯等商品的交易，都制定了标准合同格式。与此类似，国际航运业通行的标准杂货租船合同和标准定期租船合同格式；保险业通行 S. G 保险格式、技术贸易方面通行的标准的工业产权许可证和技术转让协议格式等。

(2)长期通行于某些行业的惯例。例如,“纺织品一经开剪即不予以考虑赔偿”的原则,就是国际纺织品贸易界的一项惯例。

(3)特种贸易方式下形成的一些习惯性做法。例如,国际拍卖行与商品交易所的一些传统做法和制度。

(4)港口码头惯例。世界上一些主要的贸易港口,如伦敦、利物浦、马赛、安特卫普、鹿特丹、阿姆斯特丹、汉堡、斯德哥尔摩、奥斯陆等,都有各自的港口码头习惯。

三、国际贸易条约

国际贸易条约是指国家间缔结的、规定缔约国在国际贸易关系中具体权利义务的书面协议,是缔约国之间经济贸易往来的法律文件和法律依据,对各缔约国具有约束力,各缔约国之间的医药贸易商在相互间的贸易中必须遵循有关的双边或多边的国际贸易条约。

国际贸易条约可以分为双边、多边和普遍性条约。目前,与国际医药贸易密切相关的国际双边和多边条约与协定主要有以下几种。

(一)调整国际货物买卖关系的公约

《联合国国际货物销售合同公约》(我国 1986 年加入)、《国际货物买卖统一法公约》、《国际货物买卖合同成立统一法公约》等。

(二)调整国际运输关系的公约

《统一国际航空运输某些规则公约》(简称《华沙公约》,我国 1958 年加入)、《统一提单的若干法律规则的国际公约》(海牙规则)、《修改统一提单若干法律规则的国际公约的议定书》(维斯比规则)、《联合国海上货物运输公约》(汉堡规则)、《修改华沙公约的议定书》(海牙议定书)、《统一非缔约国承运人所办国际航空运输某些规则以补充华沙公约的公约》(瓜达拉哈拉公约)、《国际铁路货物联运协议》(简称《国际货协》,我国 1953 年加入)、《铁路货物运输的国际公约》(简称《国际公约》)、《联合国国际货物多式联运公约》等。

(三)调整国际支付关系的公约

如:《汇票、本票统一法公约》、《解决汇票、本票法律冲突公约》、《统一支票法公约》、《解决支票法律冲突公约》、《联合国国际汇票国际本票公约》等。

(四)调整国际贸易管理关系的公约

《世界贸易组织协定》(我国 2001 年加入)。

(五)调整国际知识产权保护关系的公约

《保护工业产权巴黎公约》(我国 1984 年加入)、《中美知识产权谅解备忘录》(1992 年签订)。

(六)国际商品协定

《1982 年国际黄麻协定》(我国 1983 年加入)、《1979 年国际天然橡胶协定》(我国 1980 年加入)。

(七)调整国际贸易争端处理关系的公约

《承认与执行外国仲裁裁决公约》(我国 1987 年加入)。

上述有些国际条约我国虽未加入,但是我国国内有关经济贸易的法律、法规吸取了这些国际条约的法律原则与精神,因此,它们仍然具有十分重要的研究价值。

综上所述,国际医药商品贸易既是一种经济行为,又是一种法律行为,国际医药贸易合同的签订和履行,只有符合相关法律规定,包括各国国际贸易的国内法律,相关国际协定、条约和公约,还包括相关的国际贸易惯例,才能得到法律的承认和保护。

关于合同、法律、国际贸易惯例之间的关系,根据《中华人民共和国合同法》和《联合国国际货物销售公约》的规定,可以归纳为以下三点:

(1)根据当事人意思自治的原则,凡是在依法成立的合同中明确约定的事项,应当按照合同约定办理。

(2)如果合同中没有明确约定的事项,应当按照有关国家的国内法律或国际条约的规定来处理。

(3)如果合同和法律中都没有明确规定的事项,则应该按照有关的国际贸易惯例来处理。

【本章小结】

本章主要介绍国际医药化工贸易的含义、形式和特点,并在此基础上探讨进行国际医药化工贸易应具备的条件,最后介绍了医药化工贸易适用的法律。

【思考和练习】

1. 简述医药化工国际贸易的概念。
2. 简述医药化工国际贸易的不同分类。
3. 怎样考察国际贸易的规模?
4. 如何看待一国的贸易差额?
5. 简述医药化工国际贸易的特点。
6. 开展医药化工国际贸易应具备哪些条件?
7. 国际贸易惯例的特点是什么? 主要的国际贸易惯例有哪几类?
8. 在医药化工国际贸易实践中,如何理解合同、法律和国际贸易惯例之间的关系?

第二章　合同标的

学习目标：

了解国际货物买卖合同中有关商品的品名、质量、数量和包装等主要交易条件；掌握主要贸易条件的规定方法及实际业务中有关商品的质量、数量和包装应予以重点注意的问题。

第一节　医药化工商品的品质

商品的名称和质量是国际贸易中当事人双方进行协商交易的基础性交易条件，是买卖双方进行交易的最重要的物质基础。如果商品名称和质量不明确，买卖双方的交易洽谈就失去了意义，交易也无法开展。所以，明确商品的名称和质量条款是国际货物买卖合同中最主要的条款之一。

一、商品的名称

(一)定义

商品的名称(name of commodity)，或称"品名"，是指一类商品区别于其他类商品的一种称呼或概念，即买卖合同中指定商品的具体称谓。由于国际贸易市场进出上的商品数以十万计之多，所以商品的名称不仅能在一定程度上体现商品的各类属性，包括自然属性、功能属性、主要用途、性能等特征，而且还能反映该类商品的加工程度、产地来源、工艺流程等区别于其他类似商品的信息，充分体现该类商品的差异化程度。此外，商品的名称还要能促进消费者的购买欲望，达到扩大商品销量，提高商品知名度的作用。

在国际货物买卖合同中，商品名称条款并无统一的格式规定，通常都是在"商品名称"或"品名"的标题下列明买卖双方成交商品的名称，也有的只在合同开头部分载明交易双方同意买卖某种商品的文句。在采用外文名称时，应做到译名准确，与原名意思保持一致，避免含糊不清或过于空洞。常规的商品命名方法有很多类，主要有以下几种：

(二)命名方法

1. 以外观造型命名

这种命名方法是以商品的外观造型来命名的，消费者可以从商品的字面含义了解到商品的特征。如:红豆、背带裤、宝塔纱、纸管等。

2.以主要成分命名

这种方法是以商品的主要成分命名的,以便消费者可以了解商品的功效,也有助于提高商品的价格。因此,商品的主要成分一般以大众所熟知的名贵的原材料制成的商品。如土蜂蜜、珍珠粉、六味地黄丸等。

3.以主要用途命名

这种命名方法重在突出商品的用途,方便消费者根据需要进行购买。如:纺纱机、帐篷、除草剂、汽车等。

4.以所使用的主要原材料命名

这种方法是以其所使用的主要原材料为特征来反映商品的质量。如:纱布、羊绒衫、瓷锅、玻璃盘等。

5.以制作工艺命名

这种命名方法突出商品制造的精湛工艺,提升商品的质量和价值,增进消费者对商品的信任。如:二锅头烧酒、精油、实木仿古家具等。

6.以人物名字命名

这种命名方法多以历史上的著名人物或传说中的人物来进行命名,主要是为引起消费者的关注和购买兴趣。如:孔府家酒、咸亨黄酒、孔乙己茴香豆等。

7.以褒义词命名

这种命名方法不仅能凸现商品的功效和特征,还能促进消费者的购买欲望。如:青春宝、脑白金等。

(三)填写品名的注意事项

国际货物买卖合同中填写品名时应注意下列事项:

第一,内容必须明确、具体,避免空泛、笼统的规定。

第二,规定的品名,必须是卖方能够供应而买方所需要的商品。

第三,尽可能使用国际上通用的名称,并符合国际上的习惯。

第四,注意选用合适的品名,以利减低关税,方便进出口和节省运费的开支。

二、医药化工进出口商品质量的规定方法

(一)医药化工商品品质的重要性和要求

医药商品的品质(quality of commodity)是医药商品的外在形态和内在素质的综合表现形式。前者包括外观形态、规格、重量、密度、色泽、透明度等,后者包括物理性能、化学成分、生物特征和技术指标等自然属性。买方通过卖方所提供的外观形态信息就可确认商品的质量水平,如商品的规格、形状、色泽、款式、重量、密度、光滑度等。买方通常要求卖方提供样品,利用各种检测仪器、设备进行分析,而不仅仅依赖于卖方所提供的相关信息,如化工商品的沸点、熔点、硬度、强度、伸缩率、含水率、色牢度、成分配比、抗火防水性;机械类产品的精

密度、光洁度；食品类的各种成分和菌类含量；等等。

品质的优劣直接影响医药商品的使用价值和价值，是决定和影响医药商品价格的重要因素。国际市场中，不同品质标准的医药商品在价格上存在巨大差异，一些植物药制剂的单位价格是粗提品的十几倍甚至几十倍。因此，不断改进和提高出口医药商品的品质，提升性价比，不仅可以增强出口产品竞争能力，还可以提高出口商品在国际市场的声誉。

合同中的品质条款，是构成国际贸易合同的重要组成部分，是买卖双方交付和收取货物的依据，《联合国国际货物销售合同公约》规定卖方交货必须符合约定的品质标准。例如，卖方交货不符合约定的品质条件，买方有权要求损害赔偿，也可要求修理或交付替代货物，甚至拒收货物和撤销合同。由此可见品质的重要性，特别是对出口商的重要性。

各国对进口商品的质量都有某些法令规定和要求，凡质量不符合法令规定和要求的商品，一律不准进口，有的还要就地销毁，并由货主承担由此引起的各种费用。医药商品出口一定要符合进口国的品质检验标准，主要是药典标准。因此，医药出口企业必须充分了解各国对进口医药商品的法律、法规规定和管理制度，实现医药产品顺利进入进口国家或地区市场。

(二)进出口商品质量的表示方法

在国际货物买卖中，商品种类数以百万计，商品本身的用途、性能特征、制造加工情况、市场交易习惯等各不相同，规定商品质量的方法也千差万别。但归纳起来，主要分为两大类：用实物样品表示；用文字说明表示。

1. 以文字说明表示

在国际货物买卖中，大多数商品都采用文字来规定其质量。这种做法使得质量表达更为明确和科学，从而有助于消除或解决日后可能产生的品质纠纷。用文字说明表示商品质量的方法称为“凭文字说明买卖”(sale by description)。凡是以文字、图表、数据、图片等方式来描述商品质量的均属这种方式。具体有以下几种方式。

(1)凭规格买卖(sale by specifications)

由于商品用途、性能、功效不同，因此选用的表示商品质量的指标就不同。用商品的规格来确定商品质量的方法称为“凭规格买卖”。商品的规格是指能足够反映商品质量的若干主要指标，如组成成分、物质含量、纯度、精度、容量、性能、体积等。这种表示质量的方法简单方便、准确具体，是国际贸易中使用最为广泛的一种交易方式。

(2)凭等级买卖(sale by grade)

商品的等级是指根据生产及长期贸易实践，按同一类商品规格上的差异、质地的差异，或尺寸、形状、重量、成分、构造、效能等的不同，把质量分为优劣不同的若干等级。通常用文字、数字或符号所作的分类。如特级(special grade)、一级(first grade)、二级(second grade)；大号(large)、中号(medium)、小号(small)等。

用等级交易可以起到简化交易磋商程序的目的，但是由个别厂商制定的等级并没有约束力，当买卖双方对交易商品等级理解一致时，只需在合同中明确等级即可，但对于双方不熟悉的等级内容，则最好明确每一等级的具体规格，避免贸易纠纷。

(3)凭标准买卖(sale by standard)

商品的标准是将商品的规格和等级予以标准化。商品的标准，有的由国家或有关政府主管部门规定，也有的由行业协会或国际性的组织规定。一般而言，很多国家既有国家规定的国家标准，也有政府部门规定的审核标准。另外，还有国际标准和国外先进标准。国际标准是指国际标准化组织(ISO)标准，国际电工委员会(IEC)等制定的标准以及其他国际组织规定的某些标准。国外先进标准是指发达国家的国家标准，如：英国为BS，美国为ANSI，法国为NF，德国为DIN，日本为JIS、JAS等。这些国际标准和国外先进标准均为国际贸易中被广泛采用。我国有国家标准、行业标准、地方标准和企业标准。我国外贸实践中，除使用国际标准和某些外国的标准外，也有使用我国国家标准的。

国际贸易采用的各种标准，有些具有法律上的约束力，凡品质不符合标准要求的商品，不许进口或出口。但也有些标准不具有法律上的约束力，仅供交易双方参考使用，买卖双方交易磋商时，可另行商定对品质的具体要求。

医药原料要适用于凭标准表示质量。在国际贸易中通常以发达国家的药典标注作为质量标准，经常用到的有美国药典、英国药典、欧洲药典、日本药典。医用辅料也是通过标准表示质量，中国药典对敷料、手术线等少量物品有规定。消毒监测等GB基本靠拢ISO标准，同时参考中国药典标准。出口产品主要参照欧洲或美国基本标准。

国际贸易中还有一类商品质量容易变化，如农产品，常会因天气、运输和包装等方式的不同而引起农产品质量的微变。还有某些工业制成品，由于使用国家的配套设施，电压、管道等标准不同，具体使用过程中也会发生质量微变的可能性。因此，买卖双方常以同业公会、交易所、检验局等选定的标准物来表示商品的质量。以标准物表示交易商品质量的方法主要有“良好平均品质”(Fair Average Quality，或F. A. Q)和“上好可销品质”(Good Merchantable Quality，或G. M. Q)两种。

(4)凭商标或品牌买卖(sale by brand or trade mark)

美国市场营销协会的《营销术语词典》(1960年版)认为“brand”是一个名称、术语、标记、符号、图案，或者是这些因素的组合，用来识别产品的制造商和销售商。朗文当代高级英语词典和牛津高阶英汉双解词典对trade mark的翻译也大致与brand含义相同，为商品的标记，或商标。Trade mark与brand不同的是，前者有法律内涵，代表一种排他性的使用权。但无论是brand(商品的品牌)还是trademark(商标)，在实际销售中只有具备了良好的质量信用和销售口碑的商品才能通过牌名或商标进行有效的销售。

在产品销售过程中，生产厂商或销售商凭商标或品牌来表示其与其他类似商品在质量、功效、信誉等方面的差别，以品牌价值提升产品价值。这种方法称为“凭商标或品牌买卖”。

(5)凭产地名称或凭地理标志买卖(sale by name of origin，or sale by geographical indication)

在国际贸易中，有些商品，因产地自然条件、传统加工工艺等因素的影响，在品质上具有其他产地的产品所不具有的独特品质和特色，如：宁夏枸杞的品质高于其他地区种植的枸杞，吉林抚松的人参品质最高。对于这类产品，可用产地名称表示品质。此种表示质量的方式多用于中药材和农副产品的国际贸易。这些标志不仅标注特定商品的产地，更重要的是产地标识代表着这些商品的特殊质量和品味。地理标志在关贸总协定乌拉圭回合最终协议文件中已被正式列入知识产权保护范畴。

(6)凭说明书和图样买卖(sale by description and illustration)

在国际货物买卖中,大型复杂的机器设备或技术含量高的高科技产品,往往由于制造工艺复杂、结构复杂,而不能单单用样本或几项指标来反映产品的质量要求,因此需要相关的说明书或配以图表来对产品的形状、构造、性能、使用方法进行说明。如:某钢铁集团进口的发电机组的说明书多达15册,150万字,内容包括了部件性能、使用规范、配套设备要求、紧急情况处理等多方面说明,同时还配有多项图表,以使商品功效更加明确清晰。还要注意的是,在合同中应有以下的规定"品质和技术数据必须与卖方所提供的产品说明书严格符合"(quality and technical data to be strictly in conformity with the description submitted by the seller)。

如前所述,用文字说明表示质量的方法有多种。在实际业务中,可单独使用某一种方法,如只凭规格,也可将两种或两种以上的方法结合使用,如既凭商标,又凭规格,甚至再列明等级或产地名称。当然,以任何一种或几种方法表示所买卖的商品质量,卖方必须承担按各个方法所表示的质量履行交货义务的责任。

2. 以实物样品表示

由于某些商品本身的特点,难以用文字说明表示商品质量,或出于市场习惯而采用的一种方法。买卖双方在洽商时,由卖方或买方提出少量足以代表商品质量的实物作为样品,要求对方确认,样品一经确认便成为买卖双方交接货物的质量依据。这种表示商品质量的方法,在国际贸易中称为"凭样品买卖"(sale by sample)。

在国际贸易中,实物样品通常是由生产部门设计、加工少量样本或从已有的商品中抽取少量样本,作为买卖双方签约和交货时的质量依据。若由生产部门新设计、加工的样本有时会与大批量生产的商品质量有一定差距,这时就非常有必要规定商品质量的依照凭据。当样品由卖方提供时,称为"凭卖方样品买卖"(sale by seller's sample);当样品由买方提供时,称为"凭买方样品买卖"(sale by buyer's sample)。一般说来,样品大多数由买方提供设计、卖方提供实际样品,由买方进行最后确认。

(1)卖方样品(seller's sample)

"凭卖方样品买卖"时,卖方所提供的能充分代表日后整批交货品质的少量实物,可称为代表性样品(representative sample)。代表性样品也叫做原样(original sample),或称标准样品(type sample)。这种交易应该注意几个问题:第一,卖方提供的样品应该具有代表性,通常以中等的平均水平为准。第二,要留存复本。选择或制造与寄送样品在质量上一致的商品作为留样。目的在于能够为日后作为接受订单、交货或发生品质争议时的依据。

(2)买方样品(buyer's sample)

"凭买方样品买卖",也称"来样成交"或"来样制作"。在加工贸易中,尤其对技术要求较高的产品,买方比卖方更熟悉目标市场的需求状况,为确保生产商能根据要求生产出合格产品,买方往往以其所提供的样品作为质量依据。这种交易方式应注意几个问题:第一,来样不能有危害国家安全或低劣丑陋的情况。第二,卖方在接受凭买方样品买卖时,应考虑自己的原材料、生产条件、加工能力是否符合生产整批货物的要求。第三,凭买方样品成交时,对于由来样引起的工业产权等侵犯第三方权利的问题,应该在合同中写明或声明,由买方承担,而与卖方无关。

(3)对等样品(confirming sample)

在实际业务中,如果卖方认为按买方来样供货不能确保自己所生产的产品一定能和来样质量吻合,也可以仿制买方的样品或从已有的库存中抽取一定的样品寄送给买方,以供买方进行质量确认。这种样品也叫做"对等样品"(counter sample),或称"回样"(return sample)。如:买方同意凭对等样品洽谈交易,就等于把"凭买方样品买卖"转变成"凭卖方样品买卖"。

在实物样品所表示的商品质量方法中,无论样品是由买方提供的,还是由卖方提供的,一旦双方凭以成交便成为履行合同时交接货物的质量依据,卖方承担最终货物交付时商品质量与样品必须保持一致的责任(strictly same as sample)。否则,买方有权提出索赔甚至拒收货物。因此,若凭样品买卖时,由于所买卖商品的特性或生产工艺技术的原因,卖方难以确保实际交货与样品质量完全相同,则应该在合同订立时作出相关说明。例如,品质与卖方于……(日期)提供的样品相似(quality be similar to sample submitted by the seller on... date)。以防事后质量纠纷。

案例解析

我国某出口公司有一批言明为降价品的罐头,英商看货后订货。但货到英国3个月后,发现罐头变质,于是英商要求退货。请问我方应如何处理?

解析:看货买卖双方是根据成交商品的实际品质进行的交易,只要卖方交付的是验看的商品,买方就不得对品质提出异议。本案例中,我方事先讲明该批罐头是降价品,英商是在看货后订货的,而且,英商又是在3个月后提出退货要求,这是没有道理的。因此,我方应该拒绝英商的无理要求。

三、买卖合同中的品名质量条款

(一)品质条款的一般内容

国际货物买卖合同中,品名质量条款是买卖双方交接货物时的质量依据,必须订好规范的条款。在凭样品买卖时,合同中除了要列明商品的名称外,还应标明凭以达成交易的样品的编号,必要时还要列出寄送的日期。在凭文字说明买卖时,应针对不同交易的具体情况在买卖合同中明确规定商品的名称、规格、等级、标准、牌名、商标或产地名称等内容。在以说明书和图样表示商品质量时,还应在合同中列明说明书、图样的名称、份数等内容。例如:

样品号	NT012	圆珠笔	规格	3W×4D×10H
Sample	NT012	Ball Point Pen	Size	3W×4D×10H

(二)质量机动幅度条款

在国际贸易中,为了避免因交货品质与买卖合同稍有不符而造成违约,以保证合同顺利履行,可以在合同品质条款中作出某些变通规定,国际贸易实践中引入了品质机动幅度。品质机动幅度是出口商交付货物品质的范围区间,在此范围内交付的货物都是合格的,进口商根据实际的品质情况适当调整单价,体现优质优价的原则,即所谓品质增减价款,也就是对约定的机动幅度内的品质差异可按照市价交货品质规定予以增减价。当品质条款中有品质机动幅度时，可作为合同的附加价格条款。

例如，东北大豆出口，合同中规定水分最高为14%，若含水量比规定低1%，则价格提高1%；含油量18%，若含油量比规定提高1%，则价格提高1%。

质量的机动幅度条款，在具体实施中一般包括规定范围、极限和上下差异三种，主要适用于初级产品，以及某些工业制成品的质量指标。

1. 规定一定范围

这是指对某项商品的主要质量指标规定允许有一定机动范围。例如：

B601 辣椒酱　　24/25 浓缩度

B601 Spice Paste　　24/25 Concentration

2. 规定一定极限

这是指对某些商品的质量规格规定上下极限。如：最大、最高、最多（maximum，max.），最小、最低、最少（minimum，min.）。例如：

黄鱼　　每条100克以上

Yellow Fish　　100g and up per piece

大米	蛋白质	55%以上
	脂肪	最高1%
	水分	最高11%
	维生素A	1%以上
	碳水化合物	最高31%
Rice	Protein	55%Min.
	Fat	1%Max.
	Moisture	11%Max.
	VA	1% Min.
	Carbohydrate	31%Max.

3. 规定上下差异

即在规定某一具体质量指标的同时，规定必要的上下变化幅度。有时为了包装的需要，也可订立一些灵活办法。例如：

白鸭毛　含绒量20%　允许上下1%（allowing 1% more or less）

质量公差往往发生在工业品生产过程中，对产品的质量指标产生了一定的误差，而这种误差又很难避免，如：手表走时每天误差若干秒，一圆形物体的直径误差若干毫米。若这种误差为某一国际同行业所公认，即成为“质量公差”。因此，对于大多数工业制成品的交易而言，常以质量公差（quality tolerance），即允许交付货物的特定质量指标有公认的一定范围内的差异为规定条款。交货质量在此范围内即可认为与合同相符。

对于国际同行业有公认的“质量公差”，可以不在合同中明确规定。但如果国际同行业对特定指标并无公认的“质量公差”，或者买卖双方对质量公差理解不一致，或者由于生产原因，需要扩大公差范围时，也可在合同中具体规定质量公差的内容，即买卖双方共同认可的误差。

第二节　医药化工商品的质量管理

一、我国医药产品的质量管理

(一)我国药品质量管理的依据

我国对药品质量进行管理的依据,从现行情况来看,有如下几个方面。

1. 管理立法

药品是受法律控制最严格的商品,世界各国政府都非常重视对药品的管理立法,积极采用法律、法规的手段对药品的研制、生产、经营、使用、检验、进出口进行管理。药品管理立法是国家药监部门实施药品监督管理的依据,也是相关医药企事业单位、个人都必须严格遵守和认真执行的行为规范。从新中国成立到目前为止,我国在药品管理方面的立法已有法律1部、行政法规近10部、行政规章30余部、规范性文件200多项,加上地方性法规、规章,共同构成了我国药品监督管理的法律体系。药品管理立法使我国药品管理的各项工作以法律、法规的形式固定下来,使药品监督管理工作有法可依,是我国药品管理工作从"缺乏规范"到"向国际规范靠拢"迈出重要的一步,对规范药品的生产、经营、使用,保证药品质量起到了关键性的作用。同时各项立法也在随着国际国内实际情况的变化不断地进行修订和完善,这对提升我国药品质量,增强我国药品的国际竞争力,促进我国药品管理工作与国际接轨发挥了重要作用。我国现行与药品质量有关的立法如表2-1所示。

表2-1　我国现行与药品质量管理有关的立法

立法名称	颁布机构	颁布日期	施行日期
中华人民共和国药品管理法	全国人大常委会	2001-02-28	2001-12-01
中华人民共和国药品管理法实施条例	国务院	2002-08-04	2002-09-15
药品进口管理办法	SFDA	2003-08-18	2004-01-01
进口药材管理办法(试行)	SFDA	2005-11-24	2006-02-01
药品注册管理办法	SFDA	2007-07-10	2007-10-01
药物非临床研究质量管理规范(GLP)	SFDA	2003-08-06	2003-09-01
药物临床试验质量管理规范(GCP)	SFDA	2003-08-06	2003-09-01
药品生产质量管理规范(1998年修订)(GMP)	原SDA*	1999-06-18	1999-08-01
药品经营质量管理规范(GSP)	原SDA	2000-04-13	2000-07-01
医疗机构制剂配制质量管理规范(试行)(GPP)	原SDA	2001-03-13	2001-03-13
中药材生产质量管理规范(试行)(GAP)	原SDA	2002-04-17	2002-06-01

注:* 原SDA即原国家食品药品监督管理局(2003年更名为SFDA)。

资料来源:国家食品药品监督管理局网站 http://www.sda.gov.cn。

在我国药品质量管理体系中,《药品管理法》是新中国成立后我国颁布管理药品的第一部法律,由全国人大常委会于1984年通过。我国其他的药品管理法规、规章或规范性文件都是以《药品管理法》为依据,根据其精神制定和颁布。现行《药品管理法》是2001年新修订的版本,于2001年12月1日正式施行。《药品管理法》在打击制售假劣药品行为、保证我国药品质量、保障人民用药安全有效、促进我国与国际药品管理工作接轨等方面发挥了重要作用,使我国的药品监督管理工作有法可依。

2.质量标准

药品质量标准是国家对药品的质量、规格和检验方法所做的技术规定,它是保证药品质量,以及进行药品生产、经营、使用、管理及监督检验的法定依据。我国药品质量标准在1998年原SDA组建之前,分为国家标准和地方标准。当时药品监督管理工作的主管部门是卫生部,国家标准主要有药典和部颁标准组成,地方标准仍然保留。1998年原SDA组建以来,决定把符合规定条件的地方标准上升为局颁标准,逐步取消地方标准。根据我国现行的《药品管理法》规定"药品必须符合国家药品标准"、"国务院药品监督部门颁布的《中华人民共和国药典》和药品标准为国家药品标准"。所以,我国现行药品质量标准就是国家药品标准,包括《中华人民共和国药典》(简称《中国药典》)(Chinese Pharmacopoeia,Ch. P)、SFDA颁布的《药品标准》(简称局颁标准),两者具有等同的法律效力。在我国只有符合国家药品标准的药品才是合格药品,才可以生产、销售和使用,国家药品标准是药品生产、供应、使用、检验和管理部门共同遵循的唯一法定依据。我国药品的生产一律以药典为准,未收入药典的药品以局颁标准为准。

(1)《中国药典》

药典是一个国家记载药品标准、规格的法典,一般由国家卫生部门主持编纂、颁布实施,国际性药典则由公认的国际组织或有关国家协商编订。目前,世界上大多数国家都有药典,如《英国药典》、《日本药局方》、《美国药典》等;世界卫生组织(WHO)编印了《国际药典》;区域性药典有《北欧药典》、《欧洲药典》等。药典在一定程度上反映了一个国家(或地区)药品生产、医疗及科技的发展水平,同时对保证用药安全有效、促进药品质量的提升有很大作用。

《中国药典》是由国家药典委员会负责编制和修订的,收载了我国临床使用疗效确切、质量稳定的药品。1949年以后,我国共编定了7个版次(1953年版、1963年版、1977年版、1985年版、1990年版、2000年版及2005年版)。新版药典常常淘汰一些过时药品,增加一些新品种,有时根据需要出版增补本,使每版药典内容和水平都有新的变化和提高。自改革开放以来,我国药典更注重与国际药品标准接轨,药品质量控制指标更高,精密仪器应用更广泛。现行2005年版《中国药典》以美、日、英现行药典为参考,积极采用国际标准中的先进方法,注重新技术和新方法的应用,为我国药典的国际化奠定了坚实的基础。2005年版《中国药典》共分为三部:第一部收载中药,包括药材及饮片、植物油脂和提取物、成方制剂和单味制剂等,共1146个品种;第二部主要收载化学药,包括化学药品、抗生素、生化药品、放射性药品以及药用辅料等,共1967个品种;新增加的药典第三部收载生物制品,共101个品种,并首次将《中国生物制品规程》并入药典。此外,《中国药典》自1988年以来还编译有英文版。《中国药典》英文版在国际上的影响逐步扩大,对我国中西药品出口发挥了重要的促进作用,尤其是其中的中药标准,现已成为欧美等发达国家的重要参考。

(2)局颁标准

随着科技的飞速发展,新药及其制剂不断涌现,国家药品监督部门为了促进药品生产、提高药品质量与保证人民用药安全有效,将药典收载品种以外的药品及其制剂标准修订增补,汇编成册并正式出版发行,作为对药典的有力补充,这一标准也具药典性质,有法律约束力,可作为全国药品生产、供应、使用和检验部门检查和监督质量的依据。目前,我国局颁标准涵盖了原卫生部部颁标准、新药转正标准、地方标准上升为局颁标准等内容,有时也称为部局颁标准。

1998 年以前,原 SDA 尚未成立,由卫生部颁布的药品标准称为部颁标准,如《卫生部药品标准》中药成方制剂 1～20 册、《卫生部药品标准》化学药品及制剂第 1 册、《卫生部药品标准》新药转正标准 1～15 册等。1998 年以后,对于未列入《中国药典》,由原 SDA 或 SFDA 颁布的药品标准,称为局颁标准,如《卫生部药品标准》新药转正标准 16～45 册、《国家中成药标准汇编》中成药地方标准上升国家标准共 13 册、《国家药品标准》化学药品地方标准上升为国家标准 1～16 册等。

3. 管理制度

药品是防治疾病的重要武器,是一种特殊商品。各医药企事业单位均以国家颁布的药政管理法规和质量标准为依据,坚持“质量第一”的原则,在企业所涉及的药品产、销、用等环节建立一整套行之有效的质量管理制度,进行严格的自律性质的质量控制与管理,在各环节上把好药品质量关。例如,实施岗位质量责任制度、进货检查验收制度等。

除各医药企事业单位内部建立的质量管理制度外,国家政府及医药主管部门也设有监管药品质量的相关管理制度。例如,为保证药品安全有效和质量可控,规范药品注册行为的药品注册管理制度;核准药品生产经营者从业资格的许可证管理制度、GMP 和 GSP 认证制度;确保进口药品质量的进口药品监督检验制度;要求各企事业单位经常考察药品质量、疗效和反应的不良反应报告制度等。

(二)药品质量的全过程管理

在药品研制、生产、经营、使用的全过程中,由于内外因素的影响,任何一个环节随时都有可能发生质量问题,从而影响药品的最终质量。因此,必须运用科学、合理的管理规范对与药品质量有关的各个环节实行全过程的质量控制,才能从根本上保证药品的安全性和有效性。我国药品质量的全过程管理及现行的质量管理规范如图 2-1 所示。

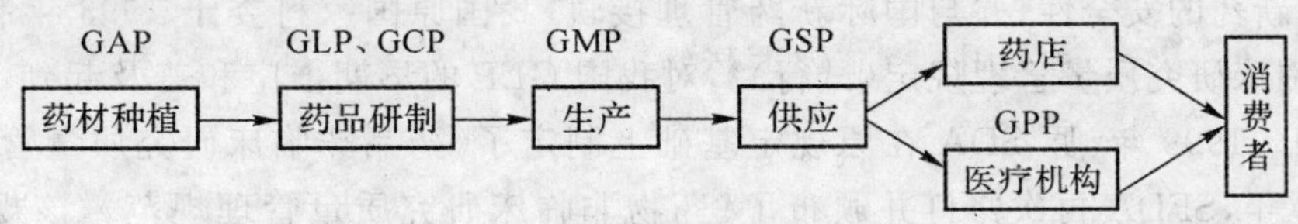

图 2-1　我国药品质量的全过程管理

1.《中药材生产质量管理规范》

《中药材生产质量管理规范》的英文为 Good Agricultural Practice,简称 GAP。它是从保证中药材质量出发,控制影响药材生产质量的各种要素,规范药材各生产环节乃至全过程的一种基本准则和技术性规范，目的是保证药材"真实、优质、稳定、可控"。GAP 对药材生产的环境生态、种质与繁衍材料、栽培与饲养管理、采收与产地加工等各方面提出了基本要求，具有国家有关部门的强行执行性。

我国《中药材生产质量管理规范(试行)》于 2002 年经原 SDA 通过，并于 2002 年 6 月 1 日起施行。其内容有 10 章 57 条，包括从产前(如种子品质标准化)、产中(如生产技术管理各个环节标准化)到产后(如加工、储运等标准化)的全过程，都要遵循规范，从而形成一套完整而科学的管理体系。为了规范 GAP 的认证工作，保证 GAP 认证工作顺利进行，2003 年 SFDA 发布了《中药材生产质量管理规范认证管理办法(试行)》的通知，自 2003 年 11 月 1 日起 SFDA 正式受理 GAP 认证申请，并组织认证试点工作。截至 2007 年年底，国内已有 48 家中药材生产企业通过中药材 GAP 认证。GAP 是控制中药质量的主要源头，是生产安全有效、稳定可控的现代中药的有利保证，同时也是中药走向世界的重要前提。我国中药产品要想顺利进入国际市场，首先必须提高中药材质量，从药材生产加工的源头——"栽培种植"环节开始抓起，切实加强中药材的生产质量管理。

2.《药品非临床研究质量管理规范》

《药品非临床研究质量管理规范》的英文为 Good Laboratory Practice for Non-clinical Laboratory Studies，简称 GLP。它是关于药品非临床研究中试验设计、操作、记录、报告监督等一系列行为和实验室条件的规范。申请注册药品的非临床研究工作及研究机构必须遵循 GLP。实施 GLP 的目的是为了提高药物非临床研究的质量，保障人民用药安全。

美国是最早对药物的非临床安全性研究进行立法的国家，1976 年美国食品药品管理局(FDA)颁布了 GLP 法规草案。根据草案规定，由 FDA 负责对新药临床前安全性评价必须在经过 GLP 认证的实验机构进行，否则 FDA 对于申报新药的材料不予受理。美国 GLP 颁布后，引起了许多国家的高度重视。为了确保新药安全，增强本国新药在医药国际贸易中的竞争力，加强新药研发方面的国际合作，自 20 世纪 80 年代以来，日本、英国、德国等 20 多个国家相继实施 GLP。尽管各国间 GLP 有些差异，但基本内容一致，从而使 GLP 逐渐成为国际上各国新药开发过程中非临床安全性研究共同遵守的管理规范。1990 年，美、日、欧三方共同发起国际协调会议(International Conference on Harmonization，ICH)，对 GLP 的适用范围和药品非临床安全性研究的技术要求进行了协调，为国家间药品注册数据的互认奠定了基础，使 GLP 逐渐成为世界各国间相互承认新药的重要基础。

为确保新药的安全性，并与国际新药管理接轨，我国原国家科委于 1993 年制定并发布了《药品非临床研究质量管理规定(试行)》，对我国 GLP 的早期推广和普及起到了十分重要的推动作用。1999 年，原 SDA 在原规定基础上制定了《药品非临床研究质量管理规范(试行)》。2003 年，SFDA 再次修订并颁布了《药物非临床研究质量管理规范》，该规范自 2003 年 9 月 1 日起正式实施。2003 年 8 月，SFDA 又印发了《药物非临床研究质量管理规范检查办法(试行)》，并正式开始对实施非临床研究的实验室进行 GLP 检查。截至 2007 年年底，国内已有 28 个实验室通过了检查，获得了 GLP 认证。

3.《药品临床试验质量管理规范》

《药品临床试验质量管理规范》的英文为 Good Clinical Practice of Drugs，简称 GCP。

它是药物临床试验全过程的标准规定，包括方案设计、组织实施、监察、稽查、记录、分析总结和报告等。药品临床试验是指任何在人体（病人或健康志愿者）进行的药品系统性研究，以证实或揭示试验用药品的作用及不良反应等，目的是确定试验用药品的疗效与安全性。对药品临床试验过程进行管理和规范，有助于保证药品临床试验结果的真实可靠，保护受试者的权益并保障其在试验中的安全，对确保新药质量起着无可替代的作用。GCP 是整个临床试验过程中必须严格执行的一项管理规范，是新药研发中所推行的一系列标准化管理规范之一，也是国际公认的临床试验标准。

20 世纪 60 年代的“反应停”事件后，各国政府开始重视对新药临床试验的法规管理。1964 年，第 18 届世界医学大会（World Medical Assemble，WMA）通过了对医生和医学研究的指导性建议“赫尔辛基宣言”，其中详细规定了涉及人体试验必须遵循的原则。这些原则构成了现今药品临床试验管理规范核心内容的基础，即必须把受试者或患者利益放在首位，对药品临床试验的全过程进行严格的质量控制，确保受试者或患者的权益受到保护。美国最先把该原则列入国家药品管理法规中，1981 年首先实施了临床研究者指导原则，后来经多次修改，逐渐形成了美国的 GCP。随后，其他国家（如日本、澳大利亚、法国、加拿大、韩国等）也纷纷制定和颁布了 GCP。

为了确保药品安全有效，积极参与国际协作，提高我国新药的国际竞争力，卫生部根据我国国情并参照国际标准，于 1998 年颁布了我国的《药品临床试验管理规范（试行）》。1998 年，原 SDA 成立后重新修订了《药品临床试验管理规范》，2003 年 SFDA 再次对其进行修订，并正式更名为《药品临床试验质量管理规范》，定于 2003 年 9 月 1 日开始实施。新修订的 GCP 从条款设置到内容调整基本上与国际接轨。GCP 的实施标志着我国药品临床试验进一步走向法治化和规范化。根据《药品管理法》及其实施条例规定，我国药物临床试验机构资格认证（即 GCP 认证）。截至 2007 年年底，全国已有 178 家临床研究机构通过了 GCP 认证。GCP 认证推动了我国药物临床试验质量的提高，使得越来越多的国际多中心临床试验在中国开展。

4.《药品生产质量管理规范》

《药品生产质量管理规范》英文为 Good Manufacturing Practice of Drugs，简称 GMP。它是指在药品生产全过程中，用科学、合理、规范化的条件和方法来保证生产优良药品的一整套系统的、科学的管理规范，是药品生产和质量管理的基本准则。GMP 是于 20 世纪 50—60 年代，由美国率先研究和提出的。1963 年，美国国会正式颁布了 GMP，要求本国所有药品生产企业按 GMP 的规定规范化地对药品的生产过程进行控制，否则，就认为该药品为劣药。截至目前，世界上已有 100 多个国家和地区制定和实施了 GMP。随着不断修改和完善，GMP 在药品生产过程中的质量保证作用日益增强。其重要性得到了世界各国的普遍认同。现在 GMP 已成为判断药品质量有无保证的先决条件，成为药品进入国际医药市场的“通行证”。早在 1972 年，美国就声明不按照 GMP 生产的药品不准进入美国市场，其后，世界卫生组织（WHO）在“国际贸易中药品质量签证体制”中明确规定，进口药品生产企业必须按 GMP 的规定进行生产，并接受出口国药政管理部门的监督。

我国 GMP 制定和实施起步较晚，1982 年由原中国医药工业公司制定了 GMP 试行本，在全行业试行；经修订后，于 1985 年作为行业 GMP 正式颁布并执行。1988 年在多次修改后，由卫生部正式颁布国家 GMP。颁布后，1992 年、1998 年和 1999 年分别进行了三次修订，形成了我国现行版的 GMP。为促进国内生产企业实施 GMP，保证药品质量，提升我国药品在国际贸易中的竞争力，我国自 1995 年起对药品实行 GMP 认证制度，先后制定了《药品管理法》、《药品管理法实施条例》、《药品生产管理规范》、《药品生产质量管理规范认证管理办法》等法律、法规，规范药品 GMP 认证工作。2001 年原 SDA 规定：粉针剂、大容量注射剂生产企业必须于 2001 年 12 月 31 日前取得"药品 GMP 证书"；生产其他剂型、类别药品的企业，必须于 2004 年 6 月 30 日以前符合 GMP 要求，并取得"药品 GMP 证书"，否则一律不得生产该剂型或类别的药品。其后，2003 年和 2004 年 SFDA 又分别对小容量注射剂及中药饮片作出规定，小容量注射剂生产企业通过认证的截止日期为 2008 年 1 月 1 日。药品 GMP 认证的全面实施，淘汰了国内不达标企业，促进了企业质量管理水平的提升和医药产业结构的调整。

5.《药品经营质量管理规范》

《药品经营质量管理规范》的英文为 Good Supply Practice of Drugs，简称 GSP，是通过控制药品在流通环节中所有可能发生质量事故的因素，从而保证药品质量的一整套管理程序。GSP 是国际通用的一个概念，推行 GSP 的目的是为了保证在流通(包括计划、采购、检验、储运、销售等)全过程中的药品质量。

日本是实施 GSP 较早的国家，20 世纪 70 年代日本就制定了《医药品供应管理规范》。1982 年日本的 GSP 引入我国，1992 年国家医药管理局正式颁布《医药商品质量管理规范》，标志着我国 GSP 已成为政府规章。2000 年，随着我国医药体制的改革变化，原 SDA 总结了过去药品经营质量管理的经验，发布我国现行版的 GSP，并更名为《药品经营质量管理规范》，定于 2000 年 7 月 1 日起施行。同年，原 SDA 还发布了 GMP 实施细则和 GMP 认证管理办法。这些法规的建立标志着我国实施 GSP 的工作开始步入正轨。根据我国《药品管理法》规定，药品经营企业必须按照 GSP 经营药品，由药监部门对药品经营企业是否符合 GSP 进行认证，合格的发给认证证书。为了加快 GSP 认证步伐，推进 GSP 工作的实施进程，2001 年 10 月原 SDA 发出相关通知，要求国内所有药品经营企业在 3 年内(2004 年年底前)分三个阶段全面完成 GSP 改造、通过 GSP 认证，否则将取消其药品经营资格。我国 GSP 认证工作在经过了 2001 年认证试点、2002 年正式受理、2003 年各省(自治区、直辖市)药品监管部门组织辖区内药品经营企业认证等三个阶段后，逐步淘汰了一批不规范经营的企业，使我国药品经营企业的整体水平得到提高，确保了药品的经营质量。

6.《医疗机构制剂配给质量管理规范》

《医疗机构制剂配给质量管理规范》的英文为 Good Prepartion Practice，简称 GPP。它是在医疗机构制剂配制的全过程为保证制剂质量而制定并实施的管理规范。其目的是要求医疗机构建立制剂配制的质量管理体系，以规范制剂配制管理，确保制剂质量。医疗机构制剂是指医疗机构根据本单位临床需要经批准而配制、自用的固定处方制剂配置本医疗机构临床需要，且市场上没有供应的制剂品种及一些稳定性差、使用周期短、需新鲜配制的品种是医院制剂的主要任务。GPP 正是适应保障制剂配制质量这一需要而产生的，它能把发生的人为差错事故、混药及各类污染的可能性降到最低程度，适用于制剂配制的全过程。

为加强对医疗机构制剂的监督管理，确保其使用安全有效，原SDA根据《药品管理法》的规定，并参照GMP的基本原则，于2001年3月颁布实施《医疗机构制剂配给质量管理规范（试行）》。GPP是针对医疗机构制剂配制和质量管理而制定的一部重要的质量管理法规，是医院制剂管理工作中必须贯彻落实的基本准则。现行GPP共有11章68条，除了对硬件设施的改造作了规定外，还对软件管理提出了要求，如物料管理、配置管理、质量管理、使用管理和文件管理等。其中，最重要的是用书面程序进行管理，这是实施GPP管理的一个重要特征。具体书面程序包括各种管理制度、各类操作规程、质量检验标准、配置记录、检验记录、各项岗位责任制等一系列管理文件。GPP的实施使医疗机构制剂室的任何一项工作都有章可循、有法可依。

二、美国对药品的质量管理

（一）美国《联邦食品、药品、化妆品法》

在美国，药品进出口是由美国食品药品管理局（FDA）全权负责管理的，而美国《联邦食品、药品、化妆品法》（United States Federal Food，Drug and Cosmetic Act，FDCA）是FDA对药品进行监督管理所依据的基本法律。该法律管理范围除了药品之外，还包括食品、化妆品及医疗用品。FDCA通过多次修订和长期的实践，无论是涉及的内容还是立法技术都日臻完善和成熟，已成为世界同类法中最全面的一部法律，不仅为FDA行使权力和保障人民用药安全、有效提供了严谨而又切实可行的法律依据，同时也对其他国家药品管理法案的制定和实施具有一定的参考价值和借鉴意义。美国现行的FDCA是2004年修订的，共9章910条。为确保进出口药品的质量，FDCA中作出了如下规定：

（1）进口药品时，所有参与该药品的生产、准备、运输、合成、加工的外国公司都必须向FDA注册登记其公司的地址、名称及在美机构的名称。药物的生产制造、加工包装和保存必须符合FDA所规定的现行生产质量管理规范（CGMP），只有安全、有效和标签正确的药物方可进入各州之间的贸易渠道。

（2）所有进口药物必须符合与美国国内药品相同的标准，即一方面这些药品必须安全、有效，另一方面标签信息应该以英文的形式标注，并且要求做到完整、真实。

（3）FDA需要对药品进行生产现场的检查和验收，并获得国家药品登记号（NDC）后，进口才可进行。这些在美国销售的药品必须是经FDA批准的生产商生产的、经过批准的产品，且这些产品必须符合纯度和浓度的要求。

药品在样品检验中不得出现以下情况：①药品是在不卫生的条件下生产、加工和包装的；②除麻醉药品外，药品在其生产国或出口国是被禁止或限制销售的；③该药品是掺假、冒牌的或违反有关法律规定的。若出现这些情况，药品将被拒绝进口。

（4）进入美国市场的产品（包括食品、药品、添加剂、化妆品、洗涤用品和医疗设备）必须从原材料采购到生产、包装、销售、运输各个环节都保证不受污染，不发生霉变，不掺有任何违反FDA规定的成分，保证人类健康、卫生与安全。如果FDA抽样检测结果不符合标准，该产品将不准入境。若进口商预先获得FDA认证，则在出具认可证后即可放行。

（5）美国的药品在以下几种情况下不得出口：①药品不是在CGMP要求下进行生产、加工、包装和储存的，或不符合相关认证的国际标准；②根据有关法律规定认为药品是掺假的；

③无法证明药品不是冒牌或掺假;④为防止出口药品的再进口对美国公众安全健康造成严重危害而必须禁止出口的,以及药品对其进口国的公众健康有严重危害;⑤药品的标签不符合销售国和进口国的要求和条件,或没有运用进口国本国的或其规定的语言和计量单位;⑥药品销售时没有根据符合法律要求的标签进行宣传。出现上述情形的药品,美国当局不允许把药品出口到国外。

(二)美国的 GMP

美国是世界上最早实施 GMP 的国家,美国的《药品生产管理规范》(Current Good Manufacturing Practice,CGMP)首次颁布于 1963 年。在其实施过程中,经过 FDA 数次修订,成为现今内容较为完善详细、标准最高的 GMP。在 CGMP 中,质量的概念是贯穿整个生产过程的一种行为规范。一个质量完全合格的药品未必是符合 CGMP 要求的,因为它的过程存在出现偏差的可能性,如果不是对全过程有严格的规范要求,潜在的危险是不能被质量报告所发现的。CGMP 要求在产品生产和物流的全过程都必须验证。

美国政府要求,凡是向美国出口药品的制药企业以及在美国境内生产药品的制药企业,都要符合美国 CGMP 要求。FDA 也明确规定 CGMP 是生产企业生产药品所要遵循的最低现行标准。在美国,药品的 CGMP 监督实施工作是由 FDA 负责的,其中 FDA 总部的条例管理办公室负责 CGMP 的解释、修订及颁布工作,分布在美国各地的 FDA 分支机构负责药品 CGMP 的监督检查。根据 FDCA 要求,FDA 应至少每隔 2 年对从事药品生产、检验、包装和贴签的生产加工企业进行一次 CGMP 检查。此外,FDA 还要对一定数量的外国药品生产企业进行定期 CGMP 检查。

FDA 认为法规是动态的,随技术、概念的不断变化而变化,所以通过起草指导、指南或其他文件形式不断地补充 CGMP,将最新的思想提供给企业学习和参照之用。如:政策指南(Compliance Policy Guide,CPG)和检查操作手册(the Inspection on Operations Manual,IOM)等。所以,CGMP 伴随着每个企业的生产质量改进而不断地得到完善。

(三)《美国药典》(USP)

《美国药典》(US Pharmacopeia,USP)是美国政府对药品质量标准和检定方法作出的技术规定,也是药品生产、使用、管理、检验的法律依据。它是目前世界上唯一一部由非政府机构(美国药典委员会)出版的法定药品汇编,现已在 100 多个国家销售,一些没有法定药典的国家通常都采用 USP 作为本国的药品法定标准。USP 中的检验标准及检验方法是我国原料药及各种制剂出口美国市场时进行检验的重要依据。

USP 创始于 1820 年,根据美国药典委员会 1975 年第 3 号决议,凡已被批准投放市场的药物均应载入药典。随着新药品、新处方、新检测方法的发明和更新,USP 修订频繁,迄今已有 30 个版本。该药典自 1980 年版起与《国家处方集》(National Formulary,NF)合并,制成合订单行本出版,称为《美国药典/国家处方集》(USP/NF)。其中,USP 收载原料药品及其制剂,而 NF 收载各类辅料和一些非处方药。现行版《美国药典》(USP30/NF25)于 2007 年起开始生效,收载各类药品约 4100 种、药典附录约 200 条,收载药品涵盖原料药、制剂、医疗设备和营养补充剂,是目前世界上规模最大的一部药典。

此外,USP 还与国际上另外两部主要药典《欧洲药典》和《日本药典》(即《日本药局方》)

进行了质量标准的协调。对于一些标准不统一的问题，由国际协调大会(ICH)开展药典间的协调工作，目的是通过协调达成药品标准的美、日、欧三方统一化。

三、日本对药品的质量管理

(一)日本《药事法》

《药事法》(Pharmaceutical Affairs Law,PAL)是日本药事管理中地位最高的法律，管理范围主要是药品、类药品、化妆品和医疗器械。其目的是管理药品、类药品、化妆品和医疗器械的有关事项，以保证质量、疗效和安全性。该法起源于昭和18年(1943年)，昭和23年(1948年)与化妆品等法规合并，经过多次修订后形成现行的最新《药事法》(日本国内也称《改正药事法》)，并于平成17年(2005年)正式实施。同时生效的相关配套法律法规主要有《药事法实施令》(政令第232号)及《药事法实施规则》(厚令第101号)。2005年4月实施的新《药事法》主要内容包括以下几方面：

(1)生产(进口)药品等必须获得生产(进口)许可，以及该物品的生产商(进口商)执照。人用药品等的生产(进口)许可及执照向厚生省申请，而动物用的相应物品的生产(进口)许可及执照则需向日本农林渔业部申请。新药在被批准生产、进口6年后，生产商、进口商应申请对新药进行重新审查；其他药品应申请对疗效进行再评价。

(2)药品销售业申请必须获取所在地政府颁发的许可证。药品销售业许可的种类分类：一般销售业、药材销售业、特例销售业、赊账销售业四类。

(3)制定《日本药局方》以及相关标准(如生物制品的最低要求)，规定类药品、化妆品、医疗用具的标准问题，规定检定人和检定记录的填写，禁止销售掺假药、冒牌药、未批准药、未分析的药以及禁止夸张宣传药品。

(4)药品等的安全供应是通过以下做法达到的：厚生省制定对某些药的全国分析，现场视察，命令测试，命令销毁、撤回，命令改进、改正，取消许可及许可证，严格执行处罚条款。

(5)制定有关临床试验条例，包括对临床试验负责人的要求。

(6)制定对罕见疾病药品的研究开发条例。

日本新《药事法》对前一版做了大幅度调整，其中最重要的修改是将药品的生产和销售分离，首次许可医药品生产企业与销售企业可以不是同一实体，从而为药品的委托加工提供了条件。前版《药事法》规定，药品销售企业必须拥有符合GMP规定的工厂才可以从事医药的销售工作，而新《药事法》中则对上述规定予以修正，将生产符合GMP要求与药品上市审批分离，并同时引进MF注册(即制造贩卖核准申请书)制度。也就是说，日本的制药企业或研发单位可将所研制的新药全部委托给境内、境外其他企业生产，但条件是企业都必须进行MF注册。MF注册相当于日本政府对国外生产企业资质的一种官方认可。企业通过MF认证后，可获得一个永久性的认证号码。目前，可以在日本进行MF注册的品种包括原料药、中间体和特殊制剂原料、添加剂(仅限于新产品)、专业医疗器具的原料和容器及包装材料等。此外，由于生产与销售的分离，新《药事法》要求同一医药品的生产与销售双方必须建立更完善的药品售后安全管理体系，企业将承担更大的市场责任。

(二)日本的GMP

日本的GMP，即日本医药品制造管理规范，简称为JGMP，是日本医药品制造过程中实施质量管理时所采取的基准。早在1973年,日本制药工业协会就提出了自己的GMP。1974年日本厚生劳动省正式颁布GMP,并规定自1980年正式实施,各药厂必须遵照执行。1988年日本还制定了原料药GMP,并于1990年正式实施。目前厚生省颁布的GMP几经修改,已经成为国际社会公认的基准之一。

日本GMP的特点是:①GMP条款的书写与其他国家有所不同。厚生省分别根据《药事法》的不同条款颁布了《关于药厂建筑物及设施条例》和《关于药品生产及质量管理条例》,分别构成了GMP的硬件条例和GMP的软件条例,将GMP内容分为硬件、软件两大部分;②各药厂均根据GMP要求,制定了本厂的质量管理、生产管理和卫生管理文件,对生产管理给予高度重视;③厚生省药务局每年都出版GMP解说,进行具体指导。1987年,还颁布了《医疗用汉方制剂制造管理和品质管理标准》(自主标准)。

此外,在日本GMP中还对进口商药品、准药品、化妆品或医疗器械进口处理的建筑物和设施提出了要求:

(1)有足够的设备保证进口物品的存放安全和卫生的设施。

(2)有足够的对进口物品进行分析检验的设施和设备。当分析检验是由生产商运用其他的对适合的分析检验不引起妨碍的设备或机构独立承担时,此规定不适用。

(三)《日本药局方》(JP)

日本的药典称为《日本药局方》(Japanese Pharmacopeia,JP),是由日本药局方编辑委员会编纂,由厚生省颁布执行的。自1886年初版迄今已有15个版本。现行版本为2006年发表的第15次改正版,自2006年4月1日起开始实施。《日本药局方》规定了医疗上起重要作用的医药品的性状和质量标准,共分两部出版。第一部收载原料药及其基础制剂;第二部主要收载生药、家庭药制剂和制剂原料。

四、欧盟对药品的质量管理

(一)欧盟的药品管理立法

1965年,原欧共体通过了第一部有关欧洲药品管理的法令(65/65EEC),该法令主要是为阻止“反应停”这一悲剧事件在欧洲重现。自此之后,欧盟规定、颁布并实施了一系列药品管理的法规及指导性文件,并有一套专门著作《欧盟药品管理法》。法规(regulation)是由欧洲委员会、欧洲议会及成员国部长委员会制定并通过的,具有法律效力,颁布后各成员国必须遵循。指令(directive)是欧盟药品管理法规的主体,集中体现了欧盟对药品管理的主要原则和要求,指令颁布后,被各国陆续纳入该国的法律。仅至1995年,欧盟就已颁布了约30个指令,如75/319/EEC、75/319/EEC、92/25/EEC等。法规法令主要涉及药品的上市许可、质量标准、销售、广告和标签等多个方面。

1995年,欧盟委员会根据2309/93EEC号法规建立了专门的药品评级机构——欧盟药品管理局(European Medicines Agency,EMEA)。EMEA是欧盟药品管理的最高权威机构,由各个成员国代表组成,主要负责整个欧盟范围内药物及相关医用产品的技术审查和批准上市工作,并全面负责评价药品的科学性,检测药品在欧盟范围内的安全性、有效性。经该机构审批上市的药品有权在欧盟所有市场上市销售。EMEA将欧盟的上市核准

(marketing authoriation)程序分为两种,即"集中申请"和"互认申请"。这两种申请方式都是为消除成员国之间的上市核准结果互不承认现象,减少有关当局和生产企业的重复性工作,并消除成员国之间的药品贸易障碍,促进市场的一体化。一种药品无论通过哪一个申请程序获得批准,将自动或通过一定程序在欧盟所有的成员国上市。

(二)欧盟 GMP

欧盟于 1972 年制定《GMP 总则》,1975 年对制剂产品建立了 GMP 要求。根据欧盟人用药品第 2001/83/EC 号法令,欧盟 GMP 认证由欧洲 GMP 审计署完成。通过认证的产品,可以在欧盟各成员国内流通。2005 年 11 月生效的 GMP 指南开始将原料药 GMP 要求列入基本要求,由推荐执行改为强制执行。目前,欧盟的 GMP 是在《欧盟药品管理法》第四卷中加以规定的。现行的 GMP 指南(2008 年 7 月 1 日正式实施)对前一版 GMP(2005 年版)做出了重大修订。其中,最显著的变化就是在质量管理中引入了质量风险管理的要求。

现行欧盟 GMP 的主要原则是:制造许可的持有人必须制造确保适合预期用途、符合上市许可要求的药品,不能由于安全性、质量或有效性不足等问题而将患者置于风险之中。要达到这一目标,必须有一个综合设计和正确实施的系统,要整合药品生产质量管理规范、质量控制、质量保证体系以及质量风险管理系统。从以上原则可以看出,"质量风险管理系统"被放置在与"生产质量管理规范"、"质量控制"等同等重要的位置。新版 GMP 指南中强调,质量风险管理是一个用于药品质量风险评估、控制、交流与审计的系统过程,具有前瞻性或回顾性。此外,GMP 指南还新增加了一个质量风险管理的附录(附录 20),全面引用了 ICH-Q9(2005 年版)。

欧盟的 GMP 较侧重质量保证体系、风险控制和硬件,与美国、日本的 GMP 相比,欧盟的 GMP 有一些独特的规定:

(1)企业要设置授权放行人员。这些人员经政府资格认定,并负有法律责任。他们的职责是对产品质量进行把关,不但要检查产品是否经检验合格,还要监督生产过程是否符合 GMP 条件。如果放行人员没有履行职责,放行了违规产品,政府可能对放行人员依法进行处罚。

(2)企业需要取得生产许可证才能生产。在生产中不但要符合 GMP 的要求,还需遵守生产许可的相关规定。

除了授权上游企业监管下游企业(授权批发商监管生产商、制剂生产企业监管原料药企业)和要求生产企业设置授权放行人员外,欧盟药品监管部门同样也要根据计划每 2～3 年对企业进行例行检查,如果发现有违规的线索或者有举报,也可能进行抽查或者飞行检查。

(三)《欧洲药典》(EP)

1964 年欧洲药典委员会成立,秘书处设在欧洲药品质量管理局(European Directorate for the Quality of Medicines,EDQM),并由 EDQM 负责《欧洲药典》的出版和发行工作。经过原欧共体各国共同商定,1969 年第一版《欧洲药典》(European Pharmacopeia,EP)开始分 3 卷陆续出版,其法文版和英文版为法定版本。随着欧洲一体化及国际药品标准协调工作不断发展,欧洲药典委员会成员国以及 EP 的增修订内容也显著增多。至今欧洲药典委员会已有英、法、德等 30 多个成员国,并在世界各地有 20 多个观察员国。中国药典委员会在

1994年成为欧洲药典委员会的观察员之一。目前，EP第六版（EP6.0）已于2007年出版，并于2008年1月开始生效，其增补版EP6.1、EP6.2等也陆续出版。EP已成为欧洲各国药品质量标准统一的来源，是欧洲药品质量检测的唯一指导性文献，对各欧洲药典委员会的成员国具有强制作用。所有药品和药用底物生产厂家在欧洲范围内推销和使用的过程中，必须遵循EP的质量标准。

根据1999年12月生效的欧洲议会公共健康委员会（Public Health Committee）的决议，由当时欧洲药典委员会的27个成员国正式启动了一个新的证书程序，即“欧洲药典适用性证书”（Certificate of Suitability to Monograph of the European Pharmacopoeia，COS或CEP），并被欧盟各成员国认同。根据这一程序，原料药的生产商（或供应商）应该就所提供的原料药的化学纯度和微生物质量方面做适用性评估。COS的目的是为了方便和简化各国之间的交流，保证原料药质量符合最新的欧洲药典要求。申请人只要获得了COS证书，原料药生产商就只需向欧洲客户出示并提供证书复印件，欧洲客户凭此COS证书复印件即可向欧洲药管当局申请上市，并可在30多个成员国中的任一国上市。

第三节　医药化工商品的数量

商品的数量（quantity of commodity）是指以一定的度量衡单位表示的商品的重量、个数、长度、面积、容积等。它反映交易的规模，是国际货物销售合同中不可缺少的主要条件之一。因此，在合同中必须订立相关的数量条款。数量条款不仅包括货物的数量重量、体积容积，还包括度量单位。各国习惯的度量单位各有不同，具体交易时要明确换算方式，以免产生不必要的损失。

《联合国国际货物销售合同公约》（《United Nations Conventions on Contracts For the International Sale of Goods》）规定，按约定数量交付货物是卖方的一项基本义务，如果卖方交货数量大于约定的数量，买方可拒收多交的部分，也可以收取多交部分中的一部分或全部，但应该按合同价格付款。如果卖方交货数量少于约定的数量，卖方应在规定的交货期满内补交，但不得使买方遭受不合理的不便，或承担不合理的开支。即使如此，买方也可保留要求赔偿的权利。

影响买卖双方成交数量的因素很多，不仅包括商品的生产、供应能力、目标市场的供求、商品价格可能变动的趋势等，还包括各国有关进出口商品数量限制的贸易政策和措施。中国加入WTO之前，发达国家对来自中国的很多商品都规定了相关的进口配额。也就是说，在数量规定的范围内允许进口，超过数量范围征收巨额关税或甚至拒绝进口。中国加入WTO之后，配额制度已经基本取消，但发达国家为避免放松配额后大量中国制造的产品拥入其市场，冲击其当地企业的生产和销售，对来自中国生产产品实施特保机制，限制中国产品出口的出口市场。

一、商品数量的计量单位和计量方法

(一)计量单位

国际货物贸易中不同类型的商品,需要采用不同的计量单位。究竟采用何种计量单位,不但取决于商品的种类和特点,还取决于贸易习惯和交易双方的意愿。在国际贸易中,常用的计量单位通常有以下六种。

1.按重量(weight)计算

常用计量单位为:千克(kilogram,或 kg.)、吨(ton,或 t)、公吨(metric ton,或 m/t)、公担(quintal,或 q.)、公分(gram,或 gm.)、磅(pound,或 lb.)、盎司(ounce,或 oz.)、长吨(long ton,或 l/t)、短吨(short ton,或 s/t)。

2.按容积(capacity)计算

常用计量单位为:公升(litre,或 L)、加仑(gallon 或 gal)、蒲式耳(bushel 或 bu)等。

3.按个数(numbers)计算

常用计量单位为:只(piece 或 pc),件(package 或 pkg),双(pair),台、套、架(set),打(dozen 或 doz),罗(gross 或 gr),大罗(great gross 或 g. gr),令(ream 或 rm),卷(roll 或 coil),辆(unit),头(head)等。有些商品也可按箱(case)、包(bale)、桶(barrel 或 drum)、袋(bag)等计量。

4.按长度(length)计算

常用单位为:码(yard 或 yd)、米(meter 或 m)、英尺(foot 或 ft)、厘米(centimeter 或 cm)等。

5.按面积(area)计算

常用单位为:平方码(square yard 或 yd^2)、平方米(square meter 或 m^2)、平方英尺(square foot 或 ft^2)、平方英寸(square inch)等。

6.按体积(volume)计算

常用单位为:立方码(cubic yard 或 yd^3)、立方米(cubic meter 或 m^3)、立方英尺(cubic foot 或 ft^3)、立方英寸(cubic inch)等。

(二)计算重量的方法

1.毛重(gross weight,G. W.)

毛重指药品本身的重量和外包装(tare)的重量总和,皮重指包装材料的重量。

在医药国际贸易中,合同中明确用以计算总货款的数量是指药品本身的重量,一般不包括药品包装的重量。但对于单位价值量较低的中药材,国际贸易实践中经常将药品包装的重量计入总重量,这种做法称作“以毛作净(gross for net)”。

2.净重(net weight,N. W.)

净重指除去包装后药品本身的重量,净重=毛重-皮重。

毛重很容易称量,只要确定皮重就可以得到药品的净重,皮重的计算方法有:

(1)按实际的皮重(real tare):将整批药品的全部包装物过磅后得出的皮重计算,这种方法比较麻烦，用得很少。

(2)按平均皮重(average tare)：如果药品的包装整齐划一，就可以从整批货物中抽取若干件，分别称出其皮重，再求出平均值，用平均数乘以整件数，就可以得出整批药物的总皮重。

(3)按习惯皮重(customary tare)：一些药品采用规范的包装，这种包装的皮重是市场公认的。这些药品的皮重可按公认的标准计算。医药原料药基本上都以这种方法确定重量。

(4)约定皮重(computed tare)：指进出口双方事先约定皮重。

3. 公量(conditioned weight)

对于一些容易吸潮，导致数量经常因为外界温、湿度条件变化而变化的医药商品数量的确定可以借助公量进行调整。计算公式为：

公量＝实际净重×(1＋标准回潮率)/(1＋实际回潮率)

4. 理论重量(therotical weight)

理论重量适用于有固定规格和固定体积的商品。规格一致、体积相同的商品，每件重量也大致相等，根据件数即可算出其总重量。

学习材料

公量的计算

某公司出口羊毛一批，双方约定标准回潮率为11%，现有羊毛105公吨，经过测定，回潮率为9%，计算符合双方约定的重量是多少公吨？

解：105×(1＋0.11)÷(1＋0.09)＝105×1.11÷1.09＝106.93公吨

故符合双方约定的重量是106.93公吨。

(2)按理论重量计重(theoretical weight)。理论重量适用于有固定规格和固定体积的商品。规格一致、体积相同的商品，每件重量也大致相等，根据件数即可算出其总重量。如马口铁、钢板等。

(3)法定重量(legal weight)和实物净净重(net net weight)。纯商品的重量加上直接接触商品的包装材料，如内包装等的重量，即为法定重量。法定重量是海关依法征收从量税时作为征税基础的计量方法。而扣除这部分内包装的重量及其他包含杂物(如水分、尘芥)的重量，则为净净重，净净重的计量方法主要为海关征税时使用。

案例解析

我国某公司从澳大利亚进口羊毛10公吨，合同的数量订明："10公吨"。结果，澳方所交的羊毛实际回潮率竟高达33.3%，使我方亏损不少。请问本案中，导致我方亏损的原因是什么？

解析：本案例中，导致我方亏损的原因是买卖双方在重量的计算上没有事先约定标准回潮率。对于吸湿力强的商品要按公量计算。

二、买卖合同中的数量条款

买卖合同中的数量条款就是指合同中有关交货数量、计量单位、计算方法以及数量的机动幅度等规定。数量条款是合同的主要条款之一。

商品的计量单位对双方尤其重要。不同的国家有不同的常用计量单位,交易双方应准确把握不同计量单位的换算方法,避免实际交货与合同交货的差别。同时,有些货物受自身特性、运输条件、包装方式等方面的影响,在货物到达目的港时其数量和起运港时会有所差别。如散装的煤矿、农产品、建筑材料、抗腐抗潮性能差的工业制成品等。其最终交货数量往往难以达到合同中所推定的某一特定的数量,因此对于该类商品,买卖双方有必要在合同中规定数量的机动幅度条款,允许最终交货数量在一定范围内浮动。

买卖合同中的数量机动幅度,是指某些商品的计算不是精确的,加上自然条件、包装和运输等因素的影响,实际交付数量常与合同中对数量的规定形成差异,这种差异的最大幅度就是数量的机动幅度,规定方法主要包括约量法和溢短装法。

约量法(about approximate)。是指在合同中规定交付的数量大约值,因为大约的范围各地理解不同,虽然《UCP500》规定了10%,但强制力不足,建议尽量少用。

溢短装法(more or less clauses)。是指买卖双方在商订交货数量时应订有一定的机动幅度,在合同中规定允许多装或少装的一定百分比。卖方交货数量只要在允许增减的范围内即为符合合同有关交货数量的规定。

例如:1000公吨,卖方可溢装或短装10%(1000m/t,with 10% more or less at seller's operation)。按此规定,如果卖方实际交货数量为900m/t,或1100 m/t,买方不得提出异议。

为了能够定好溢短装条款,通常要注意以下两个问题:

第一,数量机动幅度的大小要适当。关于数量机动幅度的大小,究竟百分比多大合适,应视商品特性、行业或贸易习惯和运输方式等因素而定。溢短装条款也可称为增减条款(plus or minus clause),在使用时,可简单地在增减幅度前加上"+"或"-"符号。还可使用"约"数(approximately or about)条款来表示实际交货数量可有一定幅度的伸缩,即在某一具体数字前加"约"或类似含义的文字。例如,约10000克(about 10000 gram)。由于"约"数的含义在国际贸易中有不同解释,容易引起纠纷,一般情况下应避免使用"约"数。

第二,机动幅度的选择权的规定要合理。在数量机动幅度范围内,对于多装或少装货物所产生的结算货款应予以规定。多少范围内可免算货款,多少范围内应按合同价格进行计算,或此次多(少)收,下次少(多)收等。对于时令性(季节性)强的商品,由于交货时价格的变动会对多收或少收数量的金额产生较大的影响,这种情况下买卖双方可以在合同中进行相关价格的规定。如近年来,粮食价格季节性波动较大,低价和高价差额可达100%以上,因此有必要在合同中规定对实际交货的数量按交货时价格成交,或规定一个最高和最低价格以确保买卖双方的商业利益。

第四节　医药化工商品的包装

国际贸易中的商品，一般都需要通过长途运输才能到达收货人和消费者手中。为了保证运输途中的货物不受外界影响和安全到达，就需要有科学合理的运输包装。同时，在当前国际市场竞争愈演愈烈的形势下，各国都把改进包装，尤其是销售包装作为加强国际竞争的重要手段之一。在国际货物买卖中，包装还是货物重要的组成部分，包装条件是国际货物买卖合同中的一项主要条款。按照合同约定的包装要求交付货物是卖方的主要义务之一。

一、包装的种类

（一）进出口货物包装的要求

1. 必须适应货物的特性

每种产品都有自己的特性，例如，玻璃制品容易破碎，液体货物容易渗漏，食品怕潮等。这就要求运输包装应具有防潮、防霉、防漏、防锈、防毒等性能。

2. 必须适应各种不同运输方式的要求

不同运输方式对包装的要求也不一样。例如，海运包装要求牢固，并具有防止挤压和碰撞的功能；铁路运输包装要求具有不怕震动的功能；航空运输包装要求轻便不宜过大。

3. 必须考虑有关国家的法律法规和客户要求

各国法律对运输包装的要求也不一样。例如，美国要求从 1998 年 12 月 17 日起，凡未经处理的中国木制品包装箱和木制托架，一律不准入境，以免带进天牛而危害美国森林。有些国家禁止使用柳藤、稻草之类的材料作为包装用料，恐将病虫害带进来。有些客户对运输包装提出特殊的要求，也应该根据需要予以考虑。

4. 便于运输各环节有关人员进行操作

货物在流通过程中需要进行装卸、搬运、储存、清点和查验，为了便于这些环节工作人员进行操作，包装的设计要合理，包装规格和每件包装的重量和体积要适当，包装上的各种标志要符合要求。

5. 节省包装费用

运输成本的高低和运输包装重量与体积大小有关，都直接关系到包装费用的高低。因此在选用包装材料、进行包装设计和打包时，在保证包装牢固的前提下，应注意节约，考虑如何有利于节省开支。此外，还要考虑进口国家关税税则。对运往从价征税国家出口货物包装，不宜采用价格昂贵的包装，以免遭受损失。

（二）包装分类

1. 按包装程度分

出口货物，根据是否需要包装以及包装程度不同，可分为散装货、裸装货和包装货三类。

国际贸易中的有些货物无须包装，可直接装于承载运输工具，即称为散装，如矿砂、原煤、粮食等。有些货物形态上自成件数，只需略加捆扎即可成件，无需包装，不受运输方式、天气条件等影响即可运载，即称为裸装(nude package)，如钢材、车辆等。大多数国际货物都需要加以包装，医药化工产品属于这一类商品。

2. 按包装作用分

根据包装在流通过程中所起作用的不同，将商品包装分为运输包装和销售包装两大类。运输包装主要起到保护商品的作用。在国际贸易中，由于地理位置的差异，货物往往需要漂洋过海，承受恶劣天气的影响，搬运装卸时破损危险，因此运输包装所起的最主要作用就是保护功能和便于运载搬运。运输包装的保护功能是针对耐压性、耐摩擦性、耐腐蚀性、防锈蚀、防潮、防偷盗、防虫害、防霉、防受热或受冷、防水等方面的特殊要求，可防止货物受损、变质和散失；运输包装的便于运载搬运功能是方便储运和装卸、方便开启、方便使用、方便回收、处理或重复使用等。因此，选择合适的运输包装至关重要。

销售包装也称为内包装，主要作用是传递信息、促进销售、提升产品档次。因此，销售包装特别强调包装的美观性、差异性、创新性和方便性。销售包装特别强调包装的美观性，是指包装上的标识、文字、图案和色彩上的美观，能够吸引消费者的关注；销售包装的差异性和创新性，是指商品区别于其他商品的包装形式，突出反映了产品在使用、功效、性能等方面的具有独具匠心，能激发消费者的购买欲望；销售包装的方便性，是指包装上清楚明确地传递了有关商品的牌号、性质、成分、容量、使用方法、生产单位等信息，便于销售上架和消费者识别。

3. 包装的其他分类

除此之外，包装按包装容器形状分类，分为箱、桶、袋、包、筐、捆、坛、罐、杠、瓶等；按包装材料分类，分为塑料材料、纸材料、复合材料、金属制品、玻璃和烫金材料、陶瓷和木制包装材料等。其中，塑料材料、纸材料、复合材料、玻璃和烫金材料是最主要的包装材料。按包装货物种类可分为食品、医药、轻工产品、针棉织品、家用电器和机电产品类包装等。按安全性能可分为一般货物包装和危险货物包装等。

我国进出口企业应努力适应国际市场对商品包装的要求，尤其对出口商品的包装应力求做到符合科学、经济、牢固、美观、适销的要求，以充分发挥包装的促销作用。此外，许多国家出于保护生态环境、保护消费利益或限制进口的目的，纷纷制定了有关包装的政策、法令、条例，对进口商品包装及其标识进行严格的规定。如：一些国家规定禁止用稻草、干草、木丝、报纸作衬垫；一些大型国际包装展览将具有环保性质的包装置于重要地位等。

下面主要介绍的是运输包装和销售包装两大包装类别中涉及的具体包装类型。

二、运输包装

运输包装(transport packing)又称大包装或外包装(outer packing)。它是为了方便运输将货物装入特定容器，或以特定方式成件或成箱的包装。其主要作用在于保护商品、防止出现货损货差、便于运输、利于储藏、降低成本等。因此，一般要求运输包装必须坚固、结实、耐用，并且有较好的防御功能。至于在国际贸易中，买卖双方究竟采用何种运输包装，应在合同中具体订明。

(一)运输包装的种类

运输包装的种类和造型多种多样,用料和质地也各不相同。根据包装方式的不同,运输包装主要可分为以下几类。

1. 箱(case)

不能紧压的货物通常装入箱内。按不同材料,箱子有木箱(wooden case)、板条箱(crate)、纸箱(carton)、瓦楞纸箱(corrugated carton)、漏孔箱(skeleton case)等。

2. 桶(drum,cask)

液体、半液体以及粉状、粒状货物可用桶装。桶有木桶(wooden drum)、铁桶(iron drum)、塑料桶(plastic cask)等。

3. 袋(bag)

粉状、颗粒状和块状的农产品及化学原料常用袋装。袋有麻袋(gunny bag)、布袋(cloth bag)、纸袋(paper bag)、塑料袋(plastic bag)等。

4. 包(bundle,bale)

可以紧压的商品可以先经机压打包,压缩体积后再以棉布、麻布包裹,外加箍铁和塑料带,捆包成件。

除上述单件包装外,运输包装还有将一定数量的单件包装组合成一件大的包装或装入一个大的包装容器内的集合运输包装,作为一种新型的包装方式,集合运输包装具有提高装卸效率、节省运输费用和防止货物被盗等作用。主要包括托盘(pallet)、集装袋(flexible container)、集装箱(Container)等。

(1)托盘。托盘又称集装盘,是一种用于机械化装卸、搬运和堆存的集装单元工具,主要由底板构成的垫板式包装工具。下面有插口,铲车或叉车可以通过该插口进行装卸运送作业或货物堆放作业。它具有保护货物、减少货损、简化包装手续、节省包装材料以及节约运输成本等特点。

(2)集装袋。集装袋又称集装包,是一种大容积的圆形或方形的运输装袋,盛装重量一般为1～4吨,最大的可装13吨,由可折叠又具有一定强度和韧性的材料制成,如:树脂布、化纤布、塑料布等。它具有便于吊运,即行卸货等特点,适于装运颗粒状、粉状的货物。

(3)集装箱。集装箱是指具有固定规格尺寸和足够的承载能力,能周转使用的,可以装载一定数量的单件运输包装或一定量散装货物的专用包装容器。因此,它又称为"货箱"或"货柜"。它具有密封性良好、减少货物流通中所导致的损失以及降低运输费用等特点,因而在国际贸易实务操作中应用也是最为广泛的。

(二)运输包装的标志

运输包装的标志是指在商品的运输包装上用文字、几何图形、数字等标明或刷制的特定记号和说明事项,以方便货物交接,防止错发、错运、错提货物,方便货物的识别、运输、仓储以及方便海关等有关部门依法对货物进行查验等。按其用途与作用的不同,包装标志可分为运输标志(shipping mark)、指示性标志(indicative mark)、警告性标志(warning mark)、重量体积标志和产地标志等。

1. 运输标志

运输标志(shipping mark),即"唛头",是国际货物买卖合同、货运单据中有关货物标志事项的基本内容。它一般由一个简单的几何图形以及字母、数字及简单的文字组成,通常刷印在运输包装的明显部位,目的是为了使货物运输途中的有关人员辨认货物,核对单证。按国际标准化组织(ISO)的建设,运输标志应包括四项内容:

(1)收货人或买方的名称字首或简称。

(2)参照号码。如:买卖合同号码、订单、发票或运单号码、信用证号码等。

(3)目的地。货物运送的最终目的地或目的港的名称。

(4)件号。本批每件货物的顺序号和该批货物的总件数。

例如,浙江某原料药生产企业一笔对德国出口贸易的唛头如下:

KIRSCH PHARMA GMBH

NCRC-SUD-SER. 1-7 38299 SALZGITTER

TEL:+49-5341-8797-1

ATTN: CHINA KIRSCH

2. 指示性标志

指示性标志(indicative mark)又称安全标志或注意标志,是指根据商品的特性,对一些容易破碎、残损、变质的商品,在搬运装卸操作和存放保管条件方面所提出的要求和注意事项,用图形或文字表示的标志。例如,"防热"、"由此开启"、"怕湿"、"向上"、"小心轻放"和"禁用手钩"等。

为了统一各国运输包装指示标志的图形和文字,一些国际组织,如国际标准化组织(ISO)、国际航空运输协会(IATA)和国际铁路货运会议(RID)分别制定了包装储运指示性标志,并建议各会员国予以采纳。我国制定有运输包装指示性标志的国家标准,所用图形与国际上通用的图形基本一致。图 2-2 列举的是一些常用的指示性标志。

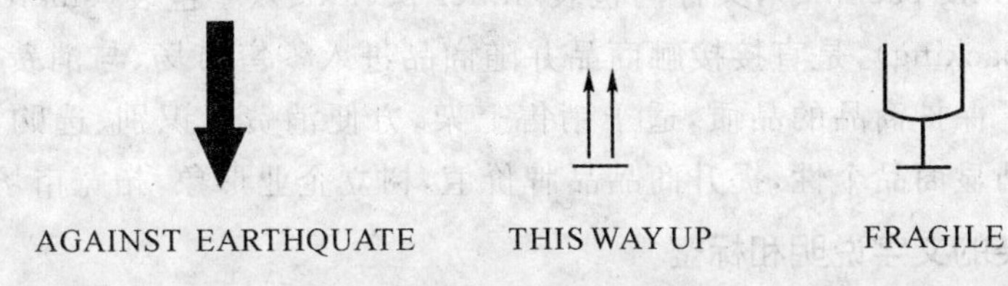

图 2-2 指示性标志

3. 警告性标志

警告性标志(warming mark)又称危险品标志(dangerous cargo mark),是指在装有爆炸品、易燃物品、腐蚀物品、氧化剂和放射物质等危险货物的运输包装上用图形或文字表示各种危险品的标志。其作用是警告有关装卸、运输和保管人员按货物特性采取相应的措施,以保障人身和货物的安全。

为保证国际危险货物运输的安全,联合国、国际海事组织、国际铁路合作组织和国际民航组织分别制定有国际海上、铁路、航空危险货物运输规则。在我国出口危险品的外包装上，应分别依照上述规则，刷写必要的危险品标志。图 2-3 列举了《国际海上危险货物运输规则》(《国际危规》)所规定的一些危险品标志。

图 2-3 联合国危险货物运输标志①

4. 重量体积标志

重量体积标志是指在运输包装上标明包装的体积和毛重，以方便储运过程中安排装卸作业和舱位。例如：

GROSS WEIGHT 75 KGS

NET WEIGHT 26 KGS

TARE WEIGHT 70 KGS

SIZE 56×34×21 CM

5. 产地标志

商品产地是海关统计和征税的重要依据，由产地证说明。一般在商品的内外包装上均注明产地，作为商品说明的一个重要内容。例如：我国出口商品包装上均注明“MADE IN CHINA”。

三、销售包装

销售包装(selling packing)，又称内包装(inner packing)、小包装(small packing)或直接包装(immediate packing)，是直接接触商品并随商品进入零售市场，与消费者直接见面的包装。销售包装除了保护商品的品质，适于销售上架，方便消费者识别、选购、携带和使用外，最大的功能就是凸显商品个性，提升商品品牌价值，树立企业形象，拓宽市场份额。

(一)销售包装的文字说明和标签

销售包装上应有必要的文字说明，如商标、品牌、品名、数量、产地等，必须根据不同商品的特点印有规格、成分、用途或使用方法等中外文说明文字。

《中华人民共和国药品管理法》(修订版)第五十四条规定，药品包装必须按照规定印有或贴有标签并附有说明书。标签或说明书上必须注明药品的通用名称、成分、规格、生产企业、批准文号、产品批号、生产日期、有效期、适应症或功能主治、用法、用量、禁忌、不良反应和注意事项。麻醉药品、精神药品、医疗用毒性药品、放射性药品、外用药品和非处方药的标

① http://info.jctrans.com/gongju/cx1/2006228221155.shtml.

签上，必须印有规定的标志。使用文字说明或制作标签时，应注意有关国家的标签管理条例规定。例如，日本政府规定，凡销往该国的药品，除必须说明成分和服用方法外，还要说明功能，否则不准进口。美国进口药品时也有类似规定。此外，有些国家甚至对文字说明所使用的语种也有具体规定，如加拿大政府规定，销往该国的商品，必须同时使用英、法两种文字。

随着电子扫描自动售货设备日益广泛使用，条形码已成为销售包装上不可缺少的标记。

(二)条形码标志

条形码(product code)是一种产品代码，它是由粗细间隔不等的平行线条及其相应的数字组成的标记(见图 2-4)。

图 2-4　物品条形码

目前国际公认的商品包装的编码有两种，即 UPC 和 EAN。这两种编码都由字符组成，每个字符由数条黑白相间的条纹组成，这些字符和字符间的空隙都代表一定的信息。虽然字符只是 0～9 的数字表示，但具有极高的查核能力，可以通过光电扫描阅读装置给这些字符和空隙赋予特定的信息。以下具体介绍 UPC 和 EAN 编码。

1. UPC 条形码

UPC 条形码是由美国和加拿大共同组织的“统一编码委员会”(Universal Code Council, UCC)选定以 IBM 公司提出的 Dalta-Distance 为基础而通过的。UPC 码(Uniform Product Code)是美国和加拿大产品统一的标识符号。

2. EAN 条形码

EAN 条形码是欧共体的“欧洲物品编码协会”(European Article Numbering Association，EAN)吸取了 UPC 的经验而确立的物品标识符号，是迄今为止使用范围最广的条形码。欧洲的大部分国家、亚洲许多国家都使用此码，我国于 1991 年 7 月参加该协会，使用的也是 EAN 条形码。EAN 码由 12 位数字的产品代码和 1 位校验码组成。12 位产品代码的前 3 位为国别码，中间 4 位数字为厂商号，后 5 位数字为产品代码。我国的国别号为“690”、“691”和“692”，凡标有这三种条码标记的商品，即表示是中国出产的商品。

很多国家规定产品无条形码就不能上货架。我国从 1988 年开始设立中国物品编码中心，在广东、湖北、江苏和上海等地设立了其分中心，在未设分中心的省、直辖市、自治区和计划单列市，中心都指定和委托该地的标准化机构，负责本地区的条码工作。因此，生产和经营出口商品的包装企业可以到上述机构申请，直接经营出口产品的企业也务必在其包装上配备相应的使用条码。

商品的包装除运输包装和销售包装外，衬垫物(filling and lining materials)也是包装的重要组成部分，不容忽视。它的作用是防震、防碎、防潮、防锈等。衬垫物一般用纸屑、纸条、防潮纸和各种衬垫物。

四、中性包装和定牌生产

由于国际贸易中买方对包装的不同需要，商品的包装根据有无生产地点和商标或牌名，包括中性、定牌和无牌包装。

中性包装(neutral packing)是指在商品上和内外包装上不注明生产国别的包装。中性包装有定牌中性和无牌中性之分。定牌中性是指在商品和/或包装上使用买方指定的商标/牌名，但不注明生产国别。无牌中性是指在商品和包装上均不使用任何商标/牌名，也不注明生产国别。

定牌是指买方要求出口商品和/或包装上使用买方指定的商标或牌名的做法。在加工贸易中定牌包装是一种常见的包装形式。国外的买方由于其在国际市场或当地市场中所享有的企业或名牌效应，要求生产厂商以他们的商标作为产品的牌名。如大型的超市(Walmart)、专业的经销商(Delta，Office Depot)等在中国都有指定供货商以定牌生产的方式出口到国外市场。这种定牌生产方式，供货商所得利润很少，只有简单加工生产的劳务费。但随着中国制造的技术含量越来越高，原有的中国供货商也开始以自有品牌的方式进入国际市场。

无牌是指买方要求在出口商品和/或包装上免除任何商标或牌名的做法。这种方式多用于有待进一步加工的半制成品，如电路板半成品、供印染用的坯布、多晶硅切片等。其目的主要是看中出口企业低廉的劳动力，节约人力成本。这种无牌生产出口利润微薄而且容易被更劳动力低廉的生产厂商所替代。

除非另有约定，采用定牌和无牌时，在我国出口商品和/或包装上均须标明“中国制造”字样。

定牌、无牌和中性包装，是国际贸易中的通常做法。我国很多中小企业由于生产技术能力差，为了拓宽国际市场，经常采用中性包装，但这种出口方式极易受国际经济情势、国外产业调整的影响。另外还需注意，近年来中性包装的做法在国际上屡遭非议。因此，如果外商人要求对其所购货物采用中性包装时，我方必须谨慎从事。

【本章小结】

本章主要介绍了国际货物买卖的载体——商品的基本信息。它包括品名、质量、数量和包装条款。这些条款是贸易合同中最基础但却是必不可少的条件。重点介绍了我国对药品进行质量管理的法律法规和药品标准。对美、日、欧等发达国家药品质量管理的相关法律法规及质量标准进行了概括性介绍。

品名与质量条款中对品名和质量有多种分类方法。根据不同的分类方法，商品的品名和质量规定也各有不同。质量条款中还有质量公差，是实际货物质量评级中应特别注意的条款。

数量条款规定了有关国际贸易货物的计量方法、度量衡制度和计量单位。买卖合同中的数量机动幅度条款和质量公差条款一样，是实际货物数量测评中应特别注意的条款。

包装条款中规定的商品包装的分类方法很多。通常人们习惯根据包装在流通过程中所起作用的不同，将商品包装分为运输包装和销售包装两大类。定牌、无牌和中性包装，是国际贸易出口业务中普遍采用的出口定牌做法。

【思考和练习】

1. 构成合同标的物应具备哪些条件？
2. 表示品质的方法多种多样，主要的品质方法有哪几种？
3. 我国药品质量管理的依据有哪些？
4. 试述我国药品质量全过程管理主要内容。
5. 主要的计量方法有哪几种？他们各自的适用方法是什么？
6. 数量机动幅度条款和质量公差条款主要内容是什么？
7. 运输包装上的标志有什么作用？主要内容是什么？
8. 何谓“条形码”？
9. 何谓“中性包装”？
10. 何谓“定牌包装”和“无牌包装”？它们各自的作用是什么？
11. 国外客人授权用他的品牌，这样做有风险吗？如果遇到知名品牌，应如何处理？
12. 如何看待产品包装？你认为包装越精致越好吗？

第三章　贸易术语与价格条款

学习目标：

掌握贸易术语和相应的国际惯例；明确贸易术语与条款规定的双方基本权利、义务、责任、风险和费用的划分等；熟练出口成本核算及佣金和折扣的计算；了解价格条款和应用不同贸易术语条件下的价格换算。

第一节　有关贸易术语的国际惯例

贸易术语涉及具体操作流程上的惯例，所以无论是传统或电子商务方式的国际贸易都按照现有常用的贸易术语实施。在贸易术语成为国际惯例之前，我们有必要对“贸易术语”这一概念的来源有所了解。

早在奴隶社会，部落与部落、小国与小国之间就有了国际贸易的雏形，但是贸易术语的出现是在国际贸易发展到一定历史时期的产物。货物从生产到国外消费者，这中间要经历许多环节做大量的工作，同时也增加了许多与货物本身无关的成本。因此，买卖双方在洽谈交易、订立合同时，必须要考虑到各方面的问题。由于这些问题直接关系到商品的价格，所以在长期的国际贸易实践中产生约定俗成的贸易术语。贸易术语（trade terms），又称为价格条件或交货条件，它既规定了买卖双方各自承担的费用、风险、责任，也反映了货物价格构成的影响因素，即货价的费用构成。

一旦贸易术语对交易双方有共同的理解和约束，那么贸易术语在具体的贸易操作流程上可以大大简化交易手续、缩短洽谈时间，而且还能节约交易成本，方便解决贸易争端。

早在19世纪初，在国际贸易中已开始使用贸易术语。但是，在相当长的时间内，国际上并没有形成对各种贸易术语的统一解释。后来，某些国际组织、商业团体、学术机构为了消除分歧、有利于国际贸易的发展，经过长期的努力，分别制定了解释国际贸易术语的规则，这些规则在国际上被广泛采用，因而成为一般的国际贸易惯例。国际贸易惯例在当前各国积极谋求国际贸易法律统一化进程中，起着重要的作用，这种作用日益受到各国的重视。目前，在国际上有较大影响的有关贸易术语的惯例有四种：《1932年华沙—牛津规则》、《1941年美国对外贸易定义修正本》、《2000年国际贸易术语解释通则》和《2010年国际贸易术语解释通则》。2009 年 12 月 2 日，中国国际商会即国际商会中国国家委员会（International Chamber of Commerce，以下简称 ICC ）正式成立了“中国国际商会国际贸易术语解释通则修订委员会”，对“国际贸易术语解释通则修订稿”进行综合和完善，形成能够代表中国商界整体利益和要求的意见。国际商会(ICC)根据国际货物贸易的发展，对《2000 年通则》进行修订，重新编写了《2010 年国际贸易术语解释通则》(INCOTERMS 2010，2010 通则)，于2010 年 9 月 27 日公布，2011 年 1 月 1 日起开始全球实施，2010 通则较 2000 通则更准确标明各方承担货物运输风险和费用的责任条款，令船舶管理公司更易理解货物买卖双方支付各种收费时的角色，有助于避免现时经常出现的码头处理费(THC)纠纷。此外，新通则亦增加大量指导性贸易解释和图示，以及电子交易程序的适用方式。

以下具体介绍现有的《1932 年华沙—牛津规则》、《1941 年美国对外贸易定义修正本》、《2000 年国际贸易术语解释通则》和《2010 年国际贸易术语解释通则》四种有关贸易术语的惯例。

一、《1932 年华沙—牛津规则》

该规则是由国际法协会（International Law Association）专门为解释 CIF 合同而制定的。1928 年，该协会于华沙举行会议，制定了关于 CIF 买卖合同的统一规则，共 22 条，称为《1928 年华沙规则》。后又经过 1930 年纽约会议、1931 年巴黎会议和 1932 年牛津会议等多次修改，现称为《1932 年华沙—牛津规则》（Warsaw-Oxford Rules 1932，简称 W. O. Rules 1932）。

该规则对 CIF 买卖合同的性质、特点作了说明，并具体规定了在 CIF 合同中买卖双方所承担的费用、责任和风险，即买卖双方的权利与义务。按该规则，CIF 合同的卖方所需承担的主要义务是：

(1)必须提供符合合同说明的货物，并按港口习惯方式，在合同规定的时间或期限内，在装运港将货物装到船上(load the goods on board the vessel)；负担货物损坏或灭失的风险，直到货物装上船时为止。

(2)必须根据货物的性质和预定航线或特定行业通用的条件，自负费用，订立合理的运输合同。该运输合同必须以“已装船”提单为证据。

(3)必须自负费用，向一家信誉良好的保险商或保险公司取得一份海运保险单，作为一项有效的确实存在的保险合同的证明。除买卖合同特定规定外，该保险单须按特定行业或预定航线上的惯例承保所有的风险，但不包括战争险；其保险金额按特定行业惯例予以确定，如无此惯例，则按 CIF 发票价值，并加预期利润的 10%。

(4)必须在货物业已装船时通知买方，说明船名、唛头和详尽细节。发出该通知的费用由买方负担。如果买方未收到这种通知，或偶然遗漏发出通知，买方无权拒收卖方提交的单据。

(5)必须尽力发送单据，并有责任以各种适当的方式将单据提交或使其得以提交给买方。所谓“单据”，是指提单、发票和保险单，以及根据买卖合同卖方有责任取得并提交买方的附属于这些单据的其他单据。

根据规则，CIF 合同买方的主要义务是：在正当的单据被提交时，买方必须接受单据，并按买卖合同规定支付价款。买方有权享有检查单据的合理机会和作该项检查的合理时间。但在正当的单据被提交时，买方无权以没有机会检验货物为借口，拒绝接受这种单据，或拒绝按照买卖合同的规定支付价款。

《1932 年华沙—牛津规则》自公布之日起，一直沿用至今，并成为国际贸易中颇具影响的贸易惯例。它有利于解决 CIF 合同履行中出现的争议，当合同双方发生矛盾时，一般都参照或引用《规则》的条款和解释来处理。

二、《1941 年美国对外贸易定义修正本》

早在 1919 年美国九个大商业团体制定了《美国出口报价及其缩写》(The U. S. Export Quotations and Abbreviation)。以后，因贸易习惯发生了很多变化，终于在 1940 年举行的美国第 27 届全国对外贸易会议上对该定义作了修订，并于 1941 年 7 月 30 日经美国商会、美国进口商协会和美国全国对外贸易协会所组成的联合委员会通过，称为《1941 年美国对外贸易定义修订本》(Revised American Foreign Trade Definition 1941)。该修正本对下列六种贸易术语作了解释：

(一)Ex(point of origin):产地交货

"Ex"用于贸易术语，其英文含义是"deliver at"的意思，即货物在某地交货，其后面应注明具体的交货地点。按本术语 Ex(point of origin)，应注明原产地的名称，如"Ex Factory"，"Ex Mill"，"Ex Mine"，"Ex Plantation"，"Ex Warehouse"("制造厂交货"、"矿山交货"、"农场交货"、"仓库交货")等。

此术语规定，卖方必须在规定日期或期限内按双方约定的地点，将货物置于买方处置之下，并负担一切费用和风险，直至买方提取货物之后为止。当货物按规定被置于买方处置之下时，买方必须立即提取，并自提货之时起，负担货物的一切费用和风险。

(二)F. O. B. (Free On Board):在运输工具上交货

《1941 年美国对外贸易定义修正本》将 F. O. B. 术语分为下列六种：

(1)FOB(named inland carrier at named inland point of departure)——"在指定内陆发货地点的指定内陆运输工具上交货"。按此术语，在内陆装运地点，由卖方安排并将货物装于火车、卡车、驳船、拖船、飞机或其他供运输用的运载工具之上。

(2)FOB(named inland carrier at named inland point of departure freight allowed to named point of exportation)——"在指定内陆发货地点的指定内陆运输工具上交货，运费预付到指定的出口地点"。按此术语，卖方预付至出口地点的运费，并在指定内陆起运地点取得清洁提单或其他运输收据后，对货物不再承担责任。

(3)FOB(named inland carrier at named inland point of departure freight allowed to named point)——"在指定内陆发货地点的指定内陆运输工具上交货，减除至指定地点的运费"。按此术语，卖方所报价格包括货物至指定地点的运输费用，但注明运费到付，并由卖方货物款项内减除。卖方在指定内陆起运地点取得清洁提单或其他运输收据后，对货物不再承担责任。

(4)FOB(named inland carrier at named point of exportation)——"在指定出口地点的

指定内陆运施工具上交货”。按此术语,卖方所报价格包括将货物运至指定出口地点的运输费用,并承担货物的任何灭失及/或损坏的责任,直至上述地点。

(5)FOB Vessel(named port of shipment)——“船上交货(指定装运港)”。按此术语,卖方必须在规定的日期或期限内,将货物实际装载于买方提供的或为买方提供的轮船上(place goods actually on board the vessel),负担货物装载于船上为止的一切费用和承担任何灭失及/或损坏的责任,并提供清洁轮船收据或已装船提单;在买方请求并由其负担费用的情况下,协助买方取得由原产地及/或装运地国家签发的,为货物出口或在目的地进口所需的各种证件。买方必须办理有关货物自装运港运至目的港的运转事宜,包括办理保险并支付其费用,提供船舶并支付其费用;承担货物装上船后的一切费用和任何灭失及/或损坏的责任;支付因领取由原产地及/或装运地国家签发的,为货物出口或在目的地进口所需的各种证件(清洁轮船收据或提单除外)而发生的一切费用,支付出口税和因出口而征收的其他税捐费用。

(6)FOB(named inland point in country of importation)——“在指定进口国内陆地点交货”。按此术语,卖方必须安排运至指定进口国地点的全部运输事宜,并支付其费用;办理海洋运输保险,并支付其费用;承担货物的任何灭失及/或损坏的责任,直至装载于运输工具上的货物抵达指定进口国内陆地点为止;自负费用,取得产地证、领事发票,或由原产地及/或装运地国家签发的,为货物在目的地进口及必要时经由第三国过境运输所需的各种证件;支付出口和进口关税以及因出口和进口而征收的其他税捐和报关费用。买方必须在运载工具抵达目的地时,立即受领货物;负担货物到达目的地后的任何费用,并承担一切灭失及/或损坏的责任。

(三)F. A. S. (Free Along Side):在运输工具旁交货

F. A. S. Vessel(named port of shipment)——“船边交货(指定装运港)”。按此术语,卖方必须在规定的日期或期限内,将货物交至买方指定的海洋轮船船边,船上装货吊钩可及之处,或交至由买方或为买方所指定或提供的码头,负担货物交至上述地点为止的一切费用和承担任何灭失及/或损坏的责任。买方必须办理自货物放置于船边以后的一切运转事宜,包括办理海洋运输及其他运输,办理保险,并支付其费用;承担货物交至船边或码头以后的任何灭失及/或损失的责任;领取由原产地及/或装运地国家签发的,为货物出口或在目的地进口所需的各种证件(清洁的码头收据或轮船收据除外),并支付因此而发生的一切费用,支付出口税及因出口而征收的其他税捐费用。

(四)C. & F. (Cost and Freight):成本加运费

C. & F. (named point of destination)——“成本加运费(指定目的地)”。按此术语,卖方必须负责安排将货物运至指定目的地的运输事宜,并支付费用;取得运往目的地的清洁已装船提单,并立即将它送交买方或其代理;承担货物交至船上为止的任何灭失及/或损坏的责任;在买方请求并由其负担费用的情况下,提供产地证明书、领事发票,或由原产地及/或装运地国家签发的,为买方在目的地国家进口货物以及必要时经另一国家过境运输所需的任何其他证件;支付出口税或因出口而征收的其他税捐费用。买方必须接受所提交的单据;在载货船舶到达时受领货物,办理一切随后的货物运转事宜,并支付其费用,包括按提单条款从船上提货；支付卸至岸上的一切费用，包括在指定目的地的任何税捐和其他费用；办理保险并支付其费用；承担货物交至船上后的任何灭失及/或损坏的责任；支付产地证明书、领事发票，或由原产地及/或装运地国家签发的，为货物在目的地国家进口以及必要时经另一国家过境运输所需的任何其他证件的费用。

（五）C. I. F.（cost, insurance and Freight）：成本、保险费加运费

C. I. F.（named point of destination）——"成本加保险费、运费（指定目的地）"。按此术语，卖方除了必须承担C&F术语下所有的责任外，还必须办理海运保险，支付其费用，并提供保险单或可转让的保险凭证。买方的责任则在C&F术语的基础上，免除办理货物海运保险及其费用（卖方投保战争险所支出的费用需由买方负担）。

（六）EX Dock（named port of importation）：目的港码头交货

按此术语，卖方必须安排货物运至指定进口港的运输事宜，办理海洋运输保险（包括战争险），并支付其费用；承担货物的任何灭失及/或损失的责任，直至在指定的进口港码头允许货物停留的期限届满时为止；支付产地证明书、领事发票、提单签证，或由原产地及/或装运地国家签发的，为买方在目的地国家进口货物以及必要时经另一国家过境运输所需的任何其他证件的费用；支付出口税及因出口而征收的其他费用；支付一切卸至岸上的费用，包括码头费、卸货费及税捐等；支付在进口国的一切报关费用、进口税和一切适用于进口的税捐。买方必须在码头规定的期限内在指定进口港码头上受领货物；如不在码头规定的期限内受领货物，负担货物的费用和风险。

此术语还有其他不同名称，如"Ex Quay"、"Ex Pier"等。

《1941年美国对外贸易定义修订本》在拉美国家有较大影响。由于它对贸易术语的解释，特别是对FOB术语的解释与其他国际惯例的解释有所不同。因此，我国外贸企业在与美洲国家贸易商进行交易时，应予特别注意。关于美国FOB术语的特殊解释，将在下一节作进一步阐述。

三、《2000年国际贸易术语解释通则》

《国际贸易术语解释通则》是国际商会（ICC）为了统一对各种贸易术语的解释而制定的，它的英文原意为Internation Rules for the Interpretation of Trade Terms，缩写形式为INCOTERMS（Internation Chamber of Commerce Terms），即国际商会术语，简称《通则》。国际商会在《通则》的引言中指出，制定《通则》的宗旨是为国际贸易中最普遍使用的贸易术语提供一套解释的国际规则，以避免因各国解释不同而出现的不确定性，或至少在相当程度上减少这种不确定性。但需要注意的是，《通则》涵盖的范围只限于销售合同当事人的权利和义务中与已售货物（指"有形的货物"，不包括"无形的货物"，如提供劳务、运输或保险等）交货有关的事项。作为买卖合同的卖方，其基本义务可包括交货、交单和转移货物的所有权，而《通则》也仅仅涉及前两项的内容，它不涉及所有权和其他产权的转移问题，也不涉及违约及其后果等问题。

自20世纪20年代初开始，国际商会即展开对重要的贸易术语作统一解释的研究，1936年提出了一套解释贸易术语的具有国际性的统一规则，定名为INCOTERMS 1936，其副标题为 International Rules for the Interpretation of Trade Terms，译作《1936 年国际贸易术语解释通则》。之后，为适应国际贸易实际业务的发展，国际商会于 1953 年、1967 年、1976 年、1980 年和 1990 年对 INCOTERMS 作了 5 次修订和补充。对 INCOTERMS 作历次修改的原因，主要是为了使贸易术语适应日益广泛使用的当代商业实践。1980 年的修改是为了适应运输技术——集装箱运输和多式联合运输的发展；1990 年的修改是为了适应电子数据交换的发展。

1999 年 9 月，为使贸易术语更进一步适应全球无关税区的发展、交易中使用电子讯息的增多以及运输方式的变化，国际商会再次对《通则》进行修订，公布了对 INCOTERMS 1990 作了修订的新文本《2000 年国际贸易术语解释通则》（以下简称《2000 年通则》），成为该商会的第 560 号出版物（INCOTERMS 2000，ICC Publication No. 560），并于 2000 年 1 月 1 日起实施。

鉴于 INCOTERMS 在世界上已得到广泛的承认，国际商会为巩固其在世界范围内得到的承认，决定尽量避免改变。因此，在 2000 年的修改中，对 INCOTERMS 1990 版本的改变很少。2000 年版本在以下两方面作了实质性改变：在 FAS（装运港船边交货）和 DEQ（目的港码头交货）术语下关于清关和支付关税的义务；在 FCA（货交承运人……指定地点）术语下关于装货和卸货的义务。

新版本还做了一些形式上的改变。1990 年版本对买卖双方各 10 项义务（卖方 A1—A10，买方 B1—B10）作逐项并列编排，左右对照，并在 10 项义务之首分别冠以“A 卖方必须”和“B 买方必须”的词句，但在以下逐条义务前省略以上词句。如：

A 卖方必须	B 买方必须
A1　提供符合合同的货物	B1　支付货款
提供符合买卖合同的货物……	根据买卖合同规定支付货款
……	……
A10　其他义务	B10　其他义务
……根据请求，提供买方为办理保险所必需的信息	支付为取得 A10 所述的单据……而发生的费用

2000 年修改对买卖双方各 10 项义务，在编排上改为卖方义务和买方义务逐项间隔排列，上下对照。在 10 项义务之首则冠以“A 卖方义务，B 买方义务”，在每条具体义务前，则分别加注“卖方必须”和“买方必须”的词句，如：

A 卖方必须
B 买方必须
A1　提供符合合同的货物
卖方提供符合买卖合同的货物……
B1　支付货款
买方根据买卖合同规定支付货款
……
A10　其他义务

……根据请求，提供买方为办理 保险所必需的信息

B10 其他义务

买方必须支付为取得A10所述的单据……而发生的费用

此外，INCOTERMS 2000在用词上力求做到清楚、确切地反映贸易实践。

与《1990年通则》相同，《2000年通则》也对13种术语作出解释，并按其共同特征归纳为E、F、C、D四组：

E组只有EXW一种术语。按此术语，卖方在他自己的处所将货物提供给买方。卖方承担的义务最小。

F组包括FCA、FAS和FOB术语。在F组术语下，买方自负费用、订立运输合同，卖方必须按买方的指示交运货物，因为是由买方订立运输合同和指定承运人的。按《2000年通则》，各种术语都有其特定的"关键点"(critical points)。"关键点"有"风险划分点"(point for division of risk)，即"交货点"(point of delivery)和"费用划分点"(point for division of costs)之分。F组各术语的风险划分点与费用划分点互相重合(coincide)。例如，FOB术语风险划分点(交货点)是在装运港买方指定的轮船船舷，其费用划分点也在上述船舷。在货物以海洋运输，但卖方被要求在船只到达前将货物交到货运站(cargo terminal)，由指定承运人收货的情况下，传统的FOB术语将不适用，而应采用FCA术语。由于FCA术语适用于各种运输方式，包括海运、铁路、公路或航空运输的单式运输(single mode transport)以及多式联运(multi—modal transport或combined transport)，因此《1980年通则》中只适用于铁路运输的FOR(铁路交货)、FOT(敞车交货)以及只适用于航空运输的FOB Airport(启运机场交货)，已被取消。

C组包括CFR、CIF、CPT和CIP术语。在C组术语下，规定卖方在出口国交货地点完成交货义务并转移风险后，还要负责订立从交货地到目的地的运输合同，而且要支付运费。在CIF和CIP术语下，卖方还必须办理保险并支付保险费。

C组各术语的风险划分点与费用划分点是分离的，即风险点在装运港(地)，费用点在目的港(地)。例如，CIF术语的卖方不仅自费将货物在装运港交至船上，越过船舷，还需支付自装运港至目的港的正常运费和保险费。也就是说，与FOB术语相比较，CIF术语的费用划分点自装运港延伸到了目的港。由于C组术语下买卖双方费用的划分点是在目的地国家，C组术语往往会错误地认为是"到货合同"(arrival contract)，即卖方须承担任何风险和费用直至货物实际到达指定的目的港(地)为止。然而，必须着重指出，C组术语与F组术语，在卖方于装运国或发运国完成交货义务方面，是完全相同的。因此，与F组术语下的合同一样，C组术语下的买卖合同也属于"装运合同"(shipment contract)。卖方必须支付按通常路线和惯常方式运送货物到约定目的港(地)的正常运费，因货物交运后发生的事故而引起的货物灭失或损坏的风险以及额外费用，均需由买方负担。由此可见，C组术语的根本性质是，卖方经订立运输合同，将货物交给承运人，并在CIF和CIP术语下提供了保险，而适当地在装运港或装运地履行了合同后，即免于负担任何进一步的风险和费用。

D组包括DAF、DES、DEQ、DDU和DDP术语。按照D组术语，规定卖方必须负责将货物运送到约定目的地或边境，并负担货物交至该处为止的一切风险和费用。因此，按D组术语订立的买卖合同属"到货合同"。D组术语下，除DDP外，卖方在边境或进口国交货时

无需办理进口清关。

表 1-3 所示的是 13 种术语的分类以及各术语所适用的运输方式。

表 3-1 13 种术语的分类以及各术语所适用的运输方式

组别	术语缩写	术语英文名称	术语中文名称	适宜的运输方式
E 组发货	EXW	EX Works	工厂交货(……指定地点)	适用于任何运输方式,包括多式联运
F 组主要运费未付	FCA	Free Carrier	交至承运人(……指定地点)	适用于任何运输方式,包括多式联运
F 组主要运费未付	FAS	Free Along Side	船边交货(……指定装运港)	适用于海运及内河运输
F 组主要运费未付	FOB	Free on Board	船上交货(……指定装运港)	适用于海运及内河运输
C 组主要运费已付	CFR	Cost and Freight	成本加运费(……指定目的港)	适用于海运及内河运输
C 组主要运费已付	CIF	Cost, Insurance and Freight	成本、保险加运费付至(……指定目的港)	适用于海运及内河运输
C 组主要运费已付	CPT	Carriage Paid to	运费付至(……指定目的地)	适用于任何运输方式,包括多式运输
C 组主要运费已付	CIP	Carriage and Insurance Paid to	运费、保险费付至(……指定目的地)	适用于任何运输方式,包括多式运输
D 组到达	DAF	Delivered at Frontier	边境交货(……指定地点)	适用于任何运输方式,包括多式运输
D 组到达	DES	Delivered EX Ship	目的港船上交货(……指定目的港)	适用于海运、内河运输及多式运输
D 组到达	DEQ	Delivered EX Quay	目的港码头交货(……指定目的港)	适用于海运、内河运输及多式运输
D 组到达	DDU	Delivered Duty Unpaid	未完税交货(……指定目的地)	适用于任何运输方式,包括多式运输
D 组到达	DDP	Delivered Duty Paid	完税后交货(……指定目的地)	适用于任何运输方式,包括多式运输

综上所述,卖方责任最小的术语是 EXW,卖方责任最大的是 DDP;进口手续全由买方办理的是 EXW,进出口手续全由卖方办理的是 DDP;只适合水运的贸易术语是 FAS、FOB、CFR、CIF、DES、DEQ,适合任何运输方式的贸易术语是 EXW、FCA、CPT、CIP、DAF、DDU、DDP。

在《2000 年通则》的"导言"中,对清关作了以下说明。关于卖方或买方承担将货物在出口国或进口国通过海关的义务,它不仅包括关税和其他费用,还包括履行一切与货物通过海关有关的行政事务以及向当局提供相关的信息,并支付与此有关的费用。但目前自由贸易区域和欧盟的存在，不再对区域内货物有进出口的限制，因此不存在缴纳关税的义务，所以有部分学者认为在该种区域内使用 INCOTERMS 的贸易术语（其中规定有卖方和买方必须承担清关义务），已不适当。尽管这种认识是错误的，但为了澄清情况，在这次修订中，对每种术语涉及清关的条文（A2、B2、A6、B6）加入“在适用的地方”的用语，以便在不需要办理海关程序的地方使用这些术语时不会发生对术语条文意思解释不明的情况。

一般而言，清关由居住在发生清关的国家的一方当事人办理较为便利。因此，出口清关通常由出口商办理，而进口清关则由进口商办理。在 2000 年新版本中，除 EXW 由买方负责出口清关和 DDP 由卖方负责进口清关，其余 11 种术语有关清关义务的规定，均贯彻了上述原则。

国际商会所制定的 2000 年版本中强调 INCOTERMS 的范围只限于销售合同（买卖合同）买卖双方关于货物交付和收取的权利和义务，而不涉及买方或卖方为履行销售合同而与有关方订立的运输合同、保险合同以及支付与融资合同。它指出，INCOTERMS 主要是用于国际货物买卖，但也可用于国内货物买卖。在后者情况下，各术语中 A2 和 B2 条文以及任何其他涉及进口和出口的条文，都将是多余的。不论国际贸易还是国内贸易，如果买卖双方愿意采用 INCOTERMS 2000 的术语，均以在合同中明确援引 INCOTERMS 2000 为妥。如“CIF New York INCOTERMS 2000”或在合同中注明：“This contract is governed by INCOTERMS 2000.”（本合同受 INCOTERMS 2000 约束）

四、《2010 年国际贸易术语解释通则》

（一）国际贸易术语概述

2010 年 9 月，在考虑了目前世界上免税区的增加、电子通讯的普遍使用以及货物运输安全性的提高等基础上，国际商会完成了对《2010 国际贸易术语解释通则》（以下简称《2010 年通则》）的修改，即 INCOTERMS 2010，该版本已于 2011 年 1 月 1 日起生效。新版本充分考虑到近 10 年贸易领域出现的新变化，内容更清晰简洁，操作性和指导性进一步加强，更符合当前贸易实务的需要。

鉴于 INCOTERMS 在世界上已得到广泛的承认，国际商会为巩固其在世界范围内得到的承认，在遵循适应国际贸易实践的不断发展的前提下，尽量避免改变。因此，与《2000 年通则》相比，INCOTERMS 2010 版本的改变较少，主要在以下两个方面作了修改：

（1）删去了 INCOTERMS 2000 中四个 D 组贸易术语，即 DDU（Delivered Duty Unpaid）、DAF（Delivered at Frontier）、DES（Delivered Ex Ship）、DEQ（Delivered Ex Quay），只保留了 INCOTERMS 2000 D 组中的 DDP（Delivered Duty Paid）。

（2）新增加了两种 D 组贸易术语，即 DAT（Delivered At Terminal）与 DAP（Delivered At Place）以取代被删去的术语。

DAT（Delivered at Terminal 运输终端交货），是指当卖方在指定港口或目的地的指定运输终端将货物从抵达的载货运输工具上卸下，交由买方处置时，即为交货。“Terminal”可以是任何地点，而不论该地点是否有遮盖，例如码头、仓库、集装箱堆积场或公路、铁路或空运货站等。卖方承担将货物送至指定港口或目的地的运输终端并将其卸下的一切风险。该术语可适用于任何运输方式，也可适用于多种运输方式。

DAP(Delivered at Place 目的地交货),是指当卖方在指定目的地将仍处于抵达的运输工具之上,且已做好卸载准备的货物交由买方处置时,即为交货。卖方承担将货物运送到指定地点的一切风险。该术语可适用于任何运输方式,也可适用于多种运输方式。

两者的主要差异是 DAT 下卖方需要承担把货物由目的地(港)运输工具上卸下的费用,DAP 下卖方只需在指定目的地把货物处于买方控制之下,而无需承担卸货费。此次增加是通过 DAP 取代了先前的 DAF、DES 和 DDU 三种术语,而 DAT 取代了先前的 DEQ,且扩展至适用于一切运输方式。

需要指出的是,《2010 年通则》的实施,并非《2000 年通则》就自动作废。因为国际贸易惯例本身不是法律,对国际贸易当事人不产生必然的强制性约束力,因此当事人在订立贸易合同时,仍可在新版本实施后继续选择使用 INCOTERMS 2000。或者如果合同中出现了新版本中没有的术语(诸如 DAF 等)仍将被认为适用早期版本,当然,为避免误解,如使用诸如 DES 或 DEQ 等被删除的术语,应在合同中标明适用 INCOTERMS 2000。

(3)贸易术语由原来的 E、F、C、D 四组术语调整为两组用语,分别是适用于所有运输方式的用语,包括 CIP、CPT、DAP、DAT、DDP、EXW 和 FCA,以及只适用于海运和内水运输的用语,包括 CFR、CIF、FAS 和 FOB 的四种贸易术语。

(4)贸易术语的数量由原来的 13 种变为 11 种。

(5)取消了"船舷"的概念,卖方承担货物装上船为止的一切风险,买方承担货物自装运港装上船后的一切风险。在 FAS、FOB、CFR 和 CIF 等术语中加入了货物在运输期间被多次买卖(连环贸易)的责任义务的划分。考虑到对于一些大的区域贸易集团内部贸易的特点、规定,INCOTERMS 2010 不仅适用于国际销售合同,也适用于国内销售合同。

此外,将术语的适用范围扩大到国内贸易中,赋予电子单据与书面单据同样的效力,增加对出口国安检的义务分配,要求双方明确交货位置,将承运人定义为缔约承运人,这些都在很大程度上反映了国际货物贸易的实践要求,并进一步与《联合国国际货物销售合同公约》及《鹿特丹规则》衔接。其他的 E 组、F 组、C 组的贸易术语基本没有变化。

(二)《2010 年通则》对贸易术语的基本分类

与《2000 年通则》相同,《2010 年通则》也对 11 种贸易术语作出解释,按照所适用的运输方式划分为两大组。

第一组:适用于任何运输方式的术语有 7 种,即 EXW、FCA、CPT、CIP、DAT、DAP、DDP。

EXW(ex works)	工厂交货
FCA(free carrier)	货交承运人
CPT(carriage paid to)	运费付至目的地
CIP(carriage and insurance paid to)	运费/保险费付至目的地
DAT(delivered at terminal)	目的地或目的港的集散站交货
DAP(delivered at place)	目的地交货
DDP(delivered duty paid)	完税后交货

第二组:适用于水上运输方式的术语有 4 种,即 FAS、FOB、CFR、CIF。

FAS(free alongside ship)	装运港船边交货

FOB(free on board)　　装运港船上交货

CFR(cost and freight)　　成本加运费

CIF(cost insurance and freight)　　成本、保险费加运费

在《2010年通则》的指导性解释中，要求货物的买方、卖方和运输承包商有义务为各方提供相关资讯，知悉涉及货物在运输过程中能否满足安检要求。此举将帮助船舶管理公司了解船舶运载的货物有否触及危险品条例，防止在未能提供相关安全文件下，船舶货柜中藏有违禁品。《2010年通则》亦因国际贸易市场的电子货运趋势，指明在货物买卖双方同意下，电子文件可取代纸质文件。同时也明确，如果贸易合同中出现了《2010年通则》中没有的贸易术语，仍旧采用《2000年通则》的相关规定。

另外，新版本对每一种术语都给出了"Guidance Note"(指导性说明)，相比较INCOTERMS 2000，该说明更加完善，每一个规则作根本性的解说。除了定义外，还说明何时适用本术语以及在何种情形下适用其他术语，风险负担何时移转，买卖双方间的成本或费用、出口手续如何划分等事宜，以及双方应明确规定交货的具体地点和未能规定所引起的费用负担。需要注意的是，在"指导性说明"中通常要求双方当事人自行明确风险转移的临界点，而非由INCOTERMS 2010本身去规定这些临界点。

除了以上几点重要变化之外，同时也增加了"Guidance Note"(指导性说明)，赋予电子通讯方式完全等同的功效，只要各方当事人达成一致或者在使用地是惯例；充分考虑了保险同款的变动，在各种术语条款内容中包含了取得或提供帮助取得安全核准的义务；对码头装卸费用的分配作出了详细规定。此外，国际商会此次还将INCOTERMS 2010注册成商标，并提出了使用该商标的要求。

有必要指出，尽管INCOTERMS 2010在多个方面有了明显改进，相比《2000年通则》更加完善和具有实际指导性，但是INCOTERMS 2010实施生效之后并非INCOTERMS 2000就自动作废。因为ICC的Incoterms属于国际惯例，国际贸易惯例本身不是法律，效力上并不存在"新法取代旧法"，对国际贸易当事人不产生必然的强制性约束力。国际货物买卖双方仍然有权自愿选择采用某种惯例，可以选择使用INCOTERMS 2000甚至INCOTERMS 1990，并在合同中作出明确的规定；这样，该惯例将规定他们之间有关货物交接方面的义务。买卖双方也可在合同中作出某种解释或规则不同的规定，这种合同中不同规定的效力将超越惯例的任何规定。但是，如果买卖双方在合同中既不排除，也不明确规定采用何种惯例，一旦事后双方在交接货物的义务方面发生争议而提交诉讼或仲裁时，法院或仲裁机构往往会引用某种公认的或影响较大的有关贸易术语的国际惯例(例如INCOTERMS 2010)来作为判决或裁决案件的依据。

第二节　六种主要贸易术语

国际贸易中，FOB、CFR、CIF、FCA、CPT和CIP是六种使用较为频繁的贸易术语。因此，熟悉这六种贸易术语的含义、买卖双方的义务以及在使用中应该注意的问题，就显得特别重要。

一、FOB

Free on Board(... Named Port of Shipment),即船上交货——习惯称为装运港船上交货(……指定装运港),在《2010 年通则》中,FOB 是指卖方以在指定装运港将货物装上买方指定的船舶或通过取得已交付至船上货物的方式交货。货物灭失或损坏的风险在货物交到船上时转移,同时买方承担自那时起的一切费用。

FOB 术语要求卖方办理货物出口清关手续。该术语仅适用于海运或内河运输。如用集装箱运输的货物通常是在集装箱码头交货,则应当使用 FCA 术语。

采用 FOB 术语成交时,由买方负责派船接运货物,卖方应在合同规定的装运港和规定的期限内,将货物装上买方指派的船只,并及时通知买方。

按《2010 年通则》,在 FOB 术语下,买卖双方的主要义务如下。

(一)卖方的主要义务

1. 提供符合合同规定的货物

卖方必须提供符合销售合同规定的货物和商业发票或有同等作用的电子讯息,以及合同可能要求的、证明货物符合合同规定的其他任何凭证。

2. 办理许可证、其他许可和手续

卖方必须自担风险和费用,取得任何出口许可证或其他官方许可,并在需要办理海关手续时,办理货物出口货物所需的一切海关手续。

3. 交货

卖方必须在约定的日期或期限内,在指定的装运港,按照该港习惯方式,将货物交至买方指定的船只上。负担货物在装运港装上船为止的一切费用和风险。

4. 付费

卖方必须支付与货物有关的一切费用,直至货物在指定的装运港装上船时为止;以及在需要办理海关手续时,货物出口需要办理的海关手续费用及出口时应缴纳的一切关税、税款和其他费用。

(二)买方的主要义务

1. 支付价款

买方必须按照销售合同规定支付价款。

2. 运输合同

买方必须自付费用订立从指定的装运港到目的港的运输合同,并给予卖方关于船名、装船地点和要求交货时间的充分通知。

3. 受领货物

买方必须在卖方按照规定交货时受领货物。

4. 相关手续

自负风险和费用取得进口许可证或其他核准书,并办理货物进口以及必要时经由另一国过境运输的一切海关手续。

5. 相关费用

负担货物在装运港装上船后的一切费用和风险。

(三)采用 FOB 术语的注意事项

1. 货物风险转移时间以及地点

按《2010 年通则》规定，FOB 的卖方必须及时在装运港将货物“交至船上”(deliver on board)或“装上船”(load on board)。其“交货点”(point of delivery)以货物交到船上为界。一旦货物在装运港装至指定船上时，货物的损坏或灭失的风险就从卖方转移至买方。《2010 年通则》作为惯例的规定不是强制性的，可以根据买卖双方实际业务的需要，对该规则的任何规定作出必要的变通。例如：在实际业务中，如果 FOB 合同的买方要求卖方提交“清洁已装船提单”，而卖方也同意提供此种运输单据，凭此向买方收款的话，则该 FOB 合同的交货点已从“船上”延伸到了“船舱”。这就是说，卖方必须负责在装运港将货物安全地装入船舱，并负担货物装入船舱为止的一切灭失或损坏的风险。

2. 安排船运

在 FOB 合同中，买方必须负责租船或订舱，并将船名和装船时间通知卖方，而卖方必须负责在合同规定的装船期和装运港，将货物装上买方指定的船只。这里有个船货衔接的问题。买方在合同规定的期限内安排船只到合同指定的装运港接受装货。如果船只按时到达装运港，卖方因货未备妥而未能及时装运，则卖方应承受由此而造成的空舱费(dead freight)或滞期费(demurrage)。反之，如果买方延迟派船，使卖方不能在合同规定的装运期内将货物装船，则由此而引起的卖方仓储、保险等费用支出的增加，以及因迟收货款而造成的利息损失，均需由买方负责。

3. 装船费用的负担

在装运港的装船费用主要是装船费以及与装船有关的理舱费和平舱费。在 FOB 合同中，装船费用的责任有很多种变形。如买方使用班轮装运货物，由于班轮运费内包括装货费用和在目的港的卸货费用，班轮运费既然由买方支付，所有装船费用实际上系由买方负担。但在大宗货物需使用租船装运时，FOB 合同的买卖双方对装船费用由何方负担应进行洽商，并在合同中用文字作出具体规定，也可采用在 FOB 术语后加列字句或缩写，也就是采用 FOB 术语的变形来表示。常见的 FOB 术语变形有：①FOB 班轮条件(FOB liner terms)，是指装货费用如同以班轮运输那样，由支付运费的一方(即买方)负担；②FOB 吊钩下交货(FOB under tackle)，是指卖方将货物置于轮船吊钩可及之处，从货物起吊开始的装船费用由买方负担；③FOB 包括理舱(FOB stowed, FOBS)，是指卖方负担将货物装入船舱并支付包括理舱费在内的装船费用；④FOB 包括平舱(FOB trimmed, FOBT)，是指卖方负担将货物装入船舱并支付包括平舱费在内的装船费用。

二、CIF

Cost, Insurance and Freight(... Named Port of Destination)——成本加保险费、运费

(……指定目的港)。《2010年通则》中,CIF是指卖方在船上交货,或以取得已经这样交付的货物方式交货。卖方支付将货物运至指定目的港所必需的费用和运费,但交货后货物灭失或损坏的风险,以及由于发生事件而引起的任何额外费用,自卖方转移至买方。但是,在CIF术语中卖方还必须为买方办理货物在运输中灭失或损坏风险的海上保险。因此,双方须订立保险合同,所支付保险费以及要求卖方办理货物出口清关产生的费用一并记入最终货款。CIF术语是现代国际贸易中应用最为广泛的贸易术语,也是最为典型的凭单据交付的象征性交付交易。

本术语适用于海运和内河运输。如果货物在上船前已经交给了承运人,例如用集装箱运输的货物通常是在集装箱码头交货,则应采用CIP术语。

按照《2010年通则》,CIF合同买卖双方的主要义务如下。

(一)卖方的主要义务

(1)提供符合合同规定的货物。卖方必须提供符合销售合同规定的货物和商业发票或有同等作用的电子讯息,以及合同可能要求的、证明货物符合合同规定的其他任何凭证。

(2)办理许可证、其他许可和手续。卖方必须自担风险和费用,取得任何出口许可证或其他官方许可,并在需要办理海关手续时,办理货物出口所需的一切海关手续。

(3)运输合同。卖方必须自付费用,按照通常条件订立运输合同,经由惯常航线,将货物用通常可供运输合同所指货物类型的海轮(或依情况适合内河运输的船只)装运至指定的目的港。

(4)保险合同。卖方必须按照合同规定,自付费用取得货物保险,并向买方提供保险单或其他保险证据。买方按照最低保险险别投保。

(5)负担货物在装运港装上船只为止的一切费用和风险。

(二)买方的主要义务

(1)负责按合同规定支付价款。

(2)办理许可证、其他许可和手续。买方必须自担风险和费用,取得任何进口许可证或其他官方许可,并在需要办理海关手续时,办理货物进口及从他国过境的一切海关手续。

(3)负担货物在装运港装上船只后的一切费用和风险。

(4)收取卖方按合同规定交付的货物,接受与合同相符的单据。

(三)采用CIF术语的注意事项

1. CIF合同属"装运合同"

根据《2010年通则》,CIF术语的交货点/风险点与FOB术语完全相同,即货物装上船,卖方就完成了交货义务。但是CIF术语后所注明的是目的港(例如"CIF纽约")以及在我国曾将CIF术语译作"到岸价",所以CIF合同的法律性质,经常被误解为"到货合同"。因此,必须要注意的是,CIF以及其他C组术语(CFR、CPT、CIP)与F组术语(FCA、FAS、FOB)一样,卖方在装运地完成交货之后,其义务及风险就转移给了买方,卖方的交货义务就已完成。所以,以这些术语订立的买卖合同均属"装运合同"性质。

2. 卖方租船或订舱的责任

在CIF术语下,卖方有责任按合同规定的时间自费办理租船或订舱,完成货物的装运出口。如果卖方不能及时租船或订舱，即构成违约，从而必须承担由违约所带来的各种损害和赔偿。另外，按照《2010年通则》，卖方只需按照通常条件订立运输合同，经由惯常航线，将货物用通常可供运输合同所指货物类型的海轮（或依情况适合内河运输的船只）装运至指定的目的港。因此，买方一般无权对船舶的国籍、船型、船龄以及指定装载某船或某班轮公司的船只提出特殊的要求。当然在出口业务中，买卖双方可就租船或订舱相关事宜进行协商，但对运输条件提出特殊要求时应在合同中注明。

3. 卖方办理保险的责任

《2010年通则》规定卖方必须按照合同规定，自付费用取得货物保险，并向买方提供保险单或其他保险证据，以使买方或任何其他对货物具有保险利益的人有权直接向保险人索赔。保险合同应与信誉良好的保险人或保险公司订立。但这并不表示保险风险由卖方承担。CIF术语下，货物装上船后卖方风险就转移给买方。卖方投保是为了方便买方对货物具有基本保险利益。因此，在买方无相反明确协议时，卖方只需按照《协会货物保险条款》（伦敦保险人协会）或其他类似条款中的最低保险险别投保。如应买方要求，并由买方负担费用，卖方可以加投战争、罢工、暴乱和民变险。最低保险金额应包括合同规定价款另加10%（即110%），并应采用合同货币。

因此，在实际业务中，为了明确责任，我国外贸企业在与国外客户洽谈交易采用CIF术语时，一般都应在合同中具体规定保险金额、保险险别相适用的保险条款。而目前中国保险条款和国际上使用较多的伦敦保险业协会货物险条款均列有保险公司保险责任的起讫期限。

案例解析

我国某公司以CIF条件出口一批丝绸，合同签订后，买方发来电传，称合同规定的目的港最近经常发生暴乱，要求我方办理保险时加保战争险。请问：我方应该如何处理？

解析：我方可以在买方负担费用的情况下代办战争险。如果买方不负担费用，那卖方应予以拒绝。而且，在无相反明确协议时，卖方只需按《协会货物保险条款》或其他类似的保险条款中最低责任的保险险别投保。在本案例中，买方在合同签订后，发来电传要求我方办理保险时加保战争险，这说明合同中没有事先规定要卖方投保战争险。所以我方可以这样做：在买方负担费用的情况下代办战争险；如果买方不负担战争险费用，那我方应予以拒绝。

4. 卸货费用的负担

如在FOB术语中已述及的，班轮运费包括装运港的装货费用和在目的港的卸货费用。因此，如果货物系用班轮运输，运费由CIF合同的卖方支付，在目的港的卸货费用实际上由卖方负担。如大宗货物使用租船运输，在装运港的装货费用应由卖方支付，至于在目的港的卸货费用究竟由何方负担，买卖双方应在合同中订明。其规定方法，可以在合同内用文字具体订明，也可采用CIF术语的变形来表示，如：①CIF班轮条件（CIF liner terms），是指卸货费用按班轮条件处理，由支付运费的一方（即卖方）负担；②CIF 舱底交货（CIF ex ship's hold），是指买方负担将货物从舱底起吊卸到码头的费用；③CIF 吊钩交货（CIF ex tackle），是指卖方负担将货物从舱底吊至船边卸离吊钩为止的费用；④CIF 卸到岸上（CIF landed），是指卖方负担将货物卸到目的港岸上的费用，包括驳船费和码头费（literage and wharfage charge）。

在上文阐述 FOB 术语变形时，对贸易术语变形的解释及其在实际业务应用中需注意的问题所作的说明，也适用于 CIF 术语变形。

案例解析

我国某外贸公司出售一批核桃给数家英国客户，采用 CIF 术语，凭不可撤销即期信用证付款。由于核桃的销售季节性很强，到货的迟早会直接影响货物的价格。因此，在合同中对到货时间作了以下规定："10 月份自中国装运港装运，卖方保证载货轮船于 12 月 2 日抵达英国目的港。如果载货轮船迟于 12 月 2 日抵达目的港，在买方要求下，卖方必须同意取消合同，如货款已经收妥，则须退还买方。"合同订立后，我国外贸公司于 10 月中旬将货物装船出口，凭信用证规定的装运单据（发票、提单、保险单）向银行收妥货款。不料，轮船在航行途中，主要机件损坏，无法继续航行。为保证按期到达目的港，我外贸公司以重金租用大马力拖轮拖带该轮继续前进。但因途中又遇大风浪，致使该轮抵达目的港的时间较合同限定的最后日期晚了数小时。适遇核桃市价下跌，除个别客户提货外，大多数客户要求取消合同。我外贸公司最终因这笔交易遭受重大经济损失。

解析：CIF 是典型的"象征性交货"，卖方凭单据而不是凭货物交货，买方凭单据而不是凭货物付款。CIF 是"装运合同"而不是"到达合同"。卖方的交货地点在装运港，而不是在目的港。相应地，合同规定的装运期是卖方在装运港完成交货的时间。卖方并没有义务和责任保证货物何时到达及是否到达目的港。CIF 的风险转移点是"装运港以船舷为界"，货物越过船舷之后的一切风险和费用均由买方承担。

本案中，合同既规定了装运期又规定了到达目的港的期限，并且对货物不能如期到达，买方可以提出的索赔要求作了明确规定，致使实际履行中，卖方必须保证货物按时到达，承担了货物越过船舷之后的一切风险和费用。合同的规定以及合同履行中卖方承担的风险和责任都表明该合同是"到达合同"，卖方承担"实际交货"责任，完全改变了 CIF 是"装运合同"的性质。

三、CFR

Cost and Freight(... Named Port of Destination)——成本加运费（……指定目的港）。《2010 年通则》中，CFR 是指卖方在船上交货或以取得已经这样交付的货物方式交货。货物灭失或损坏的风险在货物交到船上时转移。双方必须签订合同，卖方支付必要的成本和运费，将货物运至指定的目的港。CFR 术语要求卖方办理出口清关。

CFR 术语只适用于海运和内河运输。如果双方当事人不拟以货物装上船作为完成交货,则应采用 CPT 术语。CFR 就是 INCOTERMS 1980 年及先前版本中的 C&F。在实际业务中,应规范地使用这一术语的标准缩写——CFR。

CFR 与 CIF 不同之处仅在于:CFR 合同的卖方不负责办理保险手续和不支付保险费,不提供保险单据。有关海上运输的货物保险由买方自理。除此之外,CFR 和 CIF 合同中买卖双方的义务划分基本上是相同的。

按 CFR 术语订立合同,需特别注意的是装船通知问题。因此,在 CFR 术语下,卖方负责安排在装运港将货物装上船,而买方须自行在目的港办理货物运输保险,以就货物装上船后可能遭受灭失或损坏的风险取得保险。因此,在交货前,也即风险转移至买方前,买方应向保险公司办妥保险。在《2010 年通则》CFR A7 中规定:卖方必须向买方发出所需通知,以便买方采取收取货物通常所需要的措施;而在《2000 年通则》CFR A7 中规定:“卖方必须给予买方关于货物已按 A4 规定交至船上的充分的通知(sufficient notice)……”所谓“充分的通知”,是指在货物装船时间的通知上应该是不迟疑的,内容上应是详尽说明,并且应尽所能通知到买方,以确保买方为货物在装运港办理保险,在目的港办理收取货物所需的一切措施。虽然在《2000 年通则》和《2000 年通则》中均没有对卖方未能给予买方充分的通知的责任进行具体的规定,但是根据有关货物买卖合同的适用法律,卖方如因遗漏或未能及时向买方发出装船通知,而使买方未能及时办妥货运保险所造成的后果,卖方承担违约责任。因此,采用 CFR 术语的卖方应事前与买方做好充分的信息交流,务必确保装船通知已到达买方。

CIF 术语中述及的关于租船或订舱的责任和在目的港卸货费用负担的问题,同样适用于 CFR 术语。为明确卸货费用负担,也可采用 CFR 术语的变形,例如:CFR 班轮条件(CFR liner terms)、CFR 舱底交货(CFR ex ship's hold)、CFR 吊钩交货(CFR ex tackle)和 CFR 卸到岸上(CFR landed)。上述 CFR 术语的各种变形,在关于明确卸货费用负担的含义方面,与前述 CIF 术语变形中所说明的是相同的。

特别需要注意的是,对 FOB、CFR、CIF 贸易术语的变形,仅仅是改变或明晰了买卖双方在费用负担上的划分,并不涉及风险和责任的划分。除非买卖双方在合同中对风险和责任另有规定。另外,即使对 FOB、CFR、CIF 贸易术语的变形,有助于明晰双方的费用责任,但在实际操作中,各个国家也会有所不同,因此买卖双方应在事先就所使用的贸易术语变形的含义达成一致理解。

随着国际运输技术的发展,包括货物集合化、集装箱运输、多式联运和滚装运输的日益扩大使用,传统的 FOB、CFR 和 CIF 术语已无法满足实际的运输需要。国际商会在《1980 年通则》中增添了两种新术语——FRC 和 CIP,并修订了原有的 DCP。10 年后,在《1990 年通则》中又对上述三种术语作了进一步的修改和补充,将 FRC 改为 FCA,将 DCP 改为 CPT。经修改补充后的 FCA、CPT 和 CIP 三种术语不仅适用于铁路、公路、海洋、内河、航空运输的单一方式的运输,也适用于两种或两种以上运输方式相结合的多式运输。以下分别介绍这三种术语。

案例解析

我方以CFR贸易术语与外国某公司成交一批家具出口生产。合同规定装运时间为4月15日前。我方备妥货物,并于4月8日装船完毕。由于恰遇星期日休息,我公司业务员未及时向买方发出装运通知,导致买方未能及时办理投保手续,而货物在4月8日晚因火灾烧毁。请问:货物损失责任由谁承担,为什么?

解析:货物损失的责任应由我方承担。理由:按CFR条件成交时,卖方有义务"给予买方货物已装船的充分通知",如果卖方未及时向买方发出装运通知,导致买方未能及时办理保险手续,由此引起的损失由卖方负担。

四、FCA

Free Carrier(... Named Place)——"货交承运人(……指定地)"。《2010年通则》中,FCA是指卖方在卖方所在地或其他指定地点将货物交给买方指定的承运人或其他人,即完成交货。需要说明的是,交货地点的选择对于在该地点装货和卸货的义务会产生影响。若卖方在其所在地交货,则卖方应负责装货,若卖方在任何其他地点交货,卖方不负责卸货。

"承运人"(actual carrier),是指任何人在运输合同中,承诺通过铁路、公路、空运、海运、内河运输或上述运输的联合方式履行运输或由他人履行运输。若买方指定承运人以外的人领取货物,则当卖方将货物交给此人时,即视为已履行了交货义务。该术语可用于各种运输方式,包括多式联运。

FCA是一种以FOB同样原则的基础上发展起来的,适用于各种运输方式,特别是集装箱运输和多式运输的一种贸易术语。在采用此术语时,需注意以下几点。

(一)交货点和风险转移

由于FCA术语可适用于各种运输方式,决定其交货点不能单一,需按不同的运输方式和不同的指定交货地而定。《2010年通则》对其交货地点和交货义务的描述如下。

卖方必须在约定的交货日期或期限内,在指定地点或指定地点的约定点(如有约定),将货物交付给买方指定的承运人或其他人。交货在以下时候完成:

(1)若指定的地点是卖方所在地,则当货物被装上买方指定的承运人或代表买方的其他人提供的运输工具时;

(2)若指定的地点不是(1)中指定的地点,而是其他任何地点,则当货物虽仍处于卖方的运输工具上,但已准备好卸载,并已交由承运人或买方指定的其他人处置时。

若在指定的地点没有决定具体交货点,且有几个具体交货点可供选择时,卖方可以在指定的地点选择最适合其目的的交货点。若买方没有明确指示,则卖方可以根据运输方式和/或货物的数量和/或性质将货物交付运输。

由此可见,在以上第(1)种情况下,FCA的交货点是在卖方所在处所(工厂、工场、仓库等)由承运人提供的收货运输工具上;在第(2)种情况下,FCA的交货点是在买方指定其他交货地(铁路终点站、启运机场、货运站、集装箱码头或堆场、多用途货运终点站或类似的收货点)或卖方的送货运输工具上。一旦货物处于承运人处置之下时,货物的相关风险和责任就转移给了买方。

(二)买方安排运输

由于在FCA术语下,买方必须自负费用订立自交货地运输货物的运输合同。但是,买方所在地往往离交货地较远,对相关的运输方式或费用不是很明晰时,如买方在与承运人订立运输合同时(如在铁路或航空运输的情况下)需要卖方提供协助的话,卖方可代为安排运输。然而,由此产生的额外费用和风险均由买方负担,一旦交货,货物风险即转移给买方。如果卖方为买方安排相关运输,应在合同订立时告知买方。若卖方在买方委托下订立了相关运输合同,但为避免实施过程中发生货物损失,也应事先与买方洽谈,对有关货物运输中所产生费用的承担事宜达成一致意见。

五、CIP

Carriage and Insurance Paid to (... Named Place of Destination)——运费、保险费付至(……指定目的地)。《2010年通则》中,CIP是指卖方将货物在双方约定地点(如果双方已经约定了地点)交给卖方指定的承运人或其他人。该术语既可适用于各种运输方式,也可适用于多种运输方式。

CIP术语中,卖方必须签订运输合同并支付将货物运至指定目的地所需的费用;还须对货物在运输途中灭失或损坏的买方风险取得货物保险,订立保险合同,并支付保险费。如果买卖双方事先未在合同中规定保险险别和保险金额,卖方只需按最低责任的保险险别取得保险,最低保险金额为合同价款加10%,即CIP合同价款的110%,并以合同货币投保。保险责任的起讫期限必须与有关货物的运输相符合,并必须自买方需负担货物灭失或损坏的风险时(即自货物在发运地被交付给承运人时)起开始生效,直至货物到达约定的目的地为止。

六、CPT

Carriage Paid to(... Named Place of Destination)——运费付至(……指定目的地)。《2010年通则》中,CPT是指卖方将货物在双方约定地点(如果双方已经约定了地点)交给卖方指定的承运人或其他人。交货后,货物灭失或损坏的风险,以及由于发生事件而引起的任何额外费用,即从卖方转移至买方。但卖方还必须支付将货物运至指定目的地所需的运费。

《2010年通则》对CPT术语下的承运人的规定是:“承运人”是指任何人,在运输合同中,承诺通过铁路、公路、空运、海运、内河运输或上述运输的联合方式履行运输或由他人履行运输。如果还使用接运的承运人将货物运至约定目的地,则风险自货物交给第一承运人时转移。

在CPT合同中,卖方负责安排运输,而买方负责货物运输保险。为了避免两者脱节,造成货物装运(货交承运人接受监管)后,失缺对货物必要的保险保障,卖方应及时向买方发出装运通知。

案例解析

我某公司以CPT条件出口一批服装，公司按期将货物交给指定承运人，但运输途中由于天气原因延期了一个月，错过了最佳销售季节，买方由此向我公司提出索赔。请问：该项损失由谁承担？

解析：此项损失应由买方承担。理由是以CPT条件成交时，风险转移是以货交承运人为界，即卖方将货物交给指定承运人，风险就由卖方转移至买方。

七、三种常用的贸易术语：FOB、CIF和CFR

(一)三种常用贸易术语的共同点

1.适用的运输方式相同

均适用海运和内河运输。

2.交货方式相同

象征性交货合同。

3.交货地点相同

出口国"装运港船上"交货。

4.风险转移时间相同

装运港货物装上船。

5.进出口清关及过境海关手续

(1)出口清关：卖方负责。

(2)进口清关和过境运输的手续费用：买方负责。

(二)三种常用贸易术语的区别

买卖双方承担的责任(运输、保险、进出口手续等)及负担的费用(与上述责任有关的费用)不同。

1.FOB

(1)运输和运费由卖方负责；

(2)保险和保险费由买方负责。

2.CIF

(1)运输和运费由卖方负责；

(2)保险和保险费由卖方负责。

3.CFR

(1)运输和运费由卖方负责；

(2)保险和保险费由买方负责。

第三节 其他九种贸易术语

最常用的贸易术语就是以上阐述的六种,其解释和实际运用中应该注意的事项在《2010年通则》都有相关的说明。除了这六种术语外,还有其他五种贸易术语,以及在《2010年通则》中被删除的四个D组贸易术语(DAF、DEQ、DES和DDU)也在实践中会用到,只是因时因地用到的频率较低。以下对这9种贸易术语进行简要的介绍。

一、EXW

Ex Works(... Named Place)——工厂交货(……指定地)。在《2010年通则》中,EXW是指当卖方在其所在地或其他指定地点(如工厂、车间或仓库等)将货物交由买方处置时,即完成交货。卖方不需要将货物装上任何前来接收货物的运输工具,也无需办理出口清关手续。该术语既可适用于任何运输方式,也可适用于多种运输方式。

买方必须承担在卖方所在地受领货物的全部费用和风险。因此,该术语是卖方承担最少风险、责任及费用的术语。但是,若双方希望在起运时卖方负责装载货物并承担装载货物的全部费用和风险时,则须在销售合同中明确写明。在买方不能直接或间接地办理出口手续时,不应使用该术语,而应使用FCA。

《2010年通则》中还规定了有关卖方处理许可证、授权和其他手续时的义务。卖方经买方要求,并承担风险和费用,卖方必须协助买方取得出口许可或出口相关货物所需的其他官方授权;卖方经买方要求,并承担风险和费用,卖方必须提供其所掌握的该项货物安检通关所需的任何信息。

二、FAS

Free Alongside Ship(... Named Port of Shipment)——船边交货(……指定装运港)。《2010年通则》,FAS是指当卖方在指定的装运港将货物交到买方指定的船边(例如,置于码头或驳船上)时,即完成了交货义务。货物灭失或损坏的风险在货物交到船边时发生转移,同时买方承担自那时起的一切费用。本术语只适用于海运或内河水运。

FAS术语要求卖方办理货物出口清关。应注意,INCOTERMS先前的版本都规定:在FAS术语下,货物出口清关需由买方负责办理。《2000年通则》对此作了上述相反的规定。其原因是,在实际业务中,货物出口清关,由出口人(卖方)办理,较为方便。但是,如果卖方要求由买方办理货物出口清关,则应在合同中对此用明确的词句作出规定。

当货物装在集装箱里时,卖方通常将货物在集装箱码头移交给承运人,而非交到船边,这时则应使用FCA术语。

三、DDP

Delivered Duty Paid(... Named Place of Destination)——完税后交货(……指定目的地)。在《2010年通则》中,DDP是指当卖方在指定目的地将仍处于抵达的运输工具上,但已完成进口清关,且已做好卸载准备的货物交由买方处置时,即为交货。该术语可适用于任何运输方式,也可适用于多种运输方式。

DDP 术语中,卖方必须承担将货物运至指定目的地的一切风险和费用,包括在需要办理海关手续时在目的地应缴纳的任何"税费"(包括办理海关手续的责任和风险,以及缴纳手续费、关税、税款和其他费用)。与 EXW 相反,DDP 是卖方负担最多义务(maximum obligation)的术语。

若卖方不能直接或间接地取得进口许可证,则不应使用此术语。

但是,如果当事方希望将任何进口时所要支付的一切费用(如增值税)从卖方的义务中排除,则应在销售合同中明确写明。

若当事方希望买方承担进口的风险和费用,则应使用 DAP 术语。

四、DAT

Delivered at Terminal——指定终端交货。其中,"Terminal"可以是目的地的任何地点,如目的地的港口码头、仓库、集装箱堆场或者铁路、公路或航空货运站等,并且卖方需要承担在目的地或目的港把货物从运输工具上卸下的费用。

在《2010 年通则》中,DAT 是指卖方自行负担费用和风险订立运输合同,按惯常路线和方式,在规定日期或期限内,将货物从出口国运到进口国内指定目的地或目的港的终端(港口码头、仓库、集装箱堆场或者铁路、公路或航空货运站等),卸货之后,将货物置于买方支配之下,才算完成交货义务。

五、DAP

Delivered at Place——指定目的地交货。其中,"Place"既可以指港口,也可以是陆地的地名。在《2010 年通则》中,DAP 是指卖方自行负担费用和风险订立运输合同,按惯常路线和方式,在规定日期或期限内,将货物从出口国运到进口国内指定目的地,将货物置于买方支配之下,就算完成交货义务。

值得注意的是,在 DAP 合同下,卖方在目的地不需要卸货。因此,除了在指定目的地卸货费用的分担不同外,DAP 和 DAT 的差异并不明显。

六、DAF

Delivered at Frontier(... Named Place)——边境交货(……指定地)。《2000 年通则》中,DAF 是指当卖方在边境指定地点和具体交货点,在毗邻国家海关边界前,将仍处于交货的运输工具上尚未卸下的货物交给买方处置,办妥货物出口清关手续但尚未办理进口清关手续时,即完成交货。"边境"一词可用于任何边境,包括出口国边境。因而,用指定地点和具体交货点准确界定所指边境,这是极为重要的。

本术语适用于任何运输方式,主要为铁路或公路货物运输。如中国与俄罗斯边界相连,可适用此种运输方式。由于在 DAF 术语下,由卖方安排运输,因此若通过铁路运输,则卖方可从铁路方面取得货物运至最终目的地的全程联运单据。同时,卖方还需安排相关的运输保险。卖方在边境处交货后,货物风险和责任转移到买方(此时货物还未从运输工具上卸下),之后产生的任何费用都由买方承担。另外,如果当事各方希望卖方负责从交货运输工具上卸货并承担卸货的风险和费用,则应在销售合同中明确写明。如交货地在目的港船上或码头交货时,应运用 DES 或 DEQ 术语。

七、DEQ

Delivered Ex Quay(... Named Port of Destination)——目的港码头交货(……指定目的港)。《2000 年通则》中,DEQ 是指卖方在指定的目的港码头将货物交给买方处置,不办理进口清关手续,即完成交货。只有当货物经由海运、内河运输或多式联运且在目的港码头卸货时,才能使用该术语。如果当事方希望卖方负担将货物从码头运至港口以内或以外的其他点(仓库、终点站、运输站等)的义务时,则应使用 DDU 或 DDP 术语。本术语适用于海运、内河运输及多式运输。

DEQ 术语要求买方必须支付在港口搬运货物以便继续运输或存入仓库或中转站的一切费用如果货物按照规定交给买方处置而未受领货物,或未按照规定通知卖方,由此而发生的一切额外费用,但以该项货物已正式划归合同项下,即清楚地划出或以其他方式确定为合同项下之货物为限;在需要办理海关手续时,货物进口所需办理的海关手续费用和应缴纳的一切关税、税款和其他费用以及继续运输的费用。

特别需要注意的是,在《2000 年通则》中要求买方须负责办理进口清关,而之前的版本并未作出此类规定。另外,若买方要求卖方负责进口时支付某些费用的义务,则应在合同中用明确的字句加以规定。

八、DES

Delivered Ex Ship(... Named Port of Destination)——目的港船上交货(……指定目的港)。《2000 年通则》中,DES 在指定目的港,货物在船上交给买方处置,但不办理货物进口清关手续,卖方即完成交货。卖方必须承担货物运至指定目的港卸货前的一切风险和费用。如果当事各方希望卖方负担卸货的风险和费用,则应使用 DEQ 术语。

只有当货物经由海运或内河运输或多式联运至目的港船上交货时,才能使用该术语。因此货物风险与责任的转移点在目的港船上。

九、DDU

Delivered Duty Unpaid(... Named Place of Destination)——未完税交货(……指定目的地)。《2000 年通则》中,DDU 是指卖方在指定的目的地将货物交给买方处置,不办理进口手续,也不从交货的运输工具上将货物卸下,即完成交货。卖方应承担将货物运至指定目的地的一切风险和费用,不包括在需要办理海关手续时在目的地进口应缴纳的任何“税费”(包括办理海关手续的责任和风险,以及缴纳手续费、关税、税款和其他费用)。买方必须承担此项“税费”和因其未能及时办理货物进口清关手续而引起的费用和风险。

如果双方当事人愿意在卖方义务中包括货物进口时需支付的某些费用(如增值税),则应就此意思加注字句,如“未完税交货,增值税已付(……指定目的地)”,以使之明确。

该术语适用于各种运输方式,但当货物在目的港船上或码头交货时,应使用 DES 或

DEQ 术语。

最后,值得注意的是,根据《2000 年通则》,不论采用上节中所述的 6 种主要贸易术语,还是采用以上 9 种其他贸易术语,如果买卖双方约定采用电子通信,则商业发票、交货证明、运输单据和报关单据等所有单据,均可被具有同等效力的电子数据交换信息所替代。国际商会新发布的《2010 年通则》删去了 INCOTERMS 2000 中的 DDU、DAF、DES 和 DEQ 4 种 D 组贸易术语,同时增加了 DAT 和 DAP 2 种贸易术语。因为,现在时常有买方在货物到港后,投诉被双重要求缴付码头处理费,一是来自卖方,二是来自船舶管理公司,而《2010 年通则》明确了货物买卖双方支付码头处理费的责任,DAT 和 DAP 2 种新术语有助船舶管理公司弄清码头处理费(THC)的责任方。

第四节 出口成本核算与佣金和折扣

一、出口成本核算

外贸企业的盈亏是考核外贸企业盈利状况的重要指标。而盈利水平的高低最主要的一个指标就是成本核算。因此,我国外贸企业在对外报价或磋商交易前,都必须对所拟出口的商品作成本核算。所谓"成本核算",就是指将出口商品所作的投入与通过出口该商品所创造的 FOB 外汇净收入,或与外汇净收入按银行外汇买入价所兑换成的人民币收入相比较。出口商品所投入的人民币耗费,是指出口商品总成本(经扣除出口退税后)。其与 FOB 外汇净收入比较,可求得出口商品的换汇成本(换汇率);出口商品总成本(退税后)与 FOB 外汇净收入按银行外汇买入价兑换成人民币总额相比较,可求得出口盈利额或亏损额。而要实现企业的盈利,必须确保在每笔出口交易中,力求做到其出口商品的换汇成本不高于单位外汇收入的兑换率(银行外汇买入价),即实现盈利。

出口商品换汇成本(换汇率)的计算公式如下:

出口换汇成本=出口商品总成本(人民币元)/FOB 出口商品的外汇净收入(美元)

说明:

(1)出口商品总成本(退税后)=出口商品购进价(含增值税)+定额费用-出口退税收入。

(2)定额费用:出口商品进价×费用定额率(5%~10%不等,由各外贸公司按不同出口商品自行研究核定)。定额费用一般将工资支出、交通费用、仓储费用、码头费用、银行利息、邮电通信费用、招待费、出差费等计算在内。

(3)退税收入=出口商品购进价(含增值税)/(1+增值税率)×退税率

出口商品盈亏额=(FOB 出口外汇净收入×银行外汇买入价)-出口商品总成本(退税后)

现举实例如下:

例 1:出口毛绒熊 2000 只,出口价为每只 50 美元 CIF 纽约,CIF 总价 100000 美元,其中运费 1980 美元、保险费 150 美元。进价每只人民币 150 元,总进价人民币 300000 元(含增值税 17%),费用定额率为 10%,出口退税率为 10%。当时银行外汇(美元)买入价为 6.85 元。

$$出口毛绒熊换汇成本=\frac{300000+(300000\times10\%)-[300000/(1+17\%)\times10\%]}{100000-1980-150}$$

$$=304359\ /\ 97870$$

$$=3.11$$

出口总盈利=97870×6.85－304359=366050.5(元人民币)

二、佣金和折扣

在磋商交易和计算价格时,有时会涉及佣金和折扣。正确掌握和运用佣金和折扣,可达到扩大销售、增加效益的目的。因此,这也是外贸企业应予重视的问题之一。

(一)佣金和折扣的含义和作用

佣金(commission),是指中间商为委托人服务而收取的报酬。上述中间商通常为经纪人(middleman;broker)或代理人(agent)。但实际业务中,能促成交易,或为交易提供服务或方便的企业或个人,都可能成为佣金的接受者。折扣(discount)是卖方按照原价给买方以一定额度的价格减让。

佣金和折扣的名目很多。如佣金有销售佣金(selling commission)、累计佣金(accumulative commission)。折扣有数量折扣(quantity discount)、特别折扣(special discount)等。在佣金和折扣的实际应用中,根据产品的性质、市场的业态、客户的规模、付款的方式等方面的不同,佣金和折扣的额度更有不同,可灵活运用。

(二)佣金和折扣的表示方法

1.佣金的表示方法

凡价格中包含佣金的,称为“含佣价”(Price Including Commission)。“含佣价”可用文字表示,例如:

每公吨 200 美元 CIF 纽约包含佣金 4%

US \$ 200per metric ton CIF New York including4% commission

也可在贸易术语后面加上“佣金”的英文缩写字母“C”,并注明佣金的百分比来表示,例如:

每千克 500 美元 CIFC5%伦敦

US \$ 500per kilogram CIFC5% London

2.折扣的表示方法

在价格的基础上允许对方相应的折扣,一般可应用文字进行表示,例如:

每公吨 100 美元 FOB 宁波减折扣 1%

US \$ 100 per metric ton FOB Ningbo less 1% discount

一般来说,含佣或给予折扣的价格,应用文字或简略的方法明白表示出来。除非双方事先另有约定,如果有关价格未对含佣或有折扣作出表示,通常应理解为不含佣或不给折扣。除非双方事先已另有约定。不包含佣金或不给折扣的价格,称为“净价”(net price)。例如:

每公吨 100 美元 FOB 宁波净价

US \$ 100 per metric ton FOB Ningbo net

三、佣金和折扣的计算方法

按国际贸易习惯，佣金一般是按交易额(即发票金额)为基础进行计算的。例如：CIF 发票金额为 50000 美元，佣金率为 1%，则应付佣金为 500 美元；或 CFR 发票金额为 45000 美元，佣金为 1%，应付佣金为 450 美元。

总之，不管采用何种贸易术语，都按交易总额乘以佣金率计算佣金。但是如果以 FOB 或 FCA 价值作为计算佣金的基础，那么如按 CIF 或 CIP 发票金额，先要扣除运费和保险费，然后按折算成以 FOB 或 FCA 价值为基础的佣金。对于是以 FOB 或 FCA 发票金额还是以 CIF 或 CFR 发票金额来计算佣金，并无定则，可以由双方协商决定。从理论上讲，以 FOB 或 FCA 价值为基础来计算佣金更为合理，因为若以 CIF 或 CFR 发票金额计算，卖方还要对运费和保险费部分甚至佣金本身支付佣金。但实际操作中，尤其是对出口商来说，选定一个合理的计算基础和佣金比例对货款支付和自身利益都很重要。

从含佣价计算净价比较简单，只需扣除佣金(即含佣价乘以佣金率)即可。如果已知净价，要在不降低净收入的基础上给予一定百分率的佣金，则应根据下列公式计算含佣价：

含佣价＝净价/(1－佣金率)

折扣的计算，较为简单。一般按实际发票金额乘以约定的折扣百分率，即为应减除的折扣金额，而不存在按 FOB 或 FCA 价值还是按 CIF 或 CIP 价值计算的问题。

四、佣金和折扣的支付方法

佣金的支付方法有两种：第一，就是在交易达成时向中间商支付佣金；第二，是出口方在收到全部货款后，再另行支付佣金。佣金既可于合同履行后逐笔支付，也可按月、按季、按半年甚至一年汇总计付，通常由双方事先就此达成书面协议，凭以执行。

折扣一般可由买方支付货款时扣除。

第五节 价格条款

货物的价格是国际货物买卖的主要交易条件。价格条款是买卖合同中必不可缺的合同条款。价格条款的确定不仅直接关系到买卖双方的利益，而且与合同中的其他条款也有密切关系。在对外贸易中，出口企业在与国外客户磋商和订约时，除应按照国际市场价格水平，结合经营意图和国别地区政策确定价格外，还应正确选择计价货币，适当地选用贸易术语，列明作价方法，必要时，也还需规定价格调整条款。同时，对佣金和折扣应视交易的具体情况，加以正确地运用和规定。

一、贸易术语的选用

在国际贸易中使用的贸易术语很多，其中以 FOB、CFR 及 CIF 3 种使用最多。因为①FOB、CFR 及 CIF 3 种贸易术语产生最早，历史最为悠久，最为人们所熟悉和习惯使用；②国际贸易的买方和卖方一般都不愿意承担在对方国家内所产生的风险，而这 3 种贸易术语都是以货物在装运港装上船为风险划分的界线;③FOB、CFR 及 CIF 合同的买方或卖方都不必到对方国家办理货物的交接,对买卖双方都比较方便。然而,随着国际贸易的发展和运输方式的变化,FCA、CPT 及 CIP 术语的使用,也日趋增多。

在实际业务中,选用何种贸易术语,密切关系到买卖双方的经济利益。因此,它是双方都十分重视的问题之一。就我方外贸企业而言,贸易术语的选用应结合以下几方面的要求作认真考虑。

(一)增收节支外汇运保费

在我国外贸业务中,FOB、CFR 及 CIF 是最常用的贸易术语。FOB 涉及的责任和费用最小,而 CIF 涉及责任和费用最多。在出口业务中,我国外贸企业应争取多选用 CFR 和 CIF,而少用 FOB;反之,在进口业务中,应争取多选用 FOB 术语,少用 CFR 和 CIF。但在实际操作中,往往外商不了解中国的出口运输保险事项,基本都会要求我方出口商以 FOB 价成交出口货物。

(二)适合所用的运输方式

按照贸易术语的国际惯例,每种贸易术语,各有其所适用的运输方式。例如,FOB、CFR 及 CIF 术语只适用于海洋运输和内河运输,而不适用于空运、铁路和公路运输。如果交易的当事人拟使用空运、铁路或公路运送货物,则应选用 FCA、CPT 及 CIP 术语。不管所使用的运输方式如何,不适当地选用贸易术语,将使术语的解释产生困难。一旦买卖双方在交接货物的义务上发生纠纷,有关当事人将陷入困境,并可能遭受损失。

(三)按实际需要,灵活掌握

选用贸易术语,也应根据业务的实际需要,作必要的灵活掌握。譬如,国外买方在向我国购买大宗商品时,为了可以在运价和保险费上得到优惠,要求自行租船装运货物和保险的情况并不少见。为了不影响贸易,我方出口也可采用 FOB 术语。对于国外某些港口,因无固定班轮或我方自行派船不便而对方愿意自行派船接运时,也可按 FOB 术语成交。有些国家为了扶持本国保险事业的发展,规定其进口贸易必须在其本国投保,在此情况下,我方可同意使用 CFR 或 FOB 术语,以示合作。在进口业务中,如我方所进口的货物数量不多、金额不大时,也可采用 CIF 术语进行交易。

(四)安全收汇,安全收货

在外贸交易进程的各个环节中,都可能潜伏着对经营者造成损害的风险,应预先防范。在贸易术语的选用方面,也涉及如何保障出口收汇和进口收货的安全问题。如上文所述,在我国出口业务中,国外买方往往要求按 FOB 术语向我国购货,究其原因,一般是由于国外买方拟通过自行指定承运人,自办保险,以便向承运人和保险公司获取较低的运价和保险费优惠。但是少数不法商人也可能与承运人相勾结,越过向银行付款赎单的正常渠道,向承运人先无单提货,随后采用逃逸或宣告破产的伎俩,骗取我方货物,造成我方银货两空的结局。

在进口业务中,如采用 CFR 术语,因此由国外卖方租船或订船,货物装船后的风险由我方负担,而保险也由我方办理,如果国外卖方所安排的船舶不当,或与船方勾结出具假提单,就将使我方蒙受付了款却收不到货的损失。

上述类似的欺骗事件,在我国外贸实际业务中曾屡有发生。对此,我国外贸企业必须提高警惕,审慎选择客户,必要时,还应对由国外客户指定的承运人或安排的载货船只作及时的事先核查,如果发现不妥,可要求其予以更换,以保障收汇或收货的安全。

我国随着对外开放的扩大、对外贸易的发展,可以采用更加灵活的贸易方式,其他贸易术语,如 EXW、FAS、DAF、DES、DEQ、DDU 和 DDP 等,也可视不同交易的具体情况适当地选择使用。

在国际货物买卖合同的价格条款中除单价外,通常还有总值一项。总值是单价和数量的乘积。在总值项下一般也同时列明贸易术语。总值所使用的货币必须与单价使用的货币相一致。

二、作价方法

国际货物买卖的作价方法,一般均采用固定作价,即在磋商交易中,把价格确定下来,事后不论发生什么情况均按确定的价格结算应付货款。但在实际业务中,有时也采用暂不固定价格、暂定价格和滑动价格等作价方法。

(一)固定作价

货物的价格,通常是指货物的单价。

在对外交易中,有时也有一笔交易含有多种产品或多种不同规格的产品而只规定一个总价的。国际贸易的单价远较国内贸易的单价复杂,它需由计量单位、单位价格金额、计价货币和贸易术语四项内容组成。例如:

每公吨	500	美元	CIF 伦敦
计量单位	单位价格金额	计价货币	贸易术语

上列单价,如果买卖双方对此无其他特殊约定,应理解为固定价格,即订约后买卖双方按此价格结算贷款,即使在订约后市价有重大变化,任何一方不得要求变更原定价格。在有的合同中,也有对此作出明确规定的。例如:

合同成立后,不得提高价格。

合同成立后,不得调整价格。

(二)暂定价格

买卖双方在洽谈某些市价变化较大的货物的远期交易时,可先在合同中规定一个暂定价格,待日后交货期前的一定时间,再由双方按照当时市价商定最后价格。在我国出口业务中,有时在与信用可靠、业务关系密切的客户洽商大宗货物的远期交易时,偶尔也有采用这种暂定价格的做法。例如,在合同中规定:

每件(400 磅)5000 港元 CIF 香港

备注:上列价格为暂定价,于装运月份 15 天前由买卖双方另行协商确定价格。

这种做法,如果缺乏明确的定价依据,到时候,双方在商定最后价格时可能各持己见不能取得协议,而导致无法履行合同。所以,订有“暂定价格”的合同有较大不稳定性。

(三)暂不固定价格

某些货物因其国际市场价格变动频繁,幅度较大,或交货期较远,买卖双方对市场趋势难以预测，但又确有订约的意旨，则可约定有关货物的品质、数量、包装、交货和支付等条件，对价格暂不固定，而约定将来如何确定价格的方法。例如：在合同中规定，以某月某日某地的有关商品交易所该商品的收盘价为基础再加（或减）若干美元。按此作价方法，买卖双方都不承担市价变动的风险。

（四）滑动价格

在国际上，对于某些货物，如成套设备、大型机械，从合同成立到履行完毕需时较长，可能因原材料、工资等变动而影响生产成本，价格的升降幅度较大。为了避免过大的价格风险，保证合同的顺利履行，可采用滑动价格。所谓滑动价格，就是指先在合同中规定一个基础价格（basic price），交货时或交货前一定时间，按工资、原材料价格变动的指数做相应调整，以确定最后价格。在合同中对如何调整价格的办法，则一并具体订明。

三、计价货币

在国际货物买卖中，计价货币通常与支付货币为同一种货币，但也可以计价货币是一种货币，而支付货币为另一种甚至另几种货币。这些货币可以是出口国的货币或进口国的货币，也可以是第三国的货币，由买卖双方协商确定。

在当前国际金融市场普遍实行浮动汇率制的情况下，买卖双方都将承担一定的汇率变化的风险。因此，作为交易的当事人，一方面，在选择使用何种货币时，就不能不考虑货币汇价升降的风险（即外汇风险，或称汇价风险）；另一方面，也要结合企业的经营意图、国际市场供需情况和价格水平等情况，作全面综合的分析，但需避免因单纯考虑外汇风险而影响交易的正常进行。

在进出口业务中，选择使用何种货币计价或支付时，首先要考虑货币是不是可自由兑换的货币。使用可自由兑换的货币，有利于调拨和运用，也有助于在必要时转移货币汇价风险。

对可自由兑换的货币，需考虑其稳定性。在出口业务中，一般应尽可能争取多使用从成交至收汇这段时期内汇价比较稳定且趋势上浮的货币，即所谓“硬币”。相反，在进口业务中，则应争取多使用从成交至付汇这段时期内汇价比较疲软且趋势下浮的货币，即所谓“软币”或“弱币”。

为减少外汇风险，在进口和出口业务中分别使用“软币”和“硬币”是一种可行而有效的办法，但除此以外，也可采用其他的方式，主要有以下几种。

（一）“软”、“硬”币结合使用

在国际金融市场上，往往是两种货币互为“软”、“硬”的。甲币之“软”即乙币之“硬”。而且每有今日视为“软币”而后成为“硬币”，或相反的情形。因此，在不同的合同中适当地结合使用多种“软币”和“硬币”，也可起到减少外汇风险的作用。

（二）压低进口价格或提高出口价格

如在商订进口合同时使用当时视为“硬币”的货币为计价货币和支付货币，可在确定价格时，将该货币在我方付汇时可能上浮的幅度考虑进去，将进口价格相应压低。如在商订出口合同时使用当时视为“软币”的货币为计价和支付货币，则在确定价格时，将该货币在我方收汇时可能下浮的幅度考虑进去，将出口价格相应提高。鉴于汇价变动情况往往难以预测，特别是较长时期的，如一年以后的趋势，更难预测。所以，这一办法通常较多地适用于成交后进口付汇或出口收汇时期较短的交易。

(三)订立外汇保值条款(Exchange Clause)

在过去的国际贸易中，对一些付款期限长、金额大的贸易合同，为避免支付货币出现法定升值或法定贬值，即含金量变动的情况，从而造成对买卖某一方不利，经双方协商同意，在合同中规定的支付总金额以签订合同时该货币的含金量为计算标准而固定下来，在实际支付时，如果该货币的含金量发生变化，则仍按合同规定的含金量来折算。但是，在1978年西方货币全面实行浮动汇率并废除黄金官价制后，黄金保值已无法使用。现在，在必要时则可采用外汇保值条款或称汇率保值条款。在出口合同中规定外汇保值条款的办法主要有三种：

(1)计价货币和支付货币均为同一“软币”。确定订约时这一货币与另一“硬币”的汇率，支付时按当日汇率折算成原货币支付。例如：

本合同项下的加拿大元金额，按合同成立日中国银行公布美元与欧元买进牌价之间的比例折算，相等于××欧元。在议付之日，按中国银行当天公布的加拿大元和欧元买进牌价之间的比例，将应付之全部或部分欧元金额折合成加拿大元支付。

(2)“软币”计价、“硬币”支付。即将商品单价或总金额按照计价货币与支付货币当时的汇率，折合成另一种“硬币”，按这种“硬币”支付。例如：

本合同项下每一加拿大元相等于××欧元。发票和汇票均须以欧元开立。

(3)“软币”计价、“软币”支付。确定这一货币与另几种货币的算术平均汇率，或用其他计算方式的汇率，按支付当日与另几种货币算术平均汇率或其他汇率的变化做相应的调整，折算成原货币支付。这种保值可称为“一揽子汇率保值”。几种货币的综合汇率可有不同的计算办法，如采用简单的平均法、加权的平均法等。这主要由双方协商同意。例如：

本合同项下的美元币值，系按×年×月×日中国银行公布欧元和日元对美元买卖中间价的算术平均汇率所确定的算术平均汇率作为调整的基数。如中国银行在议付日公布的欧元和日元对美元买卖中间价的算术平均汇率与上述基数发生差异上下超过2%时，本合同项下的货款支付将按上述算术平均汇率的实际变动做比例调整。买方所开出的有关信用证须对此作出明确规定。

四、计价数量单位与单位价格金额

计价数量单位与单位价格金额是国际货物买卖合同单价条款中不可缺少的重要内容，必须慎重对待，明确规定，并在合同中正确地加以表达。以下是一些拟订书面合同时对这两项内容应予注意的具体问题。

(一)计价数量单位

一般说来，计价数量单位应与数量条款中所用的计量单位相一致。如计价数量单位为“公吨”，则数量和单价中均应用“公吨”，而不要一个用“公吨”，另一个用“长吨”或“短吨”。

(二)单位价格金额

应按双方协商一致的价格，正确填写在书面合同中。如：在出口合同中把金额写错，低于原来商定的金额，或在进口合同中错写成高于原来商定的金额，如果对方将错就错，将使我方遭受损失。如果由于单位价格金额或书面合同中的其他条款书写错误，而又经双方当事人签署确认，按国际贸易法律是可以因此而否定或改变磋商时谈定的条件的。

第六节　主要贸易术语间的价格换算

一、FOB、CFR、CIF 三种贸易术语的价格构成

FOB、CFR、CIF 三种贸易术语适用于海上或内河运输。在其价格构成中，通常包括三方面内容：进货成本、费用和净利润。费用的核算最为复杂，包括国内费用和国外费用。

(一)国内费用

(1)加工整理费用。

(2)包装费用。

(3)保管费用(包括仓租、火险等)。

(4)国内运输费用(仓至码头)。

(5)证件费用(包括商检费、公证费、领事签证费、产地证费、许可证费、报关单费等)。

(6)装船费(装船、起吊费和驳船费等)。

(7)银行费用(贴现利息、手续费等)。

(8)预计损耗(耗损、短损、漏损、破损、变质等)。

(9)邮电费(电报、电传、邮件等费用)。

(二)国外费用

(1)国外运费(自装运港至目的港的海上运输费用)。

(2)国外保险费(海上货物运输保险)。

(3)如果有中间商，还包括支付给中间商的佣金。

因此，FOB、CFR、CIF 价格计算公式如下：

FOB＝进货成本价＋国内费用＋净利润

CFR＝进货成本价＋国内费用＋国外运费＋净利润

CIF＝进货成本价＋国内费用＋国外运费＋国外保险费＋净利润

二、FCA、CPT 和 CIP 三种贸易术语的价格构成

FCA、CPT 和 CIP 的适用范围较广。在价格构成中，通常包括三方面内容：进货成本、费用和净利润。费用包括国内费用和国外费用。

(一)国内费用：加工整理费用、包装费用

(1)保管费用(包括仓租、火险等)。

(2)国内运输费用(仓至码头)。

(3)拼箱费(如果货物构不成一整集装箱)。

(4)证件费用(包括商检费、公证费、领事签证费、产地证费、许可证费、报关单费等)。

(5)银行费用(贴现利息、手续费等)。

(6)预计损耗(耗损、短损、漏损、破损、变质等)。

(7)邮电费(电报、电传、邮件等费用)。

(二)国外费用

(1)国外运费(自出口国内陆启运地至国外目的地的运输费用)。

(2)国外保险费。

(3)如果有中间商,还包括支付给中间商的佣金。

因此,FCA、CPT 和 CIP 计算公式如下:

FCA=进货成本价+国内费用+净利润

CPT=进货成本价+国内费用+国外运费+净利润

CIP=进货成本价+国内费用+国外运费+国外保险费+净利润

三、FOB、CFR 和 CIF 三种术语的换算

1. FOB 价换算为其他价

CFR=FOB+国外运费

CIF=(FOB+国外运费)/(1-投保加成×保险费率)

2. CIF 价换算为其他价

FOB=CIF×(1-投保加成×保险费率)-国外运费

CFR=CIF×(1-投保加成×保险费率)

3. CFR 价换算为其他价

FOB=CFR-国外运费

CIF=CFR /(1-投保加成×保险费率)

四、FCA、CPT 和 CIP 三种术语的换算

1. FCA 价换算为其他价

CPT 价=FCA 价+国外运费

CIP 价=(FCA 价+国外运费)/(1-保险加成×保险费率)

2. CIP 价换算为其他价

FCA=CIP×(1-保险加成×保险费率)-国外运费

CPT=CIP×(1-保险加成×保险费率)

3. CPT 价换算为其他价

FCA=CPT 价-国外运费

CIP=CPT 价 /(1-保险加成×保险费率)

【本章小结】

本章节主要介绍有关国际货物买卖最重要的一个内容贸易术语与价格条款。贸易术语是有关国际货物交付和收取时买卖双方普遍适用的权利和义务惯例。

贸易术语中最重要的是6种贸易术语:FOB、CFR、CIF、FCA、CPT和CIP。另外5种贸易术语是EXW、FAS、DAT、DAP和DDP。这11种贸易术语适用于不同的交通方式,规定了买卖双方不同的风险和义务。

价格条款是国际货物交易时买卖双方对货物价格制定所遵循的原则和规范。价格条款包括作价方法、作价单位、贸易术语间的价格换算和出口成本核算与佣金和折扣。传统国际贸易术语与价格条款是基本适合电子商务情况下的国际货物买卖的。

【思考和练习】

1. 贸易术语是如何产生的,它的作用是什么?
2. 当事人是否可在合同中作出与惯例不同的规定?
3. 国际贸易术语有哪几种,它们是以什么原则进行分类的?
4. FAS与FCA术语有何共同点和区别?
5. CFR与FOB术语的异同点是什么?
6. 指出CPT、CIP和FCA三种术语之间的联系与区别。
7. 进出口商品的作价原则是什么?在确定进出口商品价格时应考虑哪些因素?
8. 进出口货物的作价办法有哪几种?各种作价方法的适用情况是什么?
9. 进出口贸易为什么要正确选择计价货币?
10. 如何对FOB、CFR和CIF三种术语进行价格换算?
11. 如何对FCA、CPT和CIP三种术语进行价格换算?

第四章　装运条款

学习目标：

熟悉国际货物装运的时间与地点；全面了解各类运输方式的具体操作程序；掌握各类运输方式的运输单据；了解贸易合同中运输条款的主要内容与订立方法。

第一节　装运时间与地点

国际贸易合同中的装运条款通常包括装运（交货）期、装运港（地）和目的港（地），以及是否允许分批和装运等内容。

一、装运期

装运期又称装运时间或交货时间、交货期，是指卖方履行交货的时间，它是合同中的一项重要条款。在合同签订后，卖方能否按照规定的时间交货，直接关系到买方能否按时取得货物，以满足其生产、消费或转售的需要。因此，卖方必须按合同规定的时间交货。有些西方国家法律规定，如果卖方未按合同规定的时间交货，即构成卖方的违约行为，买方有权撤销合同，并要求卖方赔偿其损失。

在国际贸易合同中，对装运期的规定方法一般有以下两种。

（一）明确规定具体装运时间

这种规定的方法可以是在合同中订明某年某月装，或某年跨月装，或某年某季度装等。但装运时间一般不确定在某一个日期上，而只是确定在某一段时间内。

例如：限 7 月 31 日以前装运。

Shipment　before　31, July.

这种规定方法，期限具体，含义明确，双方不至于因在交货时间的理解和解释上产生歧义，因此，在合同中较普遍采用。

（二）规定在收到信用证后若干天或若干月内装运

例如：收到信用证后 30 日内装运，允许转船，允许分批。

Shipment within 30 days after receipt of L/C, allowing transshipment and partial shipment.

这种方法主要适用于下列情况：

(1)按买方要求的花色、品种和规格或专为某一地区生产的商品，或买方一旦拒绝履约难以转售的商品，为防止遭受经济损失，则可采用此种规定方法。

(2)在一些外汇管制较严的国家或地区，或实行进口许可证或进口配额的国家，合同签订后，买方因申请不到进口许可证或其国家不批准外汇，迟迟不开信用证。卖方为避免因买方不开证而带来的损失，即可采用这种方法约束买方。

(3)合同签订后，买方因市场货物价格下跌对其不利迟迟不开信用证，卖方为避免买方不及时开征而带来的损失，采用这一方法来约束买方。

(4)对某些信用较差的客户，为促其按时开征，也可采用此方法。

二、装运港和目的港

装运港是指开始装运货的地点，目的港是指最终卸货的地点。在国际货物交易中，装运地一般由卖方提出，经买方同意后确定。目的港一般由买方提出，经卖方同意后确定。由于国际货物运输方式不同，因此装运地和目的地可能包括港口、车站、机场等不同的场所。本章主要侧重阐述装运港和目的港。

(一)装运港

1. 装运港的规定方法

关于装运港的规定，一般有以下几种方法：

(1)规定一个装运港。例如，装运港：宁波(Port of Shipment: Ningbo)。

(2)规定两个以上的港口为装运港。例如，装运港：大连/天津/宁波。

(3)规定某一航区为装运港。例如，装运港：香港港口。

2. 规定装运港时应注意的事项

(1)规定装运港时，应考虑到国内货源所在地、港口的装卸情况，尽可能明确装运港(地)，并且对重名的港口应注明国别或地区，以免引起误解。如维多利亚(Victoria)港，全世界共有 12 个；的黎波里(Tripoli)有两个；悉尼(Sydney)有两个；等等。

(2)应选择交通方便、费用低、存储方便的装运港。其中，以海轮能直接到达的港口为宜。内河或海轮不能到达的港口，需要允许转运。

(3)尽量减少运输成本。一般情况下，产品的产地应接近装运港。

(4)如果交货量大，或交货地点为多处，应选择两个或两个以上的装运港，或规定某一航区，以方便装运。

(二)目的港

1. 目的港的规定方法

(1)规定一个目的港(地)。例如，目的港：伦敦(Port of destination: London)。

(2)规定两个以上的港口为目的港。例如，目的港：伦敦/汉堡/鹿特丹。这种情况下，承运人要求加付相关费用。

(3)规定某一航区为目的港。例如,目的港:欧洲主要港口。这种方法不够明确,且在承运工具到达目的港前,需要加以确认。同样,承运人要求加付相关费用。

2.规定目的港时应注意的事项

(1)我国不允许使用的目的港,不能作为目的港。对于有战争或动乱的地区,也不宜定为目的港。

(2)对于航次较少或无直达航线的货物运输,应在合同中指明允许转运。注意目的港的港口条件,港口拥挤或港口费用高都会增加贸易成本。

(3)对于目的港的规定要明确,尽量指明确切的名称。

(4)对于多个目的港,数目不宜过多,所有选择港应在一条航线上,并且为一般班轮能挂靠的港口。买方必须在承载船只到达第一个选择港前若干小时(一般是 48 小时)内,将最后确定的卸货目的港通知该港的船代理。否则,船方有权在任何一个选择港卸货。运费按选择港中最高的费率和附加费计算。对于选择卸货港所增加的费用,应由买方负担。

三、分批装运与转运

(一)分批装运

分批装运(partial shipment),又称分期装运(shipment by installments),是指一个合同项下的货物分若干批或若干期装运。在大宗货物或成交数量较大的交易中,买卖双方根据交货数量、运输条件和市场销售等因素,可在合同中规定分批装运条款。

例如:

9 月份装 300 公吨,10 月份装 400 公吨。

Ship 300 M/T during September and 400 M/T during October.

分两批于 7 月和 8 月平均装运。

Shipment during July and August in two equal lots.

关于分批装运,《跟单信用证统一惯例》第 600 号出版物的规定为:

(1)除非信用证另有规定,银行将接受分批装运的单据。为了避免不必要的争议,争取早出口、早结汇,防止交货时发生困难,除非买方坚持不允许分批装运,原则上应明确在出口合同中订明“允许分批装运”。

(2)运输单据表面上注明货物是使用同一运输工具装运并经同一路线运输的,即使每套运输单据注明的装运日期不同及/或装运港、接受监管地不同,只要运输单据注明的目的地相同,也不视为分批装运。该惯例对定期、定量分批装运还规定:信用证规定在指定日期内分期支款及/或装运,若其中任何一期未按期支款及/或装运,除非信用证另有规定,则信用证对该期及以后各期均告失效。

(二)转运

转运(transhipment)是指从装运港或装运地至卸货港或卸货地的货运过程中进行装运或重装,包括从运输工具移至同类方式的运输工具或船只,或由一种运输方式转为另一种运输方式的行为。

一般来说,转运对卖方而言比较主动,但要增加费用开支。《跟单信用证统一惯例》

(UCP600)规定:除非信用证另有规定,银行将接受转运的单据。为了明确责任和便于安排装运,买卖双方是否同意转运以及有关转运的办法和转运费的负担等问题,应在买卖合同中订明。

例如:2007 年 10/11 月份两批平均装运,每月一批,允许转运。

Shipment during October/November 2007 in two equal monthly shipment, with transshipment allowed.

2007 年 11 月 15 日前装运,从大连至伦敦,集装箱装运,允许分批和转运。

Shipment on or before 15th November 2007, from Dalian to London by container vessel, partial shipments and transshipment to be permitted.

第二节　海洋运输

海洋运输(ocean transportation)是国际货物运输中最主要的运输方式。其具有的基本优势如下:一是运量大。海运船舶的运载能力远远大于铁路和公路运输车辆的运载能力,世界大型油船达到 50 万吨级。二是运费低。因为运量大、航程远,分摊于每吨货物的运输成本就少,因此运价相对低廉。三是对货物的适应性强。远洋运输的船舶可适应多种运输的需要。现在许多船舶是专门根据货物需要设计的。如多用途船舶、专用化船舶的产生,为不同货物的运输提供了条件。但也有一定劣势:一是易受自然条件和气候等因素影响,风险较大;二是普通商船的航运速度相对较慢,因而,对不能经受长途长时间运输的货物和易受气候条件影响以及急需的货物,一般不宜采用海运。

一、运输方式

按照船舶经营方式的不同,海洋运输又可分为班轮运输和租船运输。

(一)班轮运输

班轮(liner)又称"定期船"(regular shipping liner),是指在预先固定航线上,按照事先公布的船期表(shipping schedule)在固定港口之间来往行驶船舶。使用班轮进行的运输即班轮运输。

班轮有如下四个特点:

(1)"四定":航线固定、停靠港口固定、船期固定、运费率相对固定。

(2)"二管":采用班轮运输时,由船方管装管卸。当然,船方收取的运费中将包括装卸费用,承运人和托运人双方不计装卸时间及速遣费和滞期费。

(3)在所停港口(习称基本港)不论货量多少及货主是谁,船公司均接受装运,从而对托运人而言比较灵活。

(4)船公司及托运人的义务、权利及责任豁免等均以船公司或其代理人签发的海运提单为准。

由此可见,采用班轮装运货物,在装运时间、装运数量及装卸港口等方面十分灵活,对于成交量少、批次多、交接港口分散的货物运输非常适宜。

(二)班轮运费

班轮运费(liner freight)是指班轮公司为运送货物而规定的运输价格。它一般由基本运费和附加费两部分组成。

1. 基本运费

基本运费是指货物在预定航线的各基本港口之间进行运输时的运价,包括货物的装、卸费及货物从装运港运至目的港的运输费用,它构成全程运费的主体。在通常情况下,货物使用班轮运输时,基本运费按照班轮运价表(liner freight tariff)中的规定计收。

基本运费按照不同的商品有以下八种计算方法:

(1)按重量吨(weight ton)计收,即按货物的毛重计收。在运价表中用“W”表示。

(2)按尺码吨(measurement ton)计收,即按货物的体积计收。在运价表中用“M”表示。业务中重量吨和尺码吨统称为运费吨。

(3)按重量吨或尺码吨两者中选择其中收费较高的计收。在运价表中用“W/M”表示。

(4)按从价运费计收,通常是按 FOB 货价的一定百分比收取。在运价表中用“A. V.”表示。

(5)按重量吨、尺码吨或从价运费三者中最高的一种计收。在运价表中用“W/M or A. V.”来表示。

(6)按重量吨或尺码吨收费之后再加上从价运费计收。在运价表中用“W/M plus A. V.”来表示。

(7)按货物的件数计收。

(8)临时议价(open rate)。主要适用于货价较低、运量较大的大宗低值货物的运输。

此外,班轮公司对于同一包装、同一种货物和同一提单内出现混装情况时,其计收运费的原则是就高不就低,具体收取办法是:不同商品混装在同一包装内,全部运费按其中收费高者收取;同一种货物,如包装不同,其计费标准和等级也不同,托运人应按不同的包装分列毛重和体积,以免全部货物均按收费较高者计收运费;同一提单内有两种以上货物的,如托运人未分别列明不同货物的毛重和体积,则全部货物均按收费较高者计收运费。

2. 附加费

班轮运费中除了基本运费外,有时船公司还要根据不同情况对货物加收一定的附加费(additional charges)。

常见的附加费有:燃油附加费;转船附加费;直航附加费;港口拥挤附加费;选择卸货港附加费;变更卸货港附加费;超长、超重附加费等。

由于附加费名目繁多,在班轮运费中又占有不小的比重,因此,在实际业务中,托运人对此应注意弄清楚有关的费用构成。

学习材料

上海运往肯尼亚蒙巴萨港口门锁一批计 100 箱,每箱体积为 20 厘米×30 厘米×40 厘米,毛重为 25 千克。当时燃油附加费为 30%,蒙巴萨港口拥挤附加费为

10%。门锁属于小五金类，计收标准是W/M，等级为10级，基本运费为每运费吨443.0港元，请计算应付运费多少？

解析：该批货物的每箱毛重25千克，即为0.025公吨。

每箱货物的体积为20厘米×30厘米×40厘米，即为0.024立方米，0.025＞0.024，所以该批货物是按重量计收运费的。

该批货物的总重量：0.025×100＝2.5公吨

基本运费总额＝基本运价×计费吨＝443×2.5＝1107.5港元

燃油附加费＝443×30%×2.5＝332.25港元

港口拥挤附加费＝443×10%×2.5＝110.75港元

运费总额＝基本运费总额＋各项附加运费的总额＝1107.5＋332.25＋110.75＝1550.5港元

故应付运费为1550.5港元。

(三)租船运输

租船运输(shipping by chartering)又称“不定期船运输”(tramp)。在租船运输业务中，没有预定的船期表，船舶经由航线和停靠的口岸也不固定，须按租船双方签订的租船合同来安排，有关船舶的航线和停靠的口岸、运输货物的种类以及航行时间等，都按承租人的要求，由船舶所有人确认而定，运费或租金也由双方根据租船市场行市在租船合同中加以约定。它主要适用于成交量大、交货期集中，或对方港口无直达班轮停靠的场合。

在目前的国际贸易中，除了小额成交的货物或零批杂货大多数使用班轮运输之外，大宗交易的货物如粮谷、矿砂、石油、煤炭、木材、砂糖、化肥等，一般都使用租船运输。

按租船性质租船运输包括定程租船、定期租船和光船租船三种不同的方式。

1.定程租船

定程租船(voyage or trip charter)又称“航次租船”、“程租船”，是指按航次租用船舶。按租赁方式不同，定程租船又分为单航次租船、连续航次租船、往返航次租船、连续往返航次租船等多种方式。

采用定程租船时，租船人按租船合同的规定提交货物并支付双方约定的运费，船舶出租人则按租船合同的规定完成货物的运输，并负责船舶的经营管理，负担船舶的一切正常开支。

定程租船的运费一般按装运货物的数量(重量或体积)来计算，也有按航次包租总金额计算的。至于货物在港口的装卸费用，究竟由船方还是租方负担，应在租船合同中明确规定。

2.定期租船

定期租船(time charter)又称“期租船”，是指由船舶所有人将船舶出租给承租人，供其使用一定时间的租船运输。承租人也可将此期租船充作班轮或程租船使用。

定期租船的租期根据出租方和承租方双方的需要和可能而定，少则数月，多则几年。船方应提供适航的船舶并负担船员薪金、伙食等费用以及保持船舶适航性而产生的有关费用。租船人可根据合同规定自由使用和调动船舶，负担经营过程中产生的燃料费、港口费、装卸费和垫舱物料费等。

3. 光船租船

光船租船(demise or bareboat charter)又称“净船期租船”,是指船舶所有人将船舶出租给承租人使用一个时期,但提供的船舶是一艘空船,既无船长,又不配备船员,承租人自己要任命船长、船员,负责船只的供养和船舶营运管理所需的一切费用。实际上属于单纯的财产租赁。由于光船租船所涉及的问题比较复杂,对双方都存在着不安全的因素,因此,这种方式采用得较少。

二、海运提单

海运提单(ocean bill of lading,缩写为 B/L)简称提单,它是承运人(或其代理人)应托运人要求,在收到货物或在货物装船后,签发给托运人的一种货物收据。

(一)提单的性质与作用

1. 承运货物的收据(receipt of the goods)

承运人或其代理人签发提单即表明承运人已按提单所载内容收到货物。它虽作为货物收据,但并不以货物装船为条件。通常是当货主将货物送交承运人指定的仓库或地点时,根据货主的要求,可先签发备运提单,待货物装船完毕后,再换发已装船提单。

2. 运输合同的证明(evidence of the contract of carriage)

提单本身并不是运输合同,因为在班轮运输时,当船公司或其代理签发装运单,同意承运托运人的货物时,运输合同即告成立。租船运输时,租船合同则是运输合同,而提单是在此后才签发的,虽然如此,由于提单上载明了通常运输合同所应具备的各项重要条件和条款,当承托双方发生纠纷时,往往仍以提单上载明的条款为依据。

3. 货物所有权的凭证(documents of title)

提单从其性质上讲代表了货物的所有权,谁占有了提单,谁就占有了货物,并且在货物运输过程中有权处理提单上载明的货物。

(二)提单的内容

一般情况下,提单的内容包括正面和背面条款。

1. 提单正面主要条款

提单正面记载事项,分别由托运人和承运人或其代理人填写,通常包括以下内容:

托运人,收货人,被通知人,装货港,卸货港,船名及航次,唛头及件号,货名及件数,重量与体积,运费预付或运费到付,正本提单的份数,船公司或其代理人的签章,签发提单的地点及日期等。

2. 提单背面主要条款

提单背面印的通常是根据国际公约和各国的法律条款制定的运输条款,规定承运人和托运方以及提单持有人之间的权利、义务、责任和豁免关系,是各有关当事人处理争议的主要法律依据。

目前国际上采用的关于提单的国际公约主要有三个：

(1)1924 年签署的《关于统一提单若干法律规则的国际公约》，简称《海牙规则》。

(2)1968 年签署的《布鲁塞尔议定书》，简称《维斯比规则》。

(3)1978 年签署的《联合国海上货物运输公约》，简称《汉堡规则》。

(三)提单的种类

提单可从不同的角度划分为下列几种。

1. 按货物是否已装船划分

(1)已装船提单(on board or shipped B/L)。这种提单是在货物已全部装船后，凭大副收据签发的提单。这类提单上须注明船名和装船日期并有“货已装船”(on board)字样。根据国际商会《跟单信用证统一惯例》(UCP600)规定：如信用证要求海运提单作为运输单据时，除非信用证另有规定，银行将接受注明货物已装船或已装指名船舶的提单。因此，信用证中均规定要求提供已装船提单。

(2)备运提单。又称“收讫待运提单”(received for shipment B/L)，是指货物在船到港前进入承运人指定仓库后，承运人应托运人的要求签发的提单。在集装箱运输中，当集装箱进入集装箱货运站或集装箱堆场后，即签发备运提单。买方一般不愿意接受备运提单，因货物尚未装船，无法估计货物到卸货港的具体日期。一般做法是：待货物装船后，可凭备运提单调换已装船提单，或由承运人在备运提单上加注“已装×××船”字样和装船日期，并签字盖章使之成为已装船提单。在国际贸易中，备运提单通常是不能结汇的。

2. 按提单收货人抬头划分

(1)记名提单。记名提单(straight B/L)是指在提单上收货人(又称提单抬头人)一栏内具体填写特定的人或公司名称的提单。使用这种提单时，承运人只能将货物交给提单指定的收货人。记名提单原则上不能转让。因此，银行一般不愿意接受这种提单。故在国际贸易中不经常使用，一般多用于展览品或贵重物品。

(2)指示提单。指示提单(order B/L)是指在提单上收货人一栏内只填写“凭指示”(to order)或“凭×××指示”(to order of ×××)字样的提单。这种提单可以通过背书进行转让，因此在国际贸易中使用较为广泛。

“to order”称为空白指示，或不记名指示；“to order of ×××”称为记名指示，指示人有银行、发货人或收货人等。

背书(to endorse)是有价证券转让时的一种手续，具体地说，它是有价证券的持有人在有价证券的背面签上自己的名字或者再加上受让人名字并将其交给受让人的行为。指示提单的背书方法有“空白背书”和“记名背书”两种。前者仅由背书人(即提单转让人)在提单背面签章，而不注明被背书人(即提单受让人)的名称；后者则除由背书人签章外，还要注明被背书人的名称。如果记名背书提单的受让人需要再转让提单，须再加背书。凭指示提单加上空白背书，在业务上称为“空白抬头，空白背书”提单。

(3)不记名提单。不记名提单(blank B/L or open B/L or bearer B/L)又称来人抬头提单，是指提单上收货人一栏内未指明收货人，仅记载应向提单持有人(Bearer)交付货物的一种提单。承运人交付货物仅凭提单不凭人，任何持有提单的人均可提货。不记名提单不加背书即可转让，手续简便，但买卖双方的风险都比较大。因此，在国际贸易中较少使用。

3.按运输方式划分

(1)直达提单(direct B/L)。是指由同一船舶将货物从起运港直接运达目的港所签发的提单，提单的卸货港(port of discharge)一栏填写最终目的港。凡信用证规定不准转船者，须使用这种提单，且提单上不得有“转船”或“在×××港转船”的批注。但如果提单背面条款内印有承运人有权转船的“自由转船”条款，而无转船批注，这种提单仍视为直达提单。对货方来说，直达船可节省费用、减少风险、及早到货，因此货方只有在无直达船时才同意转船。

(2)转船提单(transshipment BIL)。是指货物从起运港装载的船舶不直接驶往目的港，需在中途港口换装其他船舶转运至目的港卸货，这种提单称为转船提单。承运人在提单上注明“转运”或“在×××港转船”字样。转船提单往往由第一承运人签发。货物中途转船，会增加费用和风险，并影响到货时间，故一般信用证内均规定不允许转运，但有些偏僻港口，直达船较少，买方一般也可以同意转船。

(3)联运提单(combined B/L)。是指货物运输须经两段或两段以上运输方式来完成，如海陆、海空或海陆海等联合运输时由第一承运人签发的包括运输全程的提单。

4.按提单是否有批注条款划分

(1)清洁提单(clean B/L)。当提单上未注明“货损”或“包装不良”等不良批注时，该提单称为清洁提单。按照《跟单信用证统一惯例》(UCP600)的规定，除非信用证中明确规定可以接受的条款或批注，银行只接受清洁提单。清洁提单也是提单转让时所必备的条件。

(2)不清洁提单(unclean B/L)。是指承运人在提单上对货物的表面状况和其他方面的不良情况加以批注的提单。比如在提单上注明“标志不清”、“包装不固”等。除非信用证中明确规定可以接受，银行将不接受载有此类条款或批注的运输单据。

5.按提单格式划分

(1)全式提单(long form B/L)。是指既有提单正面条款，同时提单背面又详细列有承运人和托运人的权利、义务条款的提单。

(2)简式提单(short form B/L)。是指提单上有正面必要的项目和条款而无背面条款的提单。在班轮运输条件下，签发简式提单时，一般在提单上加注“各项条款及例外条款以本公司正规的全式提单内所列的条款为准”。简式提单与全式提单在法律上具有同等效力，按惯例可被银行接受。但当采用租船运输时，由于有关当事人的权利和义务还受租船合同的约束，故此时简式提单往往不被接受。

6.按收费方式划分

(1)运费预付提单(freight prepaid B/L)。成交价格术语为 CIF、CFR 时，因由卖方负责运输并支付运费，此时签发提单时，须在提单上载明“运费预付”字样。付费后，若货物灭失，运费不退。

(2)运费到付提单(freight-to collect B/L)。以 FOB 术语成交时，不论是买方订舱还是买方委托卖方订舱，运费均为到付，并在提单上载明“运费到付”，这种提单称为运费到付提单。

7. 其他类型的提单

除上述提及的提单外，业务中有时还会遇到以下提单：

(1)过期提单(stale B/L)。过期提单有两种含义：一是指出口商在装船后延滞过久才交到银行议付的提单。按《跟单信用证统一惯例》(UCP600)规定："如信用证无特殊规定，银行将拒收在运输单据签发日期后超过二十一天才提交的单据。在任何情况下，交单不得晚于信用证到期日。"二是指提单晚于货物到达目的港，这种提单也称为过期提单。因此，近洋国家间的贸易合同一般都规定有"过期提单也可接受"的条款。

(2)倒签提单(anti-dated B/L)。是指承运人签发提单时倒填签发日期的提单。一般提单签发日期应为该批货物全部装船完毕的日期。但有时由于种种原因，出口商未能在合同或信用证规定的装运期内装运，为符合合同或信用证装运期的规定，以利结汇，托运人向承运人出具"保函"，承运人在提单上仍按信用证的装运日期填写签发日期，以免违约。这种做法属违法行为，会加大风险，业务中应避免。

(3)预借提单(advanced B/L)。由于信用证规定的结汇日期已到，而货主因故未能及时备妥货物装船或尚未装船，或因为船期延误，影响了货物装船，托运人要求承运人先行签发已装船提单，以便结汇。这种在货物装船前就已被托运人"借"走的提单，称为预借提单。虽然托运人在要求签发预借提单时须出具"保函"，承担一切责任，但承运人仍需担当一定风险。收货人可以对承运人的诈骗行为起诉，而"保函"的法律效力往往是不成立的。

(4)舱面提单，又称甲板提单(on deck B/L)。是指货物装于露天甲板上时所签发的提单。提单上批注"装甲板"字样。按规定，甲板货物不属于"货物"范畴，承运人对甲板货物的灭失或损坏不予负责。因此，承运人在签发这种提单时必须在提单上批注"装甲板"字样，否则即使货物装在甲板上而没有批注，承运人对此也要像装在舱内货物一样负责。

第三节　铁路运输

铁路运输(railway transportation)一般不受气候条件的影响，可保障全年的正常运输，而且运量较大，速度较快，有高度的连续性，运输过程中可能遭受的风险也较小。办理铁路货运手续比海洋运输简单，而且发货人和收货人可在就近的始发站和目的站办理托运和提货手续。

我国外贸铁路运输主要针对俄罗斯、蒙古、朝鲜、越南等国或经上述地区转往欧洲、中亚地区。内地对香港地区出口或经香港地区转口的部分货物也通过铁路运送。

一、国际铁路联运

在两个或两个以上国家的铁路货运中，使用一份国际联运票据，以连带责任办理货物的全程运送，在两国铁路交接货物时无需收、发货人在场，这种运输方式称为国际铁路货物联运(international railway through transport)。

欧亚大陆的国际铁路运输业务分为两大片，分属不同国际公约管辖。

一片由《国际铁路货物运输公约》(简称《国际货约》)成员国组成，包括德国、法国、比利时、伊朗、伊拉克等亚欧国家。我国没有加入该公约。

另一片由《国际铁路货物联运协定》(简称《国际货协》)成员国组成,包括俄罗斯、中国、朝鲜、越南、伊朗、匈牙利等亚欧国家。

《国际货约》和《国际货协》都规定片内可办理同一运单的联运。由于一些国家(如保、匈、罗、波、捷、德等国)同时作为两个公约的成员国,另外一些分属不同公约的接壤国之间亦缔结有双边协定,因此两大片之间的联运实际上也可以办理。

我国是《国际货协》成员国,通过铁路出口的货物主要利用《国际货协》范围内的国际铁路货物联运。其业务范围是:①国际货协成员国之间运送;②从国际货协成员国向非成员国运送;③从非成员国向国际货协成员国运送;④通过成员国港口向其他国家运送。

办理外贸货物运输的此项业务有两种做法:①直接通过相关国家铁路办理;②通过国际货运地代理企业办理。我国通过国际铁路联运出口的货物大多数以 CPT 或 CIP 条件成交,部分以 FCA 成交。

二、铁路运单

铁路运单(railway bill)是铁路与货主间缔结的运输契约,它规定了铁路与发货人、收货人在货物运送中的权利、义务和责任,对铁路和发货人、收货人都有法律效力。国内铁路货物运输使用的运单和国际铁路货物联运使用的运单,其格式和内容有所不同。国际铁路货物联运运单随同货物从始发站至终点站全程附送,最后交给收货人,它既是铁路承运货物的凭证,也是铁路向收货人交付货物和核收运费的依据。国际铁路货物联运运单副本,在铁路加盖戳记证明货物的承运和承运日期后交给发货人,它可作发货人据以结算货款的凭证。下面以国际铁路货物联运为例说明铁路运单内容及运费的计算。

(一)国际铁路货物联运单证

国际铁路货物联运运单(international railway through bill)是铁路承运国际联运货物时签发给托运人的单据。作为铁路与收、发货人之间的运输合同。按规定,发货人提交全部货物并付清一切费用,经始发站在运单上加盖始发站日期戳记,证明货物已经承运,运输契约即告缔结,具有法律效力。运单正本随货同行,最后交给收货人。运单副本在始发站加盖日期戳记后交还发货人凭以结汇,当所运货物及票据丢失时还可以作为向铁路索赔的凭证。

国际铁路联运运单一式五联。第一联为“运单正本”,随货走,到达终点站时连同第五联和货物一并交收货人;第二联为“运行报单”,随货走,是铁路办理货物交接、清算运送费用、统计运量和收入的原始凭证,由铁路留存;第三联为“运单副本”,由始发站盖章后交发货人凭此办理货款结算和索赔用;第四联为货物交付单,亦随货走,由终点站铁路留存;第五联为“到达通知单”,由终点站随货物交收货人。

国际铁路联运运单的随附文件主要有:出口货物报关单、品质证明书、检验检疫证书、动植物检疫证书、兽医证书等。

(二)承运货物收据

(1)对港澳铁路联运

我国内地对港、澳地区的铁路运输不同于国际联运,也不同于一般的国内运输,它是一种特定的运输方式。

对香港地区的铁路运输由内地铁路运输和港段铁路运输两部分组成。它是一种特殊的租车方式的两票运输。货车到达深圳后,要过轨至香港,继续运送至九龙车站。内地铁路与香港铁路不办理直通联运,其运送方式是:内地始发站向铁路办理托运至深圳北站,收货人为深圳外运分公司;深圳外运分公司作为各外贸发货单位的代理向铁路办理租车去香港的手续,并付给租车费;货车过轨后,香港中国旅行社货运公司则作为深圳外运分公司的代理在香港段重新起票将货物托运至九龙,最后由“中旅”负责卸货并交收货人。

对澳门地区的货物运输由内地发送地车站将货物托运至广州,收货人为广东省外运公司;货到广州后由广东省外运公司办理水路中转将货物运往澳门;货到澳门后由南光集团的运输部门负责接货并将货物交付收货人。广州中转澳门货运的铁路运输计划由地方掌握,委托手续和装车发运要求与对香港的铁路运输大致相同。

(2)承运货物收据

承运货物收据(cargo receipt)是我国国内对港、澳地区进行铁路货物运输过程中使用的一种特殊性质和格式的运输单据。我国内地通过铁路对港、澳出口货物时,须由运输承运人出具从深圳或广州口岸向港、澳中转货物的承运货物收据作为向银行办理结汇的凭证。这种单据的其他作用与海运提单相同。

第四节　航空运输

一、运输方式

航空运输(air transportation)具有速度快、时间短、安全性高、货物破损率小、运行不受地面条件限制等优点。

随着我国航空运输事业的迅速发展和与世界各国航空运输业交往的不断增多,我国的航空货物运输得到了蓬勃发展。

航空货物运输的方式多种多样,常见的有班机运输、包机运输、集中托运、航空快递方式和送交业务方式。航空运费一般是按货物的重量和体积两者之间较高的计收。航空运费一般较高,但航空运费比海运运费计算的起点低,同时能节省包装费和保险费。因此,在国际贸易中,航空运输特别适合易腐商品、鲜活商品和季节性强的商品的运输。

(一)国际航空货物运输方式

1. 班机运输(scheduled airline)

班机运输是指在固定航线上的固定起落站,按预定时间定期航行的方式。一般航空公司都是用客货混合机型,由于货舱舱位有限,所以不适合大批量货物出运,适于运输急用物品、行李、鲜活物品、电子器件等商品。这种方式便于收、发货人掌握货物起运和到达时间,保证货物安全、准时地交付。

2. 包机运输(chartered carrier)

包机分为整架包机和部分包机两类。整架包机是指航空公司按照事先约定的条件和费率，将整架飞机租给租机人，从一个或几个航空站装运货物至指定目的站的运输方式。它适合于大宗货物运输。部分包机是指由几家航空货运代理公司或发货人联合包租整架飞机，或者由包机公司把整架飞机的舱位租给几家航空货运代理公司。部分包机适合于不足整机或1吨以上的货物运送，运费较班机运费率低，单程使用则较班机高。

3. 集中托运方式(consolidation)

集中托运是指航空代理公司把若干批单独发运的货物，按照到达同一目的地，组成一整批，用一份主运单发运到同一站，由预定的代理收货，然后再清关、分拨后交给实际收货人的运输方式。集中托运的货物越多，支付的运费越低。因此，空运代理向发货人收取的运费一般比发货人单独向航空公司托运低。集中托运业务是航空代理的主要业务之一，但等级运价的货物(普通货物)和危险品不能办理集中托运。

学习材料

集中托运的好处

空运货物三批，重量分别为10千克、20千克和35千克。如果分批托运，各需付多少运费？如果三批集中托运，又应付多少运费？(设起码运费每批为65美元，45千克以下每千克为3美元，45千克以上每千克为2.5美元)

解析：如果分批托运，则

3×10＝30美元(不足起码运费则按65美元付费)

3×20＝60美元(不足起码运费则按65美元付费)

3×35＝105美元

三批共付运费：65＋65＋105＝235美元

如果三批集中托运，则2.5×(10＋20＋35)＝162.5美元

可见，分批搬运，分别要付65美元、65美元、105美元，共235美元。如果集中托运，应付运费162.5美元，大大低于分批托运费用。

4. 航空快递方式(air express)

航空快递又称快件、快运，是由专门经营这项业务的公司与航空公司合作，设专人用最快的速度在货主、机场、用户之间进行传递，所以又称为“桌对桌”运输。这种方式实际上是一种联合运输，与空运方式前后衔接的一般是汽车运输，其特点是运输快捷、服务安全可靠、送交有回音、查询快且有结果，特别适用于急需的药品、医疗器械、贵重物品、图纸资料、货样及单证的传递，但运费较高。

5. 送交业务方式(delivery business)

常用于样品、目录、宣传资料、书籍报刊之类的空运业务，由国内空运代理委托国外代理办理清关、提取、转送和送交收货人。其有关费用均先由国内空运代理垫付，然后向委托人收取。

(二)国际货物航空运价

空运货物运价是指承运人为运输货物对规定的重量单位或体积或货物的价值所收取的费用。运价包括起运机场至目的地机场间的航空运费,但不包括承运人、代理人或托运人收取的其他费用。

空运货物运费主要包括以下几个方面。

1. 计费重量

航空公司一般是按货物的实际重量(千克)和体积大小(以6000立方厘米或366立方英寸折合1千克)两者之中较高者为准。

(2)运价种类

航空公司对运价有以下四种计收方式:①一般货物运价(general cargo rate, GCR),也称普通货物运价,是适用范围广泛的一种运价。不含有贵重元素,并按普通货物运价收取运费的货物称为普通货物。如果一批货物没有可适用的等级运价,也没有特种货物运价,就用一般货物运价。②特种货物运价(special cargo rate, SCR),通常是承运人根据在某一航线上经常运输某一类货物的托运人的请求,或为促进某地区某一类货物的运输,经国际航空运输协会(International Air Transport Association, IATA)同意所提供的优惠运价。这种运价通常低于一般货物运价。③货物的等级运价(class cargo rate, CCR),是指适用于规定地区或地区之间少数货物的运输,通常表示为在普通货物运价的基础上增加或减少一定的百分比。④起码运价(minimum rate, MR),是指一票货物自始发地机场至目的地机场航空运费的最低限额。它是航空公司在考虑办理即使是一笔很小货物所产生的固定费用后指定的。出运的货物按其计费重量,对照使用的航空运价而计算所得的运费,与航空公司最低运费相比,两者取较高者。

3. 货物的声明价值

根据《华沙条约》的规定,如果由于承运人的失职而导致货物损失,发货人欲按货物发生货损货差时全额赔偿,则发货人在托运货物时就应向承运人声明货物的价值,但须支付一笔“声明价值附加费”。一般按声明价值的0.4%～0.5%收取。

4. 其他规定

航空公司还可能收取的费用包括运费到付服务费、货运单费、中转手续费和地面运输费等。

二、航空运单

航空运单(airway bill)是航空公司出具的承运货物的收据,它是发货人与承运人之间缔结的运输契约,但不能作为物权凭证进行转让和抵押。它与海运提单不同,不是代表货物所有权的物权凭证,也是不可议付的单据。它是作为签署承运人合同的一个书面证明,是承运人作为接受发货人货物的证明和报关单据。此外,航空运单还可以作为运费账单和发票。

航空运单的主要作用是:①承运人与托运人之间缔结的运输合同,具有法律效力;②接受货物的证明文件;③运费结算凭证及收据;④承运人实施运输全过程的依据;⑤货物进出口清关的证明文件;⑥保险证书。

我国国际航空运单由一式十二联组成，包括三联正本、六联副本和三联额外副本。其中正本一份交发货人，是承运人或代理人接受货物的依据；第二份由承运人留存，作为记账凭证；第三份随货同行，在货物到达目的地时交给收货人作为核收货物的依据。

航空运单分为主运单（master air waybill, MAWB）和分运单（house air waybill, HAWB）两大类。凡由航空公司签发的航空运单都称为主运单，它是航空公司办理货物运输和交付的依据，是航空公司和托运人订立的运输合同。每一批货物都有其相对应的主运单。航空分运单是航空公司在办理集中托运业务时签发的单证，即在集中托运情况下，既存在主运单，又有分运单。分运单作为集中托运人（一般为航空货物运输代理）与托运人之间的货物运输合同，而主运单作为航空公司与集中托运人之间的运输合同，即货主与航空公司没有直接的契约关系。

第五节　集装箱运输

集装箱运输（container transport）是指以集装箱为基本运输单位，采用海陆空等运输方式将货物运往目的地的一种现代化运输方式。与传统的货物运输方式相比，集装箱运输可以取得提高装卸效率、加快货运质量、节省包装费用及运杂费、降低运输成本等经济效果；而且以集装箱运输为单位，还有利于组织多种运输方式，进行大量、快速、廉价、安全的联合运输。目前在世界海上杂货运输中已占有支配地位，并且已形成一个世界性的集装箱运输方式。

一、集装箱货物装箱方式

集装箱运输有整箱货（full container load，简称 FCL）和拼箱货（less than container load，简称 LCL）之分。前者箱中所装货物属于同一货主；而后者所装货物则属于两个或两个以上的货主。

整箱货可由货方在工厂或仓库进行装箱，然后直接运交集装箱堆场（container yard，简称 CY，它是专门处理整箱货或空箱的场所）等待装运，货到目的港后，收货人可直接从目的地集装箱堆场提走。当然，整箱货也可由运输部门直接到发货人工厂或仓库去接货，在货物运至买方国家或地区时，也可直接由有关运输部门将货物运至用户所在工厂或仓库，即实现门到门交货。

对于拼箱货，必须由发货人将货物运至装运港/地的集装箱货运站（container freight station，简称 CFS，它是专门处理拼箱货的场所），由其负责将不同发货人的货物拼装在一个集装箱内；货到目的地后，则由承运人或其代理人在目的港/地集装箱货运站拆箱后分拨给各收货人。

二、集装箱运费

集装箱运输的费用构成和计算方法与传统的运输方式不同。它包括内陆或装运市内运输费、拼箱服务费、堆场服务费、海运运费、集装箱及其设备使用费等。集装箱海运运费由船舶运费和一些有关费用组成。目前集装箱海运运费基本上分成两个大类:一类是沿用传统的件杂货运费计算方法,即以每运费吨作为计费单位;另一类是以每个集装箱作为计费单位,即包箱费率。总的趋势是包箱费率的计算方法逐步取代传统件杂货运费计算方法。

集装箱的包箱费率计算有三种方法:

(1)FAK包箱费率(freight for all kinds),即不分货物种类,也不计货量,只规定统一的每个集装箱收取的费率。

(2)FCS包箱费率(freight for class),即按不同货物等级制定的包箱费率。

(3)FCB包箱费率(freight for class & basis),即按不同货物等级或货物类别以及计算标准制定的费率。

值得注意的是,很多船公司根据自己的需要,订出了不同的包箱费率,即使是同一家船公司的费率,不同航线也采用不同的包箱费率。

第六节　其他运输方式

一、国际多式联运

国际多式联运(international multimodal transport;或 international combined transport)是在集装箱运输的基础上产生和发展起来的国际间连贯运输方式。

根据1980年的《联合国国际货物多式联运公约》对国际多式联运作出的定义,构成国际多式联运需同时具备下述条件,可概括为"四个一,两个两",即:

(1)必须有一个多式联运合同,且合同中应明确规定多式联运经营人和托运人之间的权利、义务、责任以及豁免。

(2)必须使用一份包括全程的多式联运单据(multimodal transport documents,简称MTD)。

(3)必须由一个多式联运经营人负责全程运输。

(4)必须是全程单一的运费费率。

(5)必须至少在两个国家/地区之间进行货物运输。

(6)必须至少是两种不同运输方式的连贯运输。

国际多式联运具有手续简便、迅速安全、运费合理、收汇及时和统一理赔等优点,而且有助于货运质量的提高。为了便于不同运输方式之间的货物交接与连贯运输,国际多式联运一般都采用集装箱运输。

多式联运的承运人既可以是掌握运输工具的实际承运人,也可以是不掌握运输工具,而是将已承运的货物再委托给其他承运人运输的"无船承运人"(non-vessel operating common carrier,NVOCC)。发货人只要向多式联运经营人一次性办理托运后,无论货物经过几种运输方式,均由多式联运经营人负责全程运输。也就是说,货物无论在哪一程发生了其责任范围内的损失或灭失,均由多式联运经营人负责并向发货人理赔,这是它与某些所谓的联合运输的不同之处。

目前，我国已开办了多条国际多式联运线路，可以与远至北美、欧洲、非洲，近至东亚、中东等许多国家通过国际多式联运进行货物的往返托运。

二、大陆桥运输

大陆桥运输（land bridge transport）是指使用横贯大陆上的铁路（或公路）运输系统作为中间桥梁，把大陆两端的海洋运输连接起来的连贯运输方式，即在海洋运输中插入一段横贯大陆的陆上运输。

目前主要有西伯利亚大陆桥、新欧亚大陆桥、美国和加拿大大陆桥等几条线路。

大陆桥运输中值得注意的是 OCP 运输，OCP 即 overland common points（陆上公共运输点），它是美国洛基山脉以东直至东部沿海的广大地区，约占全美 2/3 的面积。它是美国西海岸航运公司为争取送往 OCP 地区的货物经由西海岸港口转运而产生的。具体地说，凡是远东地区经美国西海岸各港向东运往 OCP 地区的货物，如委托西海岸 OCP 承运人负责运输，则发货人可享受自装运港至目的港的优惠海运运费，收货人则可享受从卸货港至最后目的地的内陆运费优惠。

受美国影响，加拿大也划有 OCP 地区和类似的运费优惠方法。因此，我国现在运往美国、加拿大 OCP 地区的货物，也是经西岸路线由陆路转运。

三、公路、内河、邮政和管道运输

在国际贸易中，除了使用上述提及的海运、铁路和航空等运输方式外，有时也使用公路、内河、邮政、管道等方式运输货物。

（一）公路运输

公路运输与铁路运输同为陆上运输的基本运输方式，具有灵活、简便、快捷、直达等特点。对于装货分散、道路崎岖、装货点近等情况，都可以利用其优点进行装运。其缺点是运量不大，费用偏高。

在我国边疆地区与毗邻国家进行物资交流时常采用此手段。另外，我国内地与港、澳地区的部分进出口货物，也是通过公路运输来完成的。

（二）内河运输

内河运输可以弥补铁路运输和其他运输的不足，并且具有投资少、运量大、成本低等优点。我国有着广阔的内河运输网，长江、珠江、黑龙江等一些主要河流的内河港口已对外开放，加速了沿江、沿河地区的经济发展。

（三）邮政运输

邮政运输是指通过邮局寄交进出口货物的一种运输方式。邮政运输比较简便，卖方只要向邮局办理一次托运手续，付清足够邮资并取得邮政包裹收据，以作为邮局收到邮包的凭证和邮包灭失或损坏时凭以向邮局索赔的依据，其余事宜概由邮局负责办理。

国际邮政运输分为函件和包裹两大类。它具有国际多式联运和"门到门"运输的性质，适合于重量轻、体积小的货物传递。

"特快专递"是近年来发展较快的一种运输方式，专门采用门到门和桌到桌，一般不会发生遗失，我国的国际特快专递(EMS)是我国邮政部门办理的快邮专递业务。

(四)管道运输

管道运输是一种特殊的运输方式，它是货物在管道内借助高压气体的压力输往目的地的一种运输方式。其主要适用于运输液体和气体货物。它的特点是固定投资大、建成后运输成本低。我国的管道运输主要是石油管道运输和天然气管道运输，主要有在建的“西气东输工程”和协议中的“俄—中石油管道工程”。

【本章小结】

本章主要介绍了货物运输方式的种类、特点及运输单据等基本知识。重点讨论了国际海洋运输方式及海运提单等装运条款。掌握这些知识，学会订立相应的运输条款，对于整个贸易的实现是非常重要的。

商品流通离不开货物运输，国际货物贸易亦不例外。在国际贸易中，一旦进出口双方达成交易并签订了合同，卖方即须在合同规定的时间、地点，按合同规定的方式将出口货物移交给买方(或买方指定的运输代理人)，而买方则须及时将进口货物运至国内/第三国交给实际用货部门。只有这样，才算完成了国际贸易的商品流通过程。因此，国际货物买卖是国际贸易活动的重要环节。虽然国际贸易电子化时代已经到来，但它只能用于进出口贸易谈判、单证的流转或货款的支付，无论何时、何地它也无法帮助货物完成由卖方到买方的位移过程。

【思考和练习】

1. 国际货物运输的方式有哪几种？在实际业务中，应如何选择使用？
2. 分别简述班轮运输和租船运输的特点。
3. 班轮提单的性质与作用表现在哪些方面？
4. 提单的种类有哪些？说明其含义与作用。
5. 铁路运单、航空运单与海运提单相比各有哪些异同点？
6. 多式联运单据与其他单一运输方式的单据有何区别？
7. 装运时间的规定方法有哪几种？
8. 何谓分批装运和转运？《UCP600》对分批装运是怎样规定的？
9. 在出口业务中确定装运港(地)和目的港(地)时各应注意什么问题？

第五章 保险条款

学习目标：

掌握承保时应用的原则；了解海上货物运输保险所保障的范围和熟知我国海洋货物运输保险险别的基本内容；了解国际货物保险的有关法律及惯例；掌握约定保险条款时应注意的问题及投保程序；能够运用所学的知识分析相关业务案例。

第一节 保险的概念与原则

作为一种社会经济制度，保险(insurance)是社会化的一种安排。面临风险的人(广大被保险人)通过保险人(保险公司)组织起来，保险人将风险损失资料进行集中分析管理，用统计方法预测风险带来的损失，并用所有风险转移者缴纳的保险费建立起保险基金，来集中承担被保险人因发生风险事故造成的经济损失。

保险是一种精神补偿的手段，它是以概率论和大数定律为依据收取保险费，集中具有同一危险的多数单位的资金，建立保险金，利用“分散危险，分摊损失”的办法，对少数参加者(被保险人)由于特定灾害事故所造成的损失进行经济补偿，或对人身伤亡给付保险金。

保险是指投保人根据合同约定向保险人支付保险费，保险人对于合同约定的可能发生的事故因其发生所造成的财产损失承担赔偿责任，或者当被保险人死亡、伤残、疾病或者达到合同约定的年龄、期限时承担给付保险金责任的商业保险行为。

保险种类很多，其中包括财产保险、责任保险、保证保险和人身保险，国际货物运输保险属于的财产保险范畴。

一、国际货物运输保险的含义

保险公司对保险标的在运输过程中所发生的约定范围内的损失给予被保险人以经济上补偿的一种业务，属于财产保险的一种。

在保险业务中，风险、损失和险别有着密切的关系。风险是造成损失的起因。险别是保险人对风险与损失的承保责任范围。

国际货物运输保险是指投保人根据合同约定向保险人支付保险费，保险人对于所承担的货物在国际运输过程中可能发生的保险责任范围内的事故所造成的财产损失，承担赔偿保险责任的一种商业保险行为。

根据运输方式不同，可以分为国际海上货物运输保险、国际陆上货物运输保险、国际航空货物运输保险和国际货物多式联运保险。

国际贸易的货物运输保险是以运输过程中的货物作为标的，在被保险人支付了一定保费的前提下，保险人对保险标的在运输过程中所发生的约定范围内的损失给予被保险人以经济上补偿的一种保险业务。

在国际贸易中，办理国际货物运输保险，是人们同自然灾害和意外事故作斗争的一种经济措施。国际货物通过投保运输险，将可能发生的损失变为固定的费用，在货物遭受承保范围内的损失时，可以从有关保险公司及时得到经济上的补偿，这不仅有利于进出口企业加强经济核算，而且也有利于进出口企业保持正常营业，从而有效地促进国际贸易的发展。

二、国际货物运输保险合同的订立

国际货物运输保险合同，是指进出口商对进出口货物按照一定的险别向保险公司投保，缴纳保险费，当货物在国际运输途中遇到风险时，由保险公司对进出口商遭受保险事故造成的货物损失和产生的责任负责赔偿的一种合同类型。

投保人可以直接向保险公司投保。由投保人提出保险要求，经保险人同意承保，并就货物运输保险条款达成协议后，合同成立。

保险合同主要包括：保险人与被保险人名称、保险标的、保险价值、保险金额、保险责任和除外责任、保险期间、保险费。

三、国际货物运输保险的原则

由于国际货物采取的运输方式很多，其中包括海洋运输、陆上运输、航空运输和邮包运输等，因此，国际货物运输保险也相应地分为海运货物保险、陆运货物保险、航空货运保险和邮包运输保险等。其中，海上货运保险在各类保险中起源最早，历史最悠久。但无论何种保险，世界各国保险法共同认可和遵循的保险基本原则都包括保险利益原则、最大诚信原则、补偿原则和近因原则，学习和掌握这些基本原则对于掌握保险常识、研究保险理论、参与保险业务以及解决国际贸易中的保险纠纷都有重要意义和作用。

(一)保险利益原则

保险标的(subject matter insured)是保险所要保障的对象，它可以是任何财产及其有关利益或者人的寿命和身体。保险利益(insurable interest)，又称可保权益，是指投保人对保险标的具有的法律承认的利益。投保人对保险标的应当具有保险利益。投保人对保险标的不具有保险利益的，保险合同无效，这就是保险利益原则(principle of insurable interest)。就货物运输保险而言，反映在运输货物上的利益，主要是货物本身的价值，但也包括与此相关联的费用，如运费、保险费、关税和预期利润等。保险标的安全到达时，被保险人就受益；当保险标的遭到损毁或灭失，被保险人就受到损害或负有经济责任。

国际货运保险同其他保险一样，要求被保险人必须对保险标的具有保险利益，但国际货运保险又不像别的保险(如人身保险)那样要求被保险人在投保时便具有保险利益，它仅要求在保险标的发生损失时必须具有保险利益。这种特殊规定是由国际贸易的特点所决定的。例如，在国际货物贸易中，买卖双方分处两国，如以 FCA、FOB、CFR、CPT 条件达成的交易，货物风险的转移以在装运港越过船舷或在出口国发货地或起运地货交承运人为界。显然，货物在越过船舷或货交承运人风险转移之前，仅卖方有保险利益，而买方并无保险利益。如果硬性规定被保险人在投保时就必须有保险利益，则按这些条件达成的合同，买方便无法在货物装船或货交承运人之前及时对该货物办理保险了。因此在实际业务中，保险人可视为买方具有预期的保险利益而允许承保。

可保利益又称保险利益，是指投保人或被保险人在保险标的上因具有某种利害关系而享有的为法律所承认、可以投保的经济利益。

在保险合同中，被保险人要求保险人给予保障的并不是保险标的本身(如货物、房屋等)，而是被保险人对保险标的所享有的经济利益。换言之，保险合同的标的或保险合同的客体是可保利益，而不是保险标的本身。

可保利益在海上保险中具体体现为被保险人对海上保险标的(如船舶、货物、运费、预期利润等)所享有的所有权或所承担的经济风险和责任。海上保险中的被保险人可因船舶、货物安全到达而获益，也可因保险标的损毁或灭失而蒙受经济上的损失或负有经济责任。

可保利益原则是保险的基本原则之一，是指投保人或被保险人必须对保险标的具有可保利益，才能同保险人订立有效的保险合同，如果投保人或被保险人对保险标的没有可保利益，则他们同保险人所签订的保险合同是非法的、无效的合同。

国际货物运输保险同其他保险一样，要求被保险人必须对保险标的具有保险利益，但需要指出的是，国际货运保险并不要求被保险人在投保时便具有保险利益，它只要求在保险标的发生损失时必须具有保险利益。这是由国际贸易的特点决定的。例如，在使用 FCA、FOB、CFR、CPT 条件达成交易时，由买方办理保险，但货物风险的转移是以货物越过装运港船舷或在出口国发货地或装运地交给承运人为界。显然，货物在越过船舷或交付承运人风险转移之前，买方并无保险利益。若硬性规定投保人在投保时就必须具有保险利益，则无法按上述贸易术语达成合同。因此，在国际货运保险中，投保人在投保时并不要求一定具有保险利益，只要有预期的保险利益也可投保。

具体体现为：

(1)可保利益是保险合同生效的依据。

(2)可保利益是保险人履行保险责任的前提。可保利益原则为大多数国家的海商法确认为保险合同成立的法定条件，当事人不得协商变更。

(二)最大诚信原则

最大诚信原则(principle of utmost good faith)是指投保人和保险人在签订保险合同以及合同有效期内，必须保持最大限度的诚意，双方都应恪守信用，互不欺骗隐瞒。保险人应当向投保人说明保险合同的条款内容，并可以就保险标的或者被保险人的有关情况提出询问，投保人应当如实告知。保险合同当事人应当做到以下三方面要求：

(1)告知，也称“披露”。通常是指被保险人在签订保险合同时，应该将其知道的或推定应该知道的有关保险标的的重要情况如实向保险人进行说明。如实告知是保险人判断是否承保和确定保险费率的重要依据。

(2)申报,也称“陈述”。申报不同于告知,重要事实的申报是指投保人在投保时应将自己知道的或者在通常业务中应当知道的有关保险标的的重要事实如实告知保险人,以便保险人判断是否同意承保或者决定承保的条件。申报内容也关系到保险人承保与否,涉及保险合同的真实有效,故成为最大诚信原则的另一基本内容。

例如,在货物运输保险中,被保险人应向保险人提供保险标的、运输条件、航程及包装条件等方面的真实情况。如果被保险人故意未将重要情况如实告知保险人,保险人有权解除合同并且不退还保险费。对合同解除前发生保险事故所造成的损失,保险人不负责赔偿责任。

(3)保证。保证是被保险人向保险人做出的履行某种特定义务的承诺。例如,在海上保险合同中,表现为明示保证和默示保证两类。明示保证主要有开航保证、船舶状态保证、船员人数保证、护航保证、国籍保证、中立性保证、部分不投保保证等。而默示保证则主要包括船舶适航保证、船舶不改变航程和不绕航的保证、船货合法性保证等。由于保险人无法直接控制被保险船舶和货物的运动,只有在保险事故发生时才能了解事故发生的始末和保险标的的受损原因和受损状况,因此,为了保护保险人的合法权益,防止海上保险中的不道德行为,各国法律确认了保证这一法律手段作为最大诚信原则的组成部分。我国海商法和海上保险实务对此均加以运用。

必须指出,基于海上保险合同的平等性,最大诚信原则同样适用于保险人。保险人在签订海上保险合同前,应将保险合同内容和办理保险的有关事项,如实告知被保险人及其代理人,特别是应该对海上保险合同中容易引起误解的条款做详细解释。

(三)补偿原则

补偿原则(principle of indemnity),又称损害赔偿原则,是指当保险标的发生保险责任范围内的损失时,保险人应按照保险合同条款的规定履行赔偿责任,但保险人的赔偿金额不能超过保险单的保险金额或被保险人遭受的实际损失,保险人的赔偿不应使被保险人获得额外的经济利益。所以,当保险标的发生保险责任范围内的损失时,保险人在对被保险人理赔时应遵循以下几点原则:

(1)赔偿金额既不能超过保险金额也不能超过实际损失。

(2)被保险人必须对保险标的具有可保利益,同时赔偿金额也以被保险人在保险标的中所具有的保险利益金额为限。

(3)被保险人不能通过保险赔偿而得到额外利益。即保险的赔偿是使被保险人在遭受损失后,经过补偿能恢复到他在受损前的经济状态,而不应使被保险人通过补偿获得额外利益。

(四)代位追偿原则

补偿原则下,派生出了代位追偿原则。代位追偿又称代位求偿或代位请求。在财产保险中,当保险标的发生了保险责任范围内的事故造成损失时,根据法律或合同,第三者需要对保险事故引起的保险标的的损失承担损害赔偿责任,保险人向被保险人履行了损失赔偿责任后,在其已赔偿的金额限度内,有权站在与被保险人相同的地位向第三方索偿,代位被保险人向第三方进行追偿。保险人享有的这种权利称为代位追偿权(right of subrogation)。

中国《保险法》第45条第1款规定:“因第三者对保险标的损害而造成保险事故的,保险人自向被保险人赔偿保险金之日起,在赔偿金额范围内代位行使被保险人对第三者请求赔偿的权利。”代位追偿是财产保险中一项重要的原则。代位追偿权对于被保险人来说具有积极保障的意义。

(五)近因原则

近因原则(principle of proximate cause)是指保险人只对承保风险与保险标的的损失之间有因果关系的损失负赔偿责任,而对保险责任范围以外的风险造成保险标的的损失,不承担赔偿责任。近因原则是保险理赔过程中必须遵循的一项基本原则,也是在保险标的发生损失时,用来确定保险标的所受损失是否获得保险赔偿的一项重要依据。

近因原则是保险理赔工作必须遵循的一项基本原则,也是在保险标的发生损失时,用来确定保险标的所受损失是否能获得保险赔偿的一项重要依据。

近因原则是指保险人只对承保风险与保险标的损失之间有直接因果关系的损失负赔偿责任,而对保险责任范围外的风险造成的保险标的损失,不承担赔偿责任。

实际业务中,造成损失的原因是多种多样的,而一般可从以下两个方面进行分析:

(1)只有一个单独的损失原因,且又在保险人的承保范围内。这一原因就是损失的近因,保险人应负责赔偿。

(2)如果造成损失的原因是两个或两个以上,就应作具体分析:①造成损失的多个原因都在保险人的承保范围内,则保险人应负责赔偿。②如果多个损失原因,既有承保范围内的,又有承保范围外的,则需区别对待。如前面的原因是承保范围内的,而后面的原因是承保范围外的,但它与前面的原因之间有必然的关系,则前面的原因是近因,保险人要负责赔偿。如前面的原因不在承保范围内,后面的原因在承保范围内且后面的原因是前面原因的必然结果,那么前面原因不是近因,保险人不需要负责赔偿。

(六)重复保险的分摊原则

如果被保险人以同一保险标的物向两家或两家以上的保险公司投保了相同的保险,在保险期限相同的情况下,其保险金额的总和超过该保险标的可保价值,称为重复保险。在重复保险的情况下,当保险标的发生损失时,为了防止被保险人获得双重赔偿,根据保险赔偿原则,将保险标的的损失在各保险人之间进行分摊。

例如,某保险标的的实际价值是200万元,投保人向甲保险公司投保80万元,向乙公司投保120万元,向丙公司投保40万元,向丁公司投保160万元。发生保险事故后,该保险标的实际损失为60万元,如果按照最大责任分摊法,则各家保险公司承保的保险金额总额为:80+120+40+160=400万元。四家保险公司应分担的赔偿金额分别为:80/400×60=12万元,120/400×60=18万元,40/400×60=6万元,160/400×60=24万元。

(七)利益转让原则

利益转让是指将保险标的利益,从一方转到另一方手中。在货物运输保险中,利益的转让一般都通过转让保险单的形式来实现。保险利益一经转让,转让人所持有的以他为利益方的保险单权利也同时让给受让人。由于运输货物的流通性很大,保险单可办理转让手续而无需得到保险公司的同意,无疑大大地便利了贸易各方。

四、保险单据的定义与法律作用

保险单据又称保单，是载有保险合同内容的书面凭证，也是保险人对被保险人承担保险责任的书面证明。

保险单据是国际贸易中常见的单据之一，出口货物保险是由出口商还是进口商办理取决于贸易术语的使用。以 FOB、CFR、FCA 或 CPT 价格成交的货物由进口商办理保险，以 CIF 或 CIP 条件成交的货物由出口商办理保险，保单是出口商必须向进口商提供的出口单据之一。

(一)保险单据是投保人和保险人订立保险合同的书面凭证

保险单据是保险人和被保险人之间签订保险合同的证明，反映保险人和被保险人之间的权利义务关系。保险人有收取保费的权利，当被保险货物遭受损失时，保险人对承保责任范围内的损失承担赔偿责任。被保险人有支付保费的义务，在货物遭受损失时，有权根据保险合同获得赔偿。

(二)保险单据是保险公司理赔和被保险人索赔的主要依据

保险单据是货物在运输途中出险后保险公司向被保险人承担赔偿责任的主要依据。被保险人及其受让人在索赔时必须出示保险单据以证明其保险权益。

(三)保险单据具有有价证券的性质

保险单是一种权利凭证，是可以通过背书或其他方式进行转让的有价证券。但是保险单所代表的保险权益只是一种潜在权益，只有在货物发生实际损失时，被保险人才享有保险权益。保险单的转让无需征得保险人同意，也无需通知保险人。

在出口货运保险中，被保险人一般为投保人，即出口商。但发生货损时，实际索赔的往往是买方，所以出口商在向银行或进口商交单前要在保险单的背面签字盖章进行背书，表示将保险索赔权益转让给保险单的持有人。但当被保险人不是出口商而是进口商时(根据合同或信用证的规定)，出口商交单时则无需背书。保单一经背书，就随被保险货物权利的转移而自动转让给受让人。背书只在正本保险单的背面背书，主要有两种方式：

1. 空白背书

在正本保险单的背面加上出口商的签章，该签章必须与所有其他单据上的签章一致。如果合同或信用证要求保险单“Blank Endorsed”或“Endorsed in Blank”，或者对背书没有特别规定时，应做成空白背书。

2. 记名背书

在正本保险单的背面打上“To the order of×××”，然后在下面加上出口商的签章，该保单就转让给指定的当事人“×××”——既可以是银行，也可以是进口商，根据双方的约定而定。记名背书在实务中使用不多。

第二节 海上货物运输保险保障的范围

在现代的对外贸易航海运输中，船舶越来越大，虽然装备精良且现代化，但一旦遭遇海难，经济上的损失相应也十分严重，因此办理海上货物运输保险十分必要。货物在海上运输及海陆交接过程中，可能遭遇各种风险和损失，保险人并不是对所有的风险都予以承保，也不是对任何损失都予以补偿。为了明确责任，保险人都对其承保的各类风险及该风险所造成的损失和所产生的费用的赔偿责任，在其承保的各种险别中加以明确规定。因此，必须首先对保险人所承保海上货物运输保险的风险、损失和费用有准确的理解。

保险公司对保险标的在运输过程中所发生约定范围内的损失给予被保险人以经济上补偿。根据保险标的的不同，保险可以分为财产保险、责任保险、信用保险和人身保险四类。货物运输保险是国际贸易中不可缺少的环节。根据运输方式不同，货物运输保险可分为海上货物运输保险、陆上货物运输保险、航空运输保险和邮包运输保险等。海运是国际货物运输中最主要的运输方式，而且货物在海运中遭遇风险的可能性最大，这里我们主要讲述海洋运输保险。

一、可保障的风险

在国际货物运输保险业务中，风险主要分为海上风险（perils of the sea）和外来风险（extraneous risks）两类（见图 5-1 和表 5-1）。

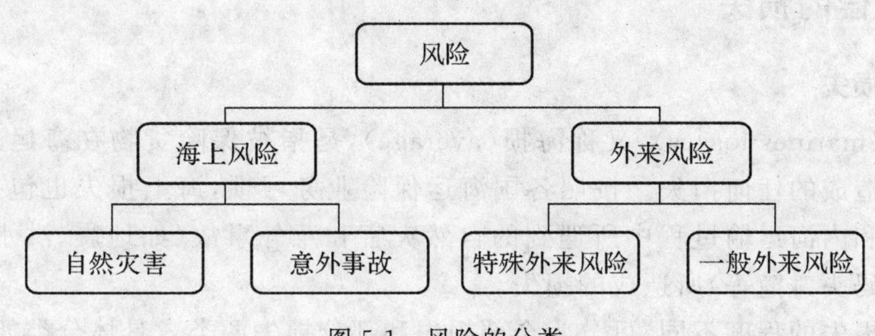

图 5-1 风险的分类

表 5-1 风险种类及原因

风险种类	风险的内容
海上风险	自然灾害：恶劣天气、雷电、海啸、洪水、地震或火山爆发
	意外事故：船舶搁浅、触礁、沉没、碰撞、失火、爆炸、失踪等
外来风险	一般原因：偷窃、雨淋、短量、渗漏、玷污、破碎、受潮受热、串味、生锈、钩损等
	特别原因：交货不到、进口关税、黄曲霉素、舱面货损、拒收等
	特殊原因：军事、政治、国家政策法令及行政措施等

(一)海上风险(perils of the sea)

海上风险又称海难，包括自然灾害(natural calamities)和意外事故(fortuitous accidents)。

1. 自然灾害(natural calamities)

自然灾害是指由于自然界变异而产生的具有破坏力量的现象，它不以人的意志为转移，如雷电、暴风雨、海啸、地震、洪水等。

2. 意外事故(fortuitous accidents)

意外事故是指由于偶然的难以预料的原因造成的事故，如船舶搁浅、触礁、沉没、互撞或遇流冰或其他固体物，如与码头碰撞以及失火、爆炸等原因造成的事故。

按照国际保险市场的一般解释，海上风险并非局限于海上发生的灾害和事故。那些与海上航行有关的发生在陆上或海陆、海河或驳船相连接之处的灾害和事故，如地震、洪水、火灾等，也属海上风险。对货物原有的缺陷、发货人的故意损失、商品的特性、货物的自然损耗以及运输延迟等原因导致的损失不包括在海上风险内。

(二)外来风险(extraneous risks)

外来风险是指由于海上风险以外的其他外来原因引起的风险，包括一般外来风险(general extraneous risks)和特殊外来风险(special extraneous risks)。一般外来风险包括偷窃、雨淋、短量、渗漏、破碎、串味、受潮、受热、钩损和锈损等。特殊外来风险包括战争、罢工、拒收、交货不到等。

二、可补偿的损失

(一)海上损失

海上损失(marines losses)，又称海损(average)，是指被保险货物在海运途中因遭受海上风险所直接造成的任何损失。按照各国海运保险业务习惯，海上损失也包括与海运相连接的陆上运输和内河运输过程中所遇到的自然灾害和意外事故(如地震、洪水、火灾、爆炸、海船与驳船或码头碰撞等)所造成的损失。

根据海上损失的程度不同，可分为全部损失和部分损失两类。具体分类如图 5-2 所示。

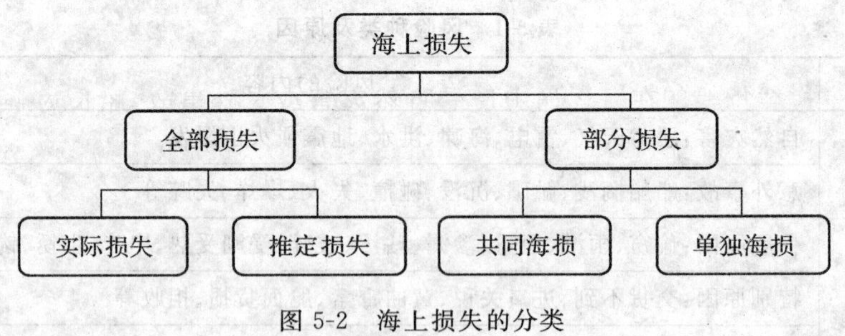

图 5-2　海上损失的分类

1. 全部损失(total loss)

全部损失又称全损，是指被保险货物在运输过程中遭遇风险而导致货物实际全部灭失或构成推定全部灭失即为全部损失，简称全损。它分为实际全损（actual total loss）和推定全损（constructive total loss）两种。

（1）实际全损（actual total loss）

实际全损又称绝对全损，是指被保险货物完全灭失或已失去使用价值或原有用途。

构成保险标的的实际全损有以下四种情况：①被保险货物的实体已经完全灭失。②被保险货物遭受严重损害，已丧失原有用途和价值，无法复原。③被保险人对被保险货物的所有权已无可挽回地被完全剥夺。④载货船舶失踪并达到一定期限（6个月）仍杳无音讯。

例如，船货全部沉入海底、船只被盗、货物被占；货物被海水浸湿，已完全失去使用价值，等等均可视为实际全损。

（2）推定全损（constructive total loss）

当被保险货物在运输途中受损后，实际全损已无法避免，或者为避免实际全损而支出的恢复、修理、施救、收回及运送货物到达原目的地的费用之和超过修复或收回货物的价值，即可推定为全损，可以要求按全部损失赔付。

在这种情况下，被保险人可以要求保险人按投保金额予以全部赔偿，但残损的货物，必须交由保险人处理。这种做法，称为"委付"（abandonment）。

所谓委付，就是指被保险人在保险标的物处在推定全损状态时，将货物的一切权利、义务转给保险人，然后要求保险人按全损给予赔偿的一种做法。委付的条件是：要将被保险货物全部进行委付，并不得附带任何条件。委付经保险人同意之后才能生效，但保险人应当在合理的时间内将接受委付或不接受委付的决定通知被保险人。委付一经保险人接受，不得撤回。但当被保险人要求作推定全损赔偿时，必须向保险人发出"委付通知"（notice of abandonment），经保险人同意后才能作全部损失处理。

例如，汽车运往销售地销售，每辆售价为10000美元。途中船舶遇险，导致货物遭受严重损失。如果要修复汽车，所需修理费用，再加上继续运往目的地费用，每辆车将超过10000美元。此时，被保险人有权要求保险公司按投保金额予以全部赔偿，并将残损汽车交保险公司处理。

2.部分损失

部分损失（partial loss），是指保险标的物部分损坏或灭失，按其损失的性质不同，可分为共同海损和单独海损。

（1）共同海损（general average，G. A.）

共同海损是指载货船舶在海运途中遭受自然灾害或意外事故，船长为解除船与货的共同危险或使航程得以继续，有意而合理地做出的特殊牺牲，或采取合理救难措施而引起的特殊损失和合理的额外费用。

构成共同海损必须具备以下条件：

第一，船方在采取紧急措施时必须确有危及船、货的共同危险存在，且风险是不可避免地发生的，而不是主观臆测的。

第二，共同海损的危险必须是危及船、货各方的共同安全的，采取的措施是为了解除船、货的共同危险。若是仅为维护船舶一方或货物一方的利益而采取措施所造成的损失，则不能视为共同海损。

第三,共同海损的牺牲必须是有意识的、合理的行为所致,其支出的费用是额外的,且作出的牺牲和支出的费用是有效果的。

第四,共同海损的损失必须是共同海损措施的直接结果,即损失是由解除危险的措施造成的,而不是由风险本身造成的。

共同海损的牺牲和费用支出都是为了使船舶、货物和运费免于损失,因而应该由全体受益方,即船方、货方、运费收入方按最后获救的价值多寡,共同按比例分摊,这种分摊称为共同海损分摊(general average contribution)。然后各方再向各自的保险人索赔,共同海损分摊涉及的因素比较多,一般均由专门的海损理算机构进行理算。

常见的共同海损有:

- 抛弃。抛弃船上载运的货物或船舶物料。
- 救火。扑救船上的火灾,如向货舱灌浇海水、淡水、化学灭火剂等造成舱内货物或船舶受损。
- 自动搁浅。为了共同安全,采取紧急的认为搁浅措施造成舱内货物或船舶受损。
- 起浮脱浅。船舶搁浅后为了起浮所采取措施而造成的损失。
- 船舶在避难港卸货重新装船或倒移货物、燃料或物料等造成的船舶或货物的损失。
- 将船上货物或船舶物料当做燃料以保证船舶继续航行的损失。
- 割断锚链。为了避免发生碰撞等紧急事故,停泊的船舶来不及进行正常起锚,有意识地割断锚链、丢弃锚具,以便船舶启动而造成的损失。

(2)单独海损(particular average,P. A.)

单独海损是指由承保风险直接导致的船或货的部分损失,是仅由各受损者单方面负担的一种损失。如载运瓷器的船舶在航行途中因遇恶劣天气,堆垛倾倒,造成部分破损。此项损失局限于该瓷器的货主,与船舶所有人和其他同船货主无关,而且损失又未达到全部损失的程度,所以应属单独海损。单独海损的损失一般由受损方单独承担。

共同海损和单独海损的区别如表 5-2 所示。

表 5-2　共同海损和单独海损的区别

比较项目	共同海损	单独海损
造成海损的原因	不是承保风险所直接导致的损失,而是为了解除或减轻船、货共同危险有意地采取合理措施而造成的损失	承保风险所直接导致的船货损失
损失的承担责任	由船舶、货物和运费方等各受益方按照受益大小的比例共同分摊(共同海损分摊,G. A. Contribution)	由受损方自行承担

(二)外来风险的损失

外来风险的损失是指除海上风险以外的外来风险所造成的损失。按不同的原因,又可分为一般外来风险损失、特别外来风险损失和特殊外来风险损失。

(1)一般外来风险损失,是指货物在运输途中由于偷窃、短量、钩损、碰损、雨淋、玷污等一般外来风险所导致的损失。

(2)特别外来风险损失，是指由于交货不到、进口关税、黄曲霉素、舱面货损、拒收等特别外来风险所带来的损失。

(3)特殊外来风险损失，是指由于军事、政治、国家政策法令以及行政措施等特殊外来风险所造成的损失。

案例解析

某一货轮在海上航行时有一船舱突然发生火灾，危及船、货的共同安全，于是船长下令灌水将火扑灭。事后检查该船舱的货物，原装在该舱内的800包棉花，除被烧毁部分外，剩下部分有严重浸水，只能作为纸浆出售给造纸厂，得价占原货价格的30%，即损失货价70%；原装在该舱内尚有300包大米，经检查这300包大米也被水浸，但无烧毁或热熏的损失，经晒干处理后，作为次米出售，得价占原价的40%。按照上述情况，棉花损失价值占原价的70%，大米损失价值占原价的60%。分析这两种情况的损失都属于什么损失？

解析：按照保险业务的习惯，对上述棉花的损失则认为是全部损失，而对大米的损失则认为是部分损失。当然这种划分不是因为前者的损失越过50%，而后者没有超过。

在保险业务中，全部损失可分为实际全损和推定全损。下列三种情况都可视为实际全损：①货物的实际灭失；②货物虽然没有实际灭失，但已完全失去使用价值；③货物既没有实际灭失，也没有完全失去使用价值，但货物原来的用途已完全改变，即已改变为其他用途。例如，货物全部沉入海底，无法打捞属于第一种情况；水泥被水浸泡后结成硬块属于第二种情况。而本例中的棉花就属于第三种情况，受到严重浸水的棉花，虽然可作为纸浆，削价出售给纸厂，仍有造纸的使用价值，但作为棉花原来具有纺纱织布等用途已完全丧失。因此，尽管货主可以收回30%的价值，但在保险业务中则视作全部损失。

三、可承担的费用

海上风险不仅会造成海运货物的损失，还会产生费用方面的损失，即为抢救受损货物，防止损失进一步扩大而形成的费用，这部分费用就是海上费用，它一般也是由保险人支付。海上费用包括施救费用(sue and labour expenses)和救助费用(salvage charges)。

(一)施救费用(sue and labour expenses)

施救费用是指被保险货物在遭遇承保责任范围内的灾害事故时，被保险人或其代理人，雇佣人或受让人，为了避免或减少货物损失而采取各种抢救措施所支出的合理费用。

我国和世界各国的保险法规或保险条款一般都规定：保险人对被保险人所支付的施救费用应承担赔偿责任，赔偿金额以不超过该批货物的保险金额为限。我国《海商法》第240条有下列规定："被保险人为防止或者减少根据合同可以得到赔偿的损失而支出的合理费用应当由保险人在保险标的赔偿之外另行支付。"但如上所述，保险标的赔偿与施救费用之和不能超过保险金额。

构成施救费用的条件：

(1)对保险标的进行施救必须是被保险人或其代理人或受让人，其目的是为了减少标的物遭受的损失，其他人采取此项措施必须是受被保险人的委托，否则不视为施救费用。

(2)保险标的遭受的损失必须是保单承保风险造成的。否则，被保险人对其进行抢救所支出的费用，保险人不予承担责任。

(3)施救费用的支出必须是合理的。

(二)救助费用(salvage charges)

救助费用是指被保险货物遭受承保范围内的灾害事故时，由保险人和被保险人以外的第三者采取救助措施并获成功，由被救方付给救助方的一种报酬。救助费用一般都可列为共同海损的费用项目，因为通常它是在船、货各方遭遇共同危难的情况下，为了共同安全由其他船舶前来救助而支出的费用。

在海上救助中，救助人与被救助人之间明确双方的权利与义务，一般都在救助开始之前或在求救的过程中订立救助合同(口头的或书面的)。

长期以来，在国际海上救助中普遍采用的救助合同格式是以英国的“无效果，无报酬”为原则的“劳合社救助合同标准格式”。在1980年的劳合社救助合同格式中，对“无效果，无报酬”的原则作了一些例外的规定：对于遇难的油船，救助人只要没有过失，即便救助无效，也可以获得合理的报酬。此外，在联合国国际海事组织1989年4月主持召开的外交会议上通过的《1989年国际救助公约》中，对救助报酬的问题也作了若干新的规定，大意如下：如果救助人对危及环境的船货所进行的救助没有效果，按规定虽然得不到救助报酬，但救助人对其在救助中所支出的费用，有权要求被救船舶的船东给予特别补偿。

在我国，中国贸促会海事仲裁委员会也制定有“海上救助契约格式”，这个格式所采用的也是“无效果，无报酬”的原则。

施救费用与救助费用的区别如表5-3所示。

表5-3　施救费用与救助费用的区别

比较项目	施救费用	救助费用
采取行为的主体	被保险人或其代理人、雇佣人员和受让人等	保险人和被保险人以外的第三者
给付报酬的原则	即使无效果，保险人也赔偿	多数：无效果，无报酬；少数：无效果，也给报酬
保险人的赔偿责任	赔偿金额的上限是被救标的保险金额；保险人对施救费用的赔偿义务独立于其对保险标的的损失赔偿义务	一般以获救财产的价值为赔偿上限；保险人对救助费用和获救保险标的之损失赔偿额相加，不得超过保险金额，且按获救保险标的之价值与保险金额的比例承担责任
是否与共同海损相联系	施救行为并非总是与共同海损相联系	救助行为一般总是与共同海损联系在一起的

第三节 我国海洋运输货物保险的险别与条款

中国保险条款(China Insurance Clause,CIC)是中国人民保险公司根据我国保险业务的实际需要,并参照国际保险市场的惯例制定,于1981年1月1日公布。根据运输方式的不同,中国保险条款可分为海洋货物运输保险条款、陆运货物运输保险条款、航空货物运输保险条款、邮包货物运输保险条款等;对某些特殊的商品,还配备有海运冷藏货物、陆运冷藏货物、海运散装桐油及活牲畜、家禽的海陆空运输保险条款,以及适用于上述各种运输方式货物保险的各种附加险条款。这里我们重点介绍海洋货物运输保险条款。根据我国现行的《海洋货物运输保险条款》的规定,我国海洋货物运输保险可分为基本险别和附加险别两大类。

一、基本险别和条款

按照中国人民保险公司1981年1月修订的《海洋货物运输保险条款》(Ocean Marine Cargo Clauses)的规定,海洋运输保险的基本险别主要包括平安险、水渍险和一切险。

(一)平安险(free from particular average,F. P. A.)

平安险原意为“单独海损不赔”,是三种基本险别中保险人责任最小的一种。平安险的承保责任范围包括:

(1)货物在海运途中遇到自然灾害,造成被保险货物的全部损失,包括实际全损和推定全损。

(2)在海运途中,运输船舶遭到意外事故造成的被保险货物的全部或部分损失。

(3)运输船舶在运输途中遇到意外事故,意外事故前后又遇到自然灾害致使被保险货物遭受部分损失。

(4)保险标的物在装卸转船过程中,一件或数件落海所造成的全部损失或部分损失。

(5)被保险人在保险标的遭受承保责任范围内的风险时,对其进行抢救、防止或减少货损的措施而支付的合理费用,以不超过保险标的的保险金额为限。

(6)船舶遭遇自然灾害或意外事故,在中途港或避难港停靠而引起的装卸、存仓等特别费用损失。

(7)发生共同海损的牺牲、分摊和救助费用。

(8)运输契约订有“船舶互撞条款”,按规定应由货方偿还的损失。

(二)水渍险(with particular average)

水渍险原意为“单独海损负责”,即除承保平安险的各项责任外,还负责被保险货物由于恶劣气候等自然灾害造成的部分损失。水渍险的责任范围大于平安险。

(三)一切险(all risks,A. R.)

一切险除包括平安险和水渍险的各项责任外,还包括货物在运输途中由于一般外来风险所造成的被保险货物的全部或部分损失,但不包括特别附加险和特殊附加险。一切险的责任范围大于平安险和水渍险。

基本险别也称为主险别，可以单独投保，投保人可根据货物运输特点在上述三种险别中选择一种进行投保。由于上述三种险别责任的范围大小有别，因此它们的保险费率也各不相同。

二、附加险别和条款

附加险是对基本险的补充和扩大，投保人只能在投保一种基础险的基础上才可以加保一种或数种附加险。附加险可分为一般附加险、特别附加险和特殊附加险。

(一)一般附加险

一般附加险(general additional risk)与一般外来风险相对应，它包括以下几种：

(1)偷窃、提货不着险(theft, pilferage and non-Delivery, T. P. N. D.)：保险有效期内，保险货物被偷走或窃走，以及货物运抵目的地以后，整件未交的损失，由保险公司负责赔偿。

(2)淡水雨淋险(fresh water and rain damage, F. W. R. D.)：货物在运输中，由于淡水、雨水以至雪溶所造成的损失，保险公司都应负责赔偿。淡水包括船上淡水舱、水管漏水、冰雾融化以及舱汗等。

(3)短量险(risk of shortage)：负责保险货物数量短少和重量的损失。通常包装货物的短少，但不包括正常的消耗，保险公司必须要查清外包装是否发生异常现象，如破口、破袋、扯缝等，如果属散装货物，往往将装船和卸船重量之间的差额作为计算短量的依据。

(4)混杂、玷污险(risk of intermixture and contamination)：保险货物在运输过程中，混进了杂质所造成的损失。例如，矿石等混进了泥土、草屑等而使质量受到影响。此外，保险货物因为和其他物质接触而被玷污，例如，布匹、纸张、食物、服装等被油类或带色的物质污染而引起的经济损失。

(5)渗漏险(risk of leakage)：流质、半流质的液体物质和油类物质，在运输过程中因为容器损坏而引起的渗漏损失，或因液体外流而引起的用液体浸泡的货物的变质、腐烂所致的损失。如以液体装存的湿肠衣，因为液体渗漏而使肠衣发生腐烂变质等损失，均由保险公司负责赔偿。

(6)受热受潮险(sweating and heating risks)：承保货物在运输过程中由于气温突然变化或船上通风设备失灵，是船舱内的水蒸气凝结而引起的货物受潮或由于温度增高使货物发生变质的损失。例如，船舶在航行途中，由于气温骤变，或者因为船上通风设备失灵等使舱内水汽凝结、发潮、发热引起货物的损失。

(7)钩损险(hook damage)：保险货物在装卸过程中因为使用手钩、吊钩等工具所造成的损失。例如，粮食包装袋因吊钩钩坏而造成粮食外漏所造成的损失，保险公司在承保该险种下，应予赔偿。

(8)包装破裂险(breakage of packing risk)：因为包装破裂造成物资短少、玷污等损失。此外，对于因保险货物运输过程中续运安全需要而产生的候补包装、调换包装所支付的费用，保险公司也应负责。

(9)锈损险(risk of rust)：保险公司负责保险货物在运输过程中因为生锈造成的损失。不过这种生锈必须在保险期内发生，如果在原装时就已生锈，则保险公司不负责任。

(10)串味险(taint of odor risk):承保货物在运输过程中因受其他异味货物的影响而造成的串味损失。例如,茶叶、香料、药材等在运输途中受到一起堆储的皮毛、樟脑等异味的影响使品质受到损失。

(11)碰损、破碎险(risk of clash and breakage):碰损主要是针对金属、木质等货物来说的,破碎则主要是针对易碎性物质如玻璃、瓷器等来说的。前者是指在运输途中,因为受到震动、颠簸、挤压而造成货物本身的损失;后者是在运输途中由于装卸野蛮、粗鲁、运输工具的颠震造成货物本身的破裂、断碎的损失。

以上 11 种一般附加险不能独立承保,必须附属于基本险别项下。也就是说,只有在投保了基本险别以后,投保人才允许加保上述附加险。投保一切险后,上述附加险已包括在内。

(二)特别附加险

特别附加险(specific additional risk)与特别外来风险相对应,它包括以下方面:

1. 进口关税险(import duty risk)

负责由于货物受损仍需按完好价值完缴进口关税所造成的损失。进口关税的税率一般是比较高的。当货物在进入某一国家之前,在中途遭受损坏,其价值因而降低,如受到水损、玷污、发热变质以及内装数量短缺等。对于这种情况,有些国家规定在进口完缴关税时,可以申请对损残短量部分按其价值减税、免税。但也有些国家规定,进口货物不论有否短缺、损残,仍需按完好价值完税。进口关税险,就是承保上述情况引起的关税损失。但是货物遭受的短、残等损失必须是保险单承保的责任所引起的。附加关税险的保险金额应根据可能缴纳的税款来确定,通常是由被保险人根据其本国进口关税的税率订定。因此,应与货物保险金额分开,而且另行收费,一般是按照发票金额的几成加保。这个保额应在保险单上另行载明,将来发生损失时在该保额限度内赔偿,不能和主险的保额相互串用。

2. 舱面险(on deck risk)

由海上运输的货物,无论是干货船、散装船,一般都是装在舱内的。在制定货物运输的责任范围和费率时,都是以舱内运输作为考虑基础的。如果货物是装在舱面的,保险公司对此不能负责。但是有些货物由于体积大、有毒性或者有污染性,根据航运习惯必须装载于舱面。为了解决这类货物的损失补偿,就产生了附加舱面险。装载在舱面的货物,暴露于外,很容易受损,特别是雨雪、海水溅激更是经常发生的,货主应考虑危险的实际可能性,加保舱面险。保险公司通常只是在“平安险”的基础上加保舱面险,一般不愿意按“一切险”基础加保,以免责任过大。舱面险除了按原来承保险别的范围负责外,还对货物被抛弃或因风浪冲击落水的损失,予以负责。在承保大五金的舱面险时,对金属条、板、块等,保险公司往往将生锈除外,因为这类货物放在舱面必然会生锈。如果包括生锈,几乎笔笔都要赔,保险公司无法控制责任。加保舱面险需另行加费。

3. 交货不到险(failure to deliver risk)

对不论由于任何原因,从被保险货物装上船舶时开始,不能在预定抵达目的地的日期起 6 个月内交货的,负责按全损赔偿。

4. 拒收险(rejection risk)

承保货物在进口时,由于各种原因,被进口国的有关当局拒绝进口而没收所产生的损失。但是,在投保时被保险人必须保证持有进口所需的一切特许证或许可证或进口限额。如果不具备进口所需的证件,那么遭到拒绝进口是意料中的事。另外,被保险人经保险公司要求有责任处理被拒绝进口的货物或者申请仲裁。这是约束被保险人,不能因为保了"拒收险"将被拒绝进口的货物都归属于保险公司而袖手不管。拒收险的费率波动很大,要根据商品性能,进口国对进口货物的具体掌握情况来订定。

5. 黄曲霉素险(aflatoxin risk)

黄曲霉素是在花生中含有带毒性的菌素。如果花生中含有这一菌素的比例超过进口国家的限制标准,就会被拒绝进口,或者被没收,或者被强制改变用途。黄曲霉素险,就是承保因此引起的损失,对于被拒绝进口的或强制改变用途的货物,被保险人有义务进行处理。对于因拒绝进口而引起的争执,被保险人也有责任申请仲裁。这实际上也是一种专门原因的拒收险。

6. 货物出口到香港(包括九龙)或澳门存仓火险责任扩展条款(fire risk extension clause, F. R. E. C. for shortage of cargo at destination Hong Kong, including Kowloon, or Macao)

内地出口到港澳的货物,如直接卸到保险单载明的过户银行所指定的仓库时,加贴这一条款,则延长存仓期间的火险责任。保险期限从货物运入过户银行指定的仓库时开始,直到过户银行解除货物权益或者运输责任终止时起计算满 30 天为止。这一保险是为了保障过户银行的利益。货主通过银行办理押汇,在货主未向银行归还贷款前,货物的权益属于银行。因此,在保险单上必须注明保户给放款银行。在此阶段货物即使到达目的港,收货人也无权提货。货物往往存放在过户银行指定的仓库中,贴了这一条款,如果在存仓期间发生火灾,保险公司负责赔偿。

7. 虫损险(infestation)

这一特别附加险是为了保障容易被虫蛀的动植物在正常运输途中较易发生的虫蛀风险。在本保险项下,保险人对被保险货物在正常运输途中,由于虫卵所致虫蛀损失以及由此引起的合理熏蒸费及其他费用负责赔偿,但被保险货物在起运港装船前必须经当地有资格的动植物检疫所检验并证明品质合格。

(三)特殊附加险

特殊附加险(special additional risk)与特殊外来险相对应,它包括以下几个方面。

1. 战争险(war risk)

各种战争险,包括海运、陆运、空运和邮包战争险,都是承保战争或类似战争行为等引起保险货物的直接损失。各种不同运输方式的战争险,由于运输工具有其本身的特点,在具体责任上有些差别,但就各种战争险的共同负责范围来说,基本上是一样的。即对直接由于战争、类似战争行为以及武装冲突所致的损失,如货物由于捕获、拘留、扣留、禁制和扣押等行为引起的损失都是负责的。海运战争险在这一条款里,多了一个"海盗行为所致的损失",其他战争险,没有这一条。各种战争险对敌对行为中使用原子或热核制造的武器所导致的损失和费用,都是不负责的。因为这种原子、核武器的破坏性非常大,造成的损失也是难以估计的,保险公司无法承担。此外,海运战争险对于因执政者、当权者或其他武装集团的扣押、拘留引起承保航程的丧失和损失是不负责任的。

如果货物加保了战争险附加费用,则对因战争险后果所引起的附加费用,由保险公司予以负责。它主要负责的范围是,发生战争险责任内的风险引起航程中断或挫折,以及由于承运人行使运输契约中有关战争险条款规定所赋予的权利,把货物卸在保险单规定以外的港口和地方,因此而产生应由被保险人负责的那部分附加的合理费用。这些费用包括卸货、上岸、存仓、转运、关税以及保险费等。

2. 罢工险(strikes risk)

罢工险是承保因罢工者、被迫停工工人、参加工潮、暴动和民众斗争的人员,采取行动造成保险货物的损失。对于任何人的恶意行为造成的损失也予负责。对上文谈到的各种行动和行为所引起共同海损的牺牲、分摊和救助费用也由保险公司赔偿。罢工险负责的损失都必须是直接损失,对于间接损失是不负责任的。例如,因为罢工劳动力不足,或者无法使用劳动力对堆存在码头的货物遇到大雨无法采取罩盖防雨布的措施而遭淋湿受损;因为罢工,没有劳动力对冷冻机添加燃料致使动力中断冷冻机停机,而使冷冻货物遭受到化冻变质的损失等。此外,对罢工引起的费用损失,如港口工人罢工无法在原定港口卸货,改到另外一个港口卸货引起的增加运输费用,均属于间接损失,不予负责。伦敦协会货物险条款中专门有一条罢工险除外条款,明确对罢工、被迫停工、工潮、暴动或民变等造成保险货物的损失不予负责。但如果加保了罢工险则对上述罢工险除外的责任予以负责,并应将罢工险除外条款打上删除印章。

附加险不能单独投保,必须在投保基本险后再加投附加险。由于一切险的承保责任范围已包含了一般附加险,故在投保一切险时,不必加保一般附加险。

三、承保责任的起止期限

(一)基本险承保责任的起止期限

1. 仓至仓条款

根据我国海洋货物运输保险条款的规定,在正常运输的情况下,基本险承保责任的起止期限适用国际保险业中惯用的“仓至仓条款”(warehouse to warehouse clause, W/W Clause)规定的办法处理。其规定是:货物保险的效力自被保险货物运离保险单所载明的起运地仓库或储存处所开始运输时生效,包括正常运输过程中的海上、陆上、内河和驳船运输在内,直至该项货物到达保险单所载明目的地收货人的最后仓库或储存处所或被保险人用做分配、分派或非正常运输的其他储存处所为止。如果未抵达上述仓库或储存处所,则以被保险货物在最后卸载港全部卸离海轮后满60天为止。如果在上述60天内被保险货物需转到非保单所载明的目的地时,则在该项货物开始转运时,保险责任终止。

2. 非正常运输情况下基本险责任起止期限的规定

如果由于保险人无法控制的运输延迟、被迫卸货、航程变更等意外情况,被保险人在及时通知保险人，并加付保费的前提下，可按“扩展责任条款”(extended cover clause)办理，扩展保险期。

例如，我们对某些内陆国家的出口业务，如在港口卸货转运内陆，无法按保险条款规定的保险期限在卸货后60天内到达目的地时，即可申请扩展。经保险公司出具证明予以延长，但需加收一定的保险费。但是，在办理扩展责任时，必须注意，在买卖合同的保险条款中对扩展期限和扩展地点应作具体明确的规定。对于没有铁路、公路、内河等正常运输路线的地区，除非事先征得保险公司同意，一般不能规定扩展保险责任，对于散装货一般也不办理扩展责任。

案例解析

一份CIF条件的合同，出售大米100公吨，卖方在装船前投保了一切险加战争险，自南美内陆仓库起，直到英国伦敦的买方仓库为止。货物从卖方仓库运往码头装运途中，发生了承保范围内的货物损失。当卖方凭保险单向保险公司提出索赔时，保险公司以货物未装运，货物损失不在承保范围内为由，拒绝给予赔偿。请问：卖方有无权利向保险公司索赔？

解析：卖方有权向保险公司索赔。理由：保险公司在货物装运之前已按“仓至仓”条款承保了买卖双方成交的货物。所以，保险公司对货物从卖方仓库运往码头装运途中发生的承保范围内的损失应给予赔偿。

(二)战争险、罢工险的责任起止期限

1. 战争险的责任起止期限

按照国际惯例，战争险的责任起止期限实行以“水面危险”为限。具体规定是：保险责任自被保险货物装上保险单所载起运港的海轮或驳船时开始，到卸离保险单所载目的港的海轮或驳船为止。保险责任的最长期限以海轮到达目的港的当日午夜起算满15天为限。“到达目的港”是指海轮在该港区一个泊位或地点抛锚、停靠或系缆。如果没有这种停泊地点，则指海轮在原卸货港或附近第一次抛锚、停靠或系缆。

货物如果在中途港转船，不论货物在当地卸货与否，保险责任以海轮到达该港或卸货地点的当日午夜起算满15天为止，等货物再装上续运海轮时恢复有效。

2. 海运战争险的起讫期限

海运战争险承保责任的起讫期限采用“岸到岸条款”。战争险的责任起讫与基本险的责任起讫不同，不采用“仓到仓条款”，其责任起讫期限仅限于水上危险。它规定保险责任从货物装上保险单上所载明启运港的海轮或驳船时开始，直到卸离保险单上所载明的目的港海轮或驳船为止。如果货物不卸离海轮或驳船，则保险责任最长延至货物抵达目的港之当日午夜起算满15天为止。如果在中途港转船，则不论货物在当地卸载与否，保险责任以海轮抵达该港或卸货地点的当日午夜起算满15天为止，待货物再装上续运的海轮时，保险公司仍继续负责。

3. 罢工险的责任起止期限

罢工险的责任起止期限也是采用“仓至仓条款”，如果货物运输已投保战争险，加保罢工险一般无需加缴保险费。

四、其他海上货物运输专门险别

在海洋货物运输保险中，还有三种根据海上运输货物特性而承保的专门险别，即海洋运输冷藏货物保险（ocean marine insurance frozen products）、海洋运输散装桐油保险（ocean marine insurance woodoil bulk）和活牲畜家禽运输保险。

（一）海洋运输冷藏货物保险

一些需要冷藏运输的鲜货，如蔬菜、水果、鲜花以及鱼、虾、肉类等，为了使鲜货在运输过程中保持新鲜程度，一般都需要经过处理后冷藏。海洋运输冷藏货物保险又可分为冷藏险和冷藏一切险，前者除负责水渍险的承保责任外还负责由于冷藏机器停止工作连续 24 小时以上所造成的被保险货物的腐烂或损失；后者除冷藏险的责任外，还负责被保险货物在运输途中由于一般外来原因所造成的腐烂或损失。

（二）海洋运输散装桐油保险

海洋运输散装桐油保险是承保散装桐油在海洋运输途中不论何种原因造成的短少、渗漏、玷污或变质的损失。

（三）活牲畜家禽运输保险

活牲畜家禽运输保险是保险公司对于活牲畜家禽在运输途中的死亡负责赔偿。但对下列原因造成的死亡，不负赔偿责任：在保险责任开始前，被保险的活牲畜家禽健康状况不好，或被保险的活牲畜家禽因怀子、防疫注射或接种所致的死亡；或因传染病、患病、经管理当局命令屠杀或因缺乏饲料而致的死亡，或由于被禁止进口或出口或检验不符所引起的死亡。

以上三种险别也属于基本险别性质。

第四节　我国陆运货物、空运货物及邮运货物保险

海洋货物运输是国际货物贸易的主要运输方式。随着国际货物贸易的发展，其他运输方式的国际货物运输量比重明显上升。因此，除了海洋运输这种主要的国际贸易运输方式下货物需要保险外，陆上、航空、邮包及多式联运等其他运输方式下的货物也需办理保险。其他运输方式下的货物运输保险是在海洋运输货物保险的基础上发展起来的。由于陆运、空运、邮包运输同海运可能招致的货物损失的风险种类不同。所以，陆运、空运、邮包货物运输保险与海上货运保险的险别及其承保责任范围也有所不同。尤其是随着国际贸易的发展，其他运输方式的国际货物运输量比重明显上升，陆上、航空、邮包及多式联运货物保险业务均脱离海上运输保险，各自形成独立的保险条款。

根据中国人民保险公司《中国保险条款》，适用于陆上、航空和邮政运输的险别主要有以下几种。

一、陆上国际货物运输保险

根据1981年1月1日修订的我国《陆上运输货物保险条款》(Overland Transportation Cargo Insurance Clauses)的规定，陆上运输货物保险的基本险分为陆运险(overland transportation risks)和陆运一切险(overland transportation all risks)两种。此外，还有适用于陆运冷藏货物的专门保险，即陆上运输冷藏货物险(overland transportation insurance frozen products)及陆上运输货物战争险(火车)(overland transportation cargo war risks(by train))等附加险。

(一)陆运险和陆运一切险

陆运险的承保责任范围与海洋运输货物保险条款中的"水渍险"相似。保险公司负责赔偿被保险货物在运输途中遭受暴风、雷电、洪水、地震等自然灾害，或由于运输工具遭受、倾覆、出轨、火灾、驳运过程中因驳运工具遭受搁浅、触礁、沉没、碰撞，或由于遭受隧道坍塌、崖崩或失火、爆炸等意外事故所造成的全部或部分损失。此外，被保险人对遭受承保责任内危险的货物采取抢救、防止或减少货损的措施而支付的合理费用，保险公司也负赔偿责任，但以不超过该批货物的保险金额为限。在投保陆运险的情况下，被保险人可根据需要加保一种或数种一般附加险。

陆运一切险的承保责任范围与海洋运输货物保险条款中的"一切险"相似。

保险公司除承担上述陆运险的赔偿责任外，还负责保险货物在运输途中由于一般外来原因所造成的全部或部分损失。以上责任范围均适用于火车和汽车运输，并以一次为限。

陆运险和陆运一切险的除外责任与海洋运输货物险的除外责任相同。

此外，冷藏货物险也具有基本险的性质，其责任范围除包括陆运险的责任外，还负责赔偿由于冷藏设备在运输途中损坏而导致货物变质的损失。

陆运险的责任起讫日期也采用"仓至仓"条款。保险人的责任自被保险货物运离保险单所载明的起运地仓库或储存处时开始生效，包括正常陆运及有关水上驳运，直至该货物运达保险单所载明的目的地收货人仓库或储存处或被保险人用作分派、分配的其他储存处所为止。如果未运抵上述仓库或储存处，则以被保险货物运抵最后卸下的车站满60天为止。

投保陆运一切险，如果加保战争险，则仅以铁路运输为限，其责任起讫不是"仓至仓"，而是以货物置于运输工具为限。

(二)陆上运输冷藏货物险

陆上运输冷藏货物险的主要责任范围除负责陆运险所列举的自然灾害和意外事故所造成的全部或部分损失外，还负责赔偿由于冷藏机器或隔温设备在运输途中损坏所造成的被保险货物解冻融化而腐败的损失。但由于战争、工人罢工或运输途中损坏所造成的被保险冷藏货物的腐败或损失以及被保险冷藏货物在保险责任开始时未能保持良好状况，整理、包扎不妥或冷冻不合格所造成的损失除外。

陆上运输冷藏货物险的责任自被保险货物运离保险单所载明的起运点仓库装入运送工具开始运输生效，直至货物到达目的地收货人仓库为止。但是，被保险货物到达目的地车站10天以后，保险即告终止。

(三)陆上运输货物战争险

路上运输货物战争险的责任范围是负责赔偿直接由于战争、类似战争行为和敌对行为、武装冲突所致的损失以及各种常规武器(包括地雷、炸弹的使用)所致的损失。

陆上运输货物战争险对下列各项不负赔偿责任:由于敌对行为使用原子弹或热核武器所致的损失和费用;根据执政者、党群关系或其他武装集团的扣押、拘留引起承保运程的丧失和挫折而提出的任何索赔要求。

陆上运输货物战争险责任自被保货物装上保险单所载起运地的火车开始到卸离保险单所载明目的地的火车时为止。如果被保险货物不卸离火车,本保险责任最长期限以火车到达地的当日午夜起算满 48 小时为止。如果在运输途中转车,不论货物在当地卸载与否,保险责任以火车到达中途站的当日午夜起算满 10 天为止;如果货物在上述期限内重新装车续运,本保险恢复有效。

(四)货物运输罢工险条款

货物运输罢工险对被保险货物由于罢工者,被迫停工工人或参加工潮、暴动、民动、民众斗争人员的行动,或任何人的恶意行为所造成的直接损失和共同海损、牺牲、分摊和救助费用负赔偿责任。

货物运输罢工险对下列各项不负赔偿责任:在罢工期间由于劳动力短缺或即期设备不能运用所致保险货物的损失,包括因此而引起的动力或燃料缺乏使冷藏机停止工作所致冷藏货物的损失。

与海洋运输货物保险相同,在投保战争险前提下,加保罢工险不另收费。如果仅要求加保罢工险,则按战争险费率收费。

二、航空国际货物运输保险

根据 1981 年 1 月 1 日修订的我国《航空运输货物保险条例》(Air Transportation Cargo Insurance Clauses)的规定,航空运输货物保险的基本险分为航空运输险(air transportation risks)和航空运输一切险(air transportation all risks)两种。此外,还有航空运输货物战争险(air transportation cargo war risks)等附加险。

(一)航空运输险和航空运输一切险

航空运输险的承保责任范围与海洋运输货物保险条款中的“水渍险”大致相同。保险公司负责赔偿保险货物在运输途中遭受雷电、火灾、爆炸或由于飞机遭受恶劣气候或其他灾难灾害和意外事故所造成的全部或部分损失。

航空运输一切险的承保责任范围除包括上述航空运输险的全部责任外,保险公司还负责赔偿被保险货物由于一般外来原因所造成的全部或部分损失。

航空运输险和航空运输一切险的除外责任与海洋运输货物险的除外责任基本相同。

航空运输货物险两种基本险的保险责任也采用“仓至仓”条款,但与海洋运输险的“仓至仓”责任条款不同的是:如果货物运达保险单所载明的目的地而未运抵保险单所载明的收货人仓库或储存处所,则被保险货物续运转送到非保险单所载明的目的地时,则保险责任在该项货物开始转运时终止。

(二)航空运输货物战争险

航空运输货物战争险是航空运输货物险的一种附加险,只有在投保了航空运输险或航空运输一切险的基础上方可加保。

加保航空运输战争险后,保险公司承担赔偿航空运输途中由于战争、敌对行为或武装冲突以及各种常规武器和炸弹所造成的货物损失,但不包括因使用原子弹或热核武器所造成的损失。

航空运输货物战争险的保险责任自被保险货物装上保险单所载明起运地的飞机时开始,直到卸离保险单所载明目的地的飞机时为止。如果被保险货物不卸离飞机,则以载货飞机到达目的地的当日午夜起计算满 15 天为止。如果被保险货物在中途转运,保险责任以飞机到达转运地的当日午夜起算满 15 天为止;装上续运的飞机,保险责任再恢复有效。

航空运输保险,还可加保罢工险。与海运、陆运险相同,在投保战争险前提下,加保罢工险不另收费。如果仅要求加保罢工险,则按战争险费率收费。航空运输罢工险的责任范围与海洋运输罢工险的责任范围相同。

三、邮包国际货物运输保险

根据 1981 年 1 月 1 日修订的我国《邮包保险条款》(Parcel Post Insurance Clauses)的规定,邮包保险的基本险分为邮包险(parcel post risks)和邮包一切险(parcel post all risks)两种。此外,还有邮包战争险(parcel post war risks)等附加险。

(一)邮包险和邮包一切险

邮包险的承保范围包括被保险邮包在运输途中由于恶劣气候、雷电、海啸、地震、洪水、自然灾害或由于运输工具搁浅、触礁、沉没、碰撞、出轨、倾覆、坠落、失踪,或由于失火和爆炸意外事故所造成的全部或部分损失;另外,还包括被保险人对遭受承保责任内危险货物采取抢救、防止或减少货损的措施而支付的合理费用,但以不超过该批被救货物的保险金额为限。

邮包一切险的承保责任范围除与邮包险的全部责任相同外,还包括被保险邮包在运输途中由于一般外来原因所引起的全部或部分损失。

但是,在这两种险别中保险公司对因战争、敌对行为或工人罢工所造成的损失,直接由于运输延迟或被保险物品本质上的缺点或自然损耗所造成的损失,以及属于寄件人责任和被保险邮包在保险责任开始前已存在的品质不良或数量短差所造成的损失,被保险人的故意行为或过失所造成的损失,不负赔偿责任。

邮包险和邮包一切险的保险责任是自被保险邮包离开保险单所载起运地点寄件人的处所运往邮局时开始生效,直至被保险邮包运达保险单所载明的目的地邮局,自目的地邮局签发到货通知书午夜起算满 15 天终止,但在此期限内邮包已经递交至收件人的处所时,保险责任即行终止。

(二)邮包战争险

邮包战争险是邮政包裹保险的一种附加险,只有在投保了邮包险和邮包一切险的基础上方可加保。加保邮包战争险须另增加支付保险费。

加保邮包战争险后，保险公司负责赔偿邮包运输过程中由于战争、敌对行为或武装冲突以及各种常规武器包括水雷、鱼雷、爆炸所造成的损失。此外，保险公司还负责赔偿被保险人对遭受以上承保责任内危险物品采取抢救、防止或减少损失的措施而支付的合理费用。但保险公司不承担因使用热核武器所造成损失的赔偿。

邮包战争险的责任是自被保险邮包经邮政机构收讫后至储存处所开始运送时生效，直至该项邮包运达保险单所载明的目的地邮政机构送交收件人为止。

邮政包裹还可加保罢工险。在投保战争险前提下。加保罢工险不另收费。如果仅要求加保罢工险，则按战争险费率收费。邮政包裹罢工险的责任范围与海洋运输保罢工险的责任范围相同。

四、四种运输方式下的基本险别的责任范围

四种不同运输方式下的基本险别的责任范围是不同的，具体如表 5-4 所示。

表 5-4　四种运输方式下的基本险别的责任范围

	海运	陆运	空运	邮包运输	责任范围
基本险	FPA				自然灾害*、意外事故所造成的损失、费用
	WPA	陆运险	空运险	邮包险	自然灾害、意外事故所造成的损失、费用
	海运一切险	陆运一切险	空运一切险	邮包一切险	自然灾害、意外事故、一般外来风险造成的损失、费用

*单纯由自然灾害造成的部分损失不负责。

第五节　伦敦保险业协会海运货物保险条款

在国际保险业中，英国是一个历史最悠久和最发达的国家，英国所制定的保险条款对世界保险业影响很大。目前，国际上许多国家和地区的保险公司在国际货物运输保险业务中直接采用英国保险业协会制定的《协会货物条款》(Institute Cargo Clauses, I. C. C.)。在我国对外贸易中，外贸公司可接受按照《协会货物条款》投保的要求。

"协会货物条款"最早制定于 1912 年，后来经过修订，新条款于 1982 年 1 月 1 日公布，1983 年 4 月 1 日起开始使用。新的保险条款共有以下六种险别：

(1)协会货物(A)险条款(Institute Cargo Clauses(A), ICC(A))。

(2)协会货物(B)险条款(Institute Cargo Clauses(B), ICC(B))。

(3)协会货物(C)险条款(Institute Cargo Clauses(C), ICC(C))。

(4)协会战争险条款(Institute War Clauses-Cargo, I. W. C. C.)。

(5)协会罢工险条款(Institute Strikes Clauses-Cargo, I. S. C. C.)。

(6)恶意损害险条款(Malicious Damage Clauses)。

在六种险别中，ICC(A)、ICC(B)、ICC(C)是主险，协会战争险、罢工险和恶意损害险为

附加险，前五种险都可以单独投保，第六种险不可以单独投保。

下面重点介绍在实际业务中使用较多的下列三个险种。

一、ICC(A)险条款

ICC(A)险条款与中国人民保险公司所规定的"一切险"(all risks)大体相当，责任范围最大，除外责任有以下四条。

(一)一般除外责任

一般除外责任包括由被保险人的故意不法行为造成的损失或费用；自然渗漏、重量或容量自然损耗或自然磨损；由包装不当或准备不足造成的损失；由保险标的内在缺陷或特性造成的损失或费用；由船舶所有人、经营人、租船人的经营破产或不履行债务造成的损失或费用；由于使用任何原子或热核武器所造成的损失或费用。

(二)不适航和不适货除外责任

所谓不适航、不适货除外责任，是指保险标的在装船时，如果被保险人或其受雇人已经知道船舶不适航，以及船舶、装运工具、集装箱等不适货，保险人不负赔偿责任。

(三)战争除外责任

如由于战争、内战、敌对行为所造成的损失或费用，由于捕获、拘留、扣留等所造成的损失或费用，由于漂流水雷、鱼雷等武器所造成的损失或费用，保险人不负赔偿责任。

(四)罢工除外责任

罢工除外责任包括由于罢工、被迫停工所造成的损失或费用；由于任何恐怖主义者或任何出于政治目的所采取行动所致的损失或费用。

二、ICC(B)险条款

(一)ICC(B)险条款承保范围

ICC(B)险对承保风险的规定采用列明风险的形式，凡属列出的就是承保的，没有列出的，不论何种情况均不负责，这种方法明确、肯定，便于选择投保，便于处理索赔，凡归因于下列情况者均予承保：

(1)火灾、爆炸。

(2)船舶或驳船触礁、搁浅、沉没。

(3)陆上运输工具碰撞出轨。

(4)船舶、驳船或运输工具同水以外的外界物体碰撞。

(5)在避难港卸货。

(6)地震、火山爆发、雷电。

(7)共同海损牺牲。

(8)抛货或浪击落海。

(9)海水、湖水或河水进入运输工具或贮存处所。

(10)货物在装卸时落海或跌落造成的整件全损。

(二)ICC(B)险条款和 ICC(A)险条款之比较

ICC(B)险条款和 ICC(A)险条款有以下两点不同：

(1)恶意损害是新增加的附加险别，它承保除被保险人以外的其他人(如船长、船员)的故意损坏行为所造成被保险货物的灭失或损害。但出于政治动机的人的行为除外。在 ICC(A)险条款中仅规定对被保险人的故意不法行为造成的损失或费用不负赔偿责任；ICC(B)险条款规定，对其他人的非法故意行为所导致的损失和费用不负责任。因此，如果被保险人想获得此种风险的保险条款，就需要加保“恶意损害险”。

(2)在 ICC(A)险条款中，标明“海盗行为”不属于除外责任；而在 ICC(B)险条款中，保险人对此项风险不负保险责任。

三、ICC(C)险条款

(一)ICC(C)险条款承保范围

ICC(C)险条款比原平安险的责任范围小，仅对“重大意外事故”风险负责，对非重大事故风险和 ICC(B)险条款中的自然灾害风险均不负责。它的风险责任规定和 ICC(B)险一样，采用“列明风险”的方式。其具体承保风险是：

(1)火灾、爆炸。

(2)船舶或驳船触礁、搁浅、沉没。

(3)陆上运输工具倾覆或出轨。

(4)在避难港卸货。

(5)共同海损牺牲。

(6)抛货。

(二)ICC(C)险的除外责任

其除外责任与 ICC(B)完全相同。ICC(A)、ICC(B)、ICC(C)三种险可以单独投保，战争险和罢工险在需要时也可以作为独立的险别进行投保。

为了便于理解，兹将 ICC(A)、ICC(B)、ICC(C)三种险别中保险人承担的风险列表进行比较，如表 5-5 所示。

表 5-5　ICC(A)、ICC(B)、ICC(C)三种险别中保险人承担的风险

承保风险	ICC(A)	ICC(B)	ICC(C)
(1)火灾、爆炸	√	√	√
(2)触礁、搁浅、沉没或倾覆	√	√	√
(3)陆上运输工具的倾覆或出轨	√	√	√
(4)船舶、驳船或运输工具同除水以外的任何外界物体碰撞	√	√	√
(5)在避难港卸货	√	√	√
(6)地震、火山爆发或雷电	√	√	×
(7)共同海损牺牲	√	√	×

续表

承保风险	ICC(A)	ICC(B)	ICC(C)
(8)投弃	√	√	×
(9)浪击落海	√	√	×
(10)海水、潮水或河水进入船舶、驳船、运输工具、集装箱大型海运箱或储存场所	√	√	×
(11)货物在船舶或驳船装卸时落海或跌落造成任何整体的全损	√	√	×
(12)海盗行为	√	×	×
(13)恶意损害行为	√	×	×
(14)由于一般外来原因所造成的损失	√	×	×

说明:"√"代表承保风险,"×"代表不承保风险。

第六节　医药化工贸易中的保险实务

在国际货物买卖中,货物从卖方手中交到买方手中,通常需要经过长途运输、装卸和存储等环节。在这个过程中,货物可能遇到各种风险和遭受各种损失,为了保障货物受损失时能够得到经济上的补偿,买方或卖方一般应在货物起运前向保险公司办理货物运输保险。目前中国能够办理国际货物运输业务的保险公司主要有中国人民保险公司(PICC)、中国平安保险公司(PAIC)和中国太平洋保险公司(CPIC)等。随着中国加入 WTO,国外保险公司也逐渐加入到中国对外贸易事业中。

海洋货物运输保险实务主要介绍在办理国际货物运输投保时如何选择险别、如何确定保险金额、常用的保险单有哪些以及在投保中应注意哪些问题等。

一、选择合适的保险险别

在国际货物运输保险业务中,应注意选择合适的保险险别投保。不同的保险险别,保险公司承保的责任范围也不同,保险费率也不尽相同。投保人在选择投保险别时,既要考虑能使货物得到充分保障,又要尽量考虑节约成本,提高经济效益。

要选择合适的保险险别,应综合考虑货物的性质、包装、用途、运输方式、运输线路、运输季节、目的地市场的变化和各国习惯等因素。

一般来说,运输货物承保的基本风险是在运输途中因自然灾害和运输工具遭受意外事故所造成的货物损失。因此,在选择投保险别时,应在基本险别中选择平安险、水渍险或ICC(B)、ICC(C),然后再根据需要加保必要的附加险别。如果货物遭受外来原因风险的范围较广,遭受损失的可能性较大,则可选择基本险别中的一切险或 ICC(A),而不需要加保附加险。在特定情况下,还可按需要投保特别附加险和特殊附加险。

二、保险金额的确定和保险费的计算

(一)保险金额的确定

保险金额(insured amount),也可称为投保金额,是指保险人承担赔偿或者给付保险金责任的最高限额,也是保险人计算保险费的基础。投保人在投保货物运输险时应向保险人申报保险金额。

保险金额并非是投保货物的成本价格,而是以成本为基础,包括保险费、运费以及预期利润等在内的金额。这样,被保险货物一旦受损,运费和保险费支出的补偿有了保障,同时,还能获得一定的利润。因此,保险金额习惯上按发票金额加一定的预期利润。在国际货物买卖中,凡是按CIF和CIP条件达成的合同一般均规定保险金额,按《INCOTERMS 2010》和《UCP600》规定,卖方有义务按CIF和CIP价格的总值另加10%作为保险金额;也可根据客户需求提高加成数,其保费差额部分应由买方承担,但要防止某些客户企图从高额投保中投机取巧。

保险金额的计算公式是:

保险金额=CIF(或CIP)价×(1+投保加成率)

CIF(或CIP)价=CFR(或CPT)÷[1-保险费率×(1+投保加成率)]

(二)保险费的计算

保险费是保险金额与保险费率的乘积。保险费率是计收保险费的依据,不同的险别有不同的费率。

保险费的计算公式为:

保险费=保险金额×保险费率

例5-1:某公司出口一批纺织品到欧洲,货价为CIF欧洲港口,每打105美元,已知该批货物投保水渍险、战争险的保险费率合计为0.8%,试计算该批货物的投保金额和保险费。

解:保险金额=CIF×(1+加成费率)=105×(1+10%)=115.5美元

保险费=保险金额×保险费率=115.5×0.8%=0.924美元

三、常见的保险单据

保险单据是保险人与被保险人之间订立保险合同的证明文件,它反映了保险人与被保险人之间的权利和义务关系,也是保险人的承保证明。当发生保险责任范围内的损失时,它又是保险索赔和理赔的主要依据。在CIF和CIP合同中,保险单据是卖方必须向买方提供的主要单据之一。在国际贸易中,保险单据可以通过背书转让。

在进出口业务中,常用的保险单据主要有以下几种。

(一)保险单

保险单(insurance policy),俗称大保单,是使用最广的一种保险单据。保险单正面载明货物的各种情况,如价值、数量、唛头、地点等。保险单的背面载明保险人与被保险人之间的权利与义务等方面的保险条款,也是保险单的重要内容。目前,我国国内的保险公司大多数出具保险单作为出口保险凭证。

(二)保险凭证

保险凭证(insurance certificate),俗称小保单,是一种简单化的保险单据。保险凭证的内容,除背面未印有详细条款外,正面内容与保险单相同,在法律上与保险单具有同等法律效力。目前,各国在信用证上的保险条款中一般都规定保险单与保险凭证均可接受,但如果信用证规定提交单据为保险单时,则议付行不接受以保险凭证代替保险单议付。

(三)联合凭证

联合凭证(combined certificate),是一种将发票和保险单相结合的保险单据,它比保险凭证更为简化。这种凭证只有我国采用,并且仅适用于对港、澳地区的出口业务。由于这种凭证与国际管理不符,现已很少使用。

(四)预约保单

预约保单(open policy),又称预约保险合同,它是被保险人(一般为进口人)与保险人之间订立的总合同,是经常有相同类型货物需要陆续分批装运时所采用的一种保险单。订立这种合同的目的是为了简化保险手续,又可使货物一经装运即可取得保障。在我国,常用于进口业务中,凡属预约保单规定范围的进口货物,一经起运,我国保险公司即自动按预约保单所订立的条件承保,这可以防止因漏保或迟保而造成无法弥补的损失。但被保险人在获悉每批货物装运时,应及时将装运通知书送交保险公司,并按约定办法缴纳保险费,即完成了投保手续。

(五)批单

批单(endorsement)不是一种独立的保险单。当正式保险单出立后,如果投保人需要补充或变更其内容时,可根据保险公司的规定,向保险公司提出申请,经同意后即另出一种凭证,注明更改或补充的内容,这种凭证即称为批单。批单原则上须粘贴在保险单上,并加盖骑缝章,作为保险单不可分割的一部分,对保险人和被保险人都具有约束力。

四、保险索赔

货物在保险责任有效期内发生属于保险责任范围内的损失,被保险人按照保险单的有关规定向保险公司提出索赔要求,称为保险索赔(insurance claim)。在索赔工作中,被保险人应做好下列工作。

(一)索取货损或货差证明并及时通知保险公司

当被保险人获悉或发现被保险货物已遭损失,首先应向有关方索取货损或货差证明并及时通知保险公司,并申请检验检疫。保险公司或其代理人签发的检验建议报告是被保险人向保险公司申请索赔的重要证件。

(二)分清责任

承运人、码头、装卸公司、海关和港务局等各方都会以各种形式直接或间接地参与国际货物运输,一旦出现货损或货差,就应该尽快分清责任,并向有关责任方提出索赔。

(三)向承运人等有关方面提出索赔

被保险人或其代理人在提货时发现被保险货物整件短少或有明显残损痕迹,除向保险公司报损外，还应立即向承运人或有关当局（如海关、港务局等）索取货损货差证明。如果关系到承运人、码头或装卸公司责任，则应以书面形式向有关责任方提出索赔，并保留追偿权。

（四）采取合理的施救、整理措施

被保险货物受损后，保险人应对受损的货物采取相应的施救、整理措施，以防止损失的扩大，由此而产生的施救费用，由保险公司负责赔偿，但施救费用以不超过该批被救货物的保险金额为限。

（五）备妥索赔单证

各种相关索赔的单证是向保险公司索赔时需要提供的重要的依据，通常提供的单证有保险单、提单等运输单证、发票、装箱单或磅码单、检验检疫报告、货损货差证明、海事报告和涉及索赔的来往函电等。

五、国际货物运输保险实务中应注意的一些问题

国际货物运输保险是国际贸易业务中的一个重要环节，保险业务的周到、细致将有助于国际货物销售合同的顺利执行，除前面阐述应掌握的保险知识外，下面的一些相关保险的知识和问题也是应该掌握和了解的。

（一）保险单的签发日期问题

在信用证支付的条件下，特别注意保险单据的出单日期不得迟于运输单据所列货物装船或发运或承运人接受监管的日期。因此，办理投保手续的日期也不得迟于货物装运日期。

（二）保险索赔中的免赔责任

保险公司的赔偿方式有两种，即不论损失程度均予以赔偿和规定免赔率。对有些在运输途中容易发生破碎或短少的瓷器、玻璃制品、矿砂等，保险公司在赔偿时一般有计免赔率的规定。免赔率分为绝对免赔率和相对免赔率。绝对免赔率（deductibles）是指保险公司只负责赔偿超过免赔率的部分损失；相对免赔率（franchise）是指当损失超过规定的免赔率时，则全部损失都赔，若未超过则不赔。有时投保人要求取消这种免赔率，即不论损失程度多少都赔，保险公司也可接受，不过要加收保险费。一般加收的标准是免赔率每降低1%，费率则增加0.5%。

例5-2：某公司出口货物5件，保险金额共计US＄10000，规定绝对免赔率为5%，货到目的地后，发现5件货物均有不同程度的损失，共计损失US＄740。问：保险公司应如何赔偿？

解：免赔额＝保险金额×免赔率＝10000×5%＝500美元

故保险公司赔偿额＝740－500＝240美元

（三）保险单的转让

保险单的转让一般是指保险单权利的转让，即被保险人将保险单赋予的损害赔偿请求权及相应的诉讼权转让给受让人。

对于国际货物运输保单的转让，各国海上保险法律一般有以下规定：

(1)海运货物保险单可以不经过保险人的同意而自由转让。

(2)海运货物保险单的转让,必须在保险标的所有权转移之前或转移的同时进行,如果所有权已经转移,事后再办理保险单的转让是无效的。

(3)在海运货物保险单办理转让时,无论损失是否发生,只要被保险人对保险标的仍然具有可保利益,保险单均可有效转让。

(4)保险单的受让人只能享有原保险人在保险单下享有相同的权利和义务。

(5)保险单转让后,受让人有权以自己的名义向保险人进行诉讼,保险人也有权如同对原被保险人一样,对保险合同项下引起的责任进行辩护。

(6)保险单的转让,可以采取由被保险人在保险单上背书或其他方式进行。

(四)海运货物的内在缺陷和自然损耗

在投保一般海运货物保险的条件下,除非另有特别约定,对于货物内在缺陷所致损失或费用以及运输途中的自然损耗,保险公司不予负责。

(五)委付

如果被保险货物发生严重损失,要求按推定全损赔偿时,被保险人必须向保险人发出委付通知。委付(notice of abandonment)就是被保险人愿意将保险货物及其一切权利和义务转移给保险人,并要求保险人按全部损失赔偿的行为。保险人已经接受委付就只能按推定全损赔偿,并取得处理残余货物的权利。如果被保险人不提出委付通知,保险人只按部分赔偿损失。但应明确,保险人可接受也可不接受委付。

【本章小结】

本章主要介绍了货物运输保险合同的订立原则、我国海运货物保险的承保范围、险别及伦敦保险业协会的《协会货物保险条款》等基本知识,讨论了国际货物买卖合同中运输保险条款的基本知识。掌握这些知识,学会订立相应的保险条款,对于整个交易的实现是至关重要的。

【思考和练习】

1.什么是推定全损?被保险人可获得怎样的赔偿?

2.构成共同海损需具备哪些条件?

3.保险单证有哪些性质和作用?在国际贸易中通常有哪些类型的保险单证?

4.海上货物保险实行“仓至仓”条款,试说明在什么情况下,即使货物还未到达买方仓库,保险公司的责任也告终止?

5.平安险、水渍险和一切险各自承保的责任范围有哪些?为什么要加保附加险?

6.现行伦敦保险业协会货物保险条款有哪些险别?能否单独投保?

第六章　支付条款

学习目标：

掌握各种国际支付工具的特点；掌握各种国际支付方式的特点，特别是信用证支付方式；正确理解各种支付方式的风险程度和利弊，学会灵活选用支付方式；了解银行保函在复杂贸易中的运用。

第一节　票　据

在国际贸易发展的早期阶段，支付工具采用的是现金，后来随着国际贸易的发展，以票据(bills)的流通转让实现货款支付的非现金结算成为国际贸易中最常用的支付方式。票据有广义和狭义之分，广义的票据是指所有可以作为权利凭证的单据，包括商业单据和资金票据；狭义的票据仅指资金票据。本章中的票据仅指狭义的票据，主要有汇票、本票、支票这三大金融票据。

一、票据概述

(一)票据的定义

票据是以支付金钱为目的的证券，是出票人依据票据法而签发的、规定由自己或自己委托人或受票人无条件支付一定金额货币的承诺或命令。

票据的权利、义务、行为、内容均由票据法加以规定，一旦违反使用的票据法规定，该票据在法律上无效。

(二)票据的特点

票据是不同于股票和其他物权凭证的有价证券，具有以下性质和特点：

(1)它是一种设权有价证券，即凭票据上所记载的权利内容，票据持有人即可主张权利，取得财产—金钱；同时，票据是完全的有价证券，离开票据就不能主张权利。

(2)它是一种金钱证券，票据给付的标的物是一定金额的货币。

(3)它是一种要式和文义的证券，即票据的形式和内容必须符合法律的规范，法律关系人的权利、义务只能依据票据上的文字记载来履行。

(4)它是一种无因的债权证券,即票据流通过程中的持票人行使票据权利时可不明示其原因。只要占有了票据,就可以向票据所记载的债务人请求票据表示的金额。

(5)它是一种流通证券,即票据可以经过背书或交付而自由转让。像这样自由转让的票据无需通知债务人,即无需将转让的行为通知对该票据负有责任的当事人。

票据的上述性质和特点中最主要的是要式、无因和可流通性。票据的性质和特点使得票据能够在经济活动中更好地发挥信用工具的功能。

(三)票据的当事人

票据有三个基本当事人,即出票人、付款人和收款人,在流通过程中又产生了流通关系人,如背书人、承兑人、持票人等,每个关系人在票据上签名之后,即对票据的正当持有人负有付款或担保付款的责任。

1.出票人

出票人(drawer)是指签发票据的人,票据一经签发并交付,出票人即对受款人及正当持票人承担担保票据在提示时付款人一定付款或承兑的保证责任。如果票据遭到拒付,只要持票人或被迫付款的任何背书人按照法定程序向其追偿时,出票人应承担偿还票款的责任。

2.付款人

付款人(payer)即受票人(drawee),是指根据出票人的命令支付票款的人或票据开至的当事人。受票人对票据承担的付款责任不是法定的,但是票据一经受票人承兑,则该受票人即承担到期支付的法律责任。

3.收款人

收款人(payee)即受款人,是指收取票款的人,是票据的主要债权人,收款人有权向付款人要求付款和承兑,如果遭拒付则有权向出票人追索。如果票据经过转让,同样承担担保票据的付款或承兑的责任。

4.承兑人

承兑人(accepter)是指付款人接受出票命令并在票据正面签字确认,这时付款人就成为承兑人。承兑人一经承兑,则承兑人就成为票据的主债务人,出票人退居从债务人的地位。

5.背书人

当收款人或持票人为了将票据转让给他人而在票据背面签名,这时收款人或持票人就成为背书人(endorser)。背书人对继他之后成为票据当事人的各有关方以及持票人承担责任。如果受票人(或承兑人)拒付,背书人应承担付款责任,并担保其前手背书是真实的。背书人是被背书人的前手,被背书人(受让人)(endorsee)或持票人则是背书人的后手。票据可以连续转让,被背书人可以在票据上再加上背书而转让,以此类推。

背书人如果想免除对票据承担责任,可在背书时,在票据上加注"不得追偿"(without recourse)字样。但这种票据难以流通,因为出票人将成为票据的唯一责任人。

6.持票人

持票人(holder)是指票据占有人,即票据的收款人、被背书人或持票人。只有持票人才能向付款人或其他票据债务人要求履行票据所规定的义务。

7. 正当持票人

正当持票人(holder in due course),又称善意持票人(bona fide holder),是指票据的合法持有人,意即该人已经支付了与票据所列相等的动产或不动产,并凭以获得一张与他付出的"对价"等值的表面完整、合格的票据。他未发现这张票据曾被退票,也未曾发现其前手在权利方面有任何缺陷。正当持票人的权利优于前手。

(四)票据的法律规范

为加强票据权利,确保票据付款来促进票据流通,西方各国大都制定有票据法。票据法是规定票据种类、形式和内容的法律规范的总称。票据法对票据的要件、转让、当事人的权利和义务、基本和附属行为、票据义务的解除及票据的遗失等都有详细的规定。票据法一般与民法联系较少,有相当的独立性和强制性。

目前世界上影响较大的票据法有两类。一类是以《英国票据法》(1882 年)为代表的英美法系;另一类是以《日内瓦统一法》为代表的日内瓦统一法系。《日内瓦统一法》是以欧洲大陆国家为主的 26 个国家协议的结果,其中形成的两个主要文件的全称是:《1930 年汇票和本票统一公约》和《1931 年支票统一法公约》。英美等国从一开始就拒绝参加日内瓦公约。他们认为,日内瓦公约主要是按照大陆法的传统制定的,与英美法系传统和实践相矛盾,如果参加日内瓦公约,将会影响英美法系各国之间已经形成的统一局面,因而一直拒绝接受日内瓦公约。因此,现在世界上票据法已形成日内瓦统一法系与英美法系并存的局面。20 世纪 80 年代,联合国国际贸易法委员会在纽约和维也纳召开了关于制定《联合国国际汇票和国际本票公约》的会议,分别于 1982 年颁布了上述两个公约草案,联合国在 1988 年 12 月 9 日召开的第 43 届全体大会上,一致通过批准了上述两个公约的文本。

二、汇 票

(一)汇票的定义

汇票(bill of exchange/draft)是出票人签发的,委托付款人在见票时或者在指定日期无条件支付确定金额给收款人或者持票人的票据。

(二)汇票的要式

所谓要式,即根据票据法规定在汇票上必须记载的项目。也就是说,汇票必须具备形式要件(requisites in form),才能产生法律效力。我国《票据法》第 22 条规定,汇票必须记载下列事项:

(1)表明"汇票"字样。

(2)无条件支付的委托。

(3)确定的金额。

(4)付款人名称。

(5)收款人名称。

(6)出票日期。

(7)出票人签章。

(三)汇票的种类

汇票从不同角度可以分为以下几种。

1. 按出票人不同,汇票可分为银行汇票和商业汇票

由银行签发的汇票为银行汇票(banker's bill),这种汇票的出票人和付款人都是银行。由工商企业开出的汇票为商业汇票(commercial bill),这种汇票的付款人既可以是工商企业,也可以是银行。

2. 按付款时间的不同,汇票可分为即期汇票和远期汇票

即期汇票(sight bill)是指在提示或见票时立即付款的汇票。

远期汇票(time bill)是指在一定期限内或特定日期付款的汇票。在实际业务中,远期汇票的付款时间有以下几种规定方式:见票后若干天付款(at... days after sight);出票后若干天付款(at... days after date of draft);提单签发后若干天付款(at... days after B/L);指定日期付款(at fixed date)。

3. 按承兑人不同,汇票可分为商业承兑汇票和银行承兑汇票

商业承兑汇票(commercial acceptance draft)是由工商企业或个人承兑的远期汇票,以商业信用为基础。银行承兑汇票(banker's acceptance draft)是由银行承兑的远期汇票,以银行信用为基础。

4. 按是否附有货运单据,汇票可分为光票和跟单汇票

光票(clean draft)是指出具的汇票不附有运输单据。光票的流通完全依靠出票人、付款人或背书人的资信。当事人信用较好的汇票易于在市场上流通。银行汇票多为光票。

跟单汇票(documentary draft)是指附有运输单据的汇票。汇票的付款人要取得代表货物所有权的货运单据,才能付清货款或承兑汇票。跟单汇票体现了货物与单据对流的原则,为进出口双方提供了一定的安全保障。因此,国际贸易的货款结算,绝大多数使用跟单汇票。

5. 按流通区域不同,汇票可分为国内汇票和国外汇票

国内汇票(inland draft)的出票地点和付款地点同在一国境内,汇票的流通也在一国内。

国外汇票(foreign draft)的出票地点和付款地点是一方在国外或双方均在国外,汇票的流通涉及两国及以上。

一张汇票通常同时具备几种属性。例如,一张商业汇票,同时又是即期的跟单汇票;一张远期的商业跟单汇票,同时又是银行承兑汇票。

(四)汇票行为

一张汇票自出具至终止,往往要经历一系列步骤,业务中这些步骤称为汇票行为。汇票行为有狭义和广义之分,狭义汇票行为是指以成立汇票关系为目的的要式的法律行为;广义的汇票行为则是指汇票关系的产生、变更或消失所需要的法律行为,包括出票、提示、承兑、付款、背书及保证等。这里从广义角度介绍汇票行为。

1. 出票(draw/issue)

出票是指出票人依照票据法的规定做成汇票并将其交给收款人的行为。出票由"做成"

汇票和"交给"汇票两种行为构成。

出票上的抬头(即收款人)视不同交易的需要可做成以下几种方式：

(1)限制性抬头。例如，"付 XX 公司"(pay... Co. only)或有"不准转让"(non-transferable)字样。这种抬头的汇票不能流通转让，只有指名的公司才有权收取票款。

(2)指示性抬头。例如，"付 XX 公司或其指定人"(pay... Co. or order，或 pay to order of... Co.)，做成这种抬头的汇票可以经过持票人背书后转让给第三人。

(3)持票人或来人抬头。例如，"付给来人"(pay bearer)或"付给持票人"(pay holder)，做成这种抬头的汇票，无需由持票人背书，仅凭交付即可转让。按照我国《票据法》规定，签发持票人或来人抬头的汇票无效。

2. 提示(presentation)

收款人或持票人将汇票提交付款人要求付款或承兑的行为，则为提示。付款人看到汇票，即为见票(sight)。提示可分为以下两种：

(1)付款提示(presentation for payment)。即持票人提交汇票，要求即期汇票的付款人付款，或要求已经承兑的远期汇票承兑人付款的行为。

(2)承兑提示(presentation for acceptance)。即持票人提交汇票，要求远期汇票的付款人承诺付款的行为。

不论付款提示还是承兑提示，持票人必须在汇票有效期内作出提示程序。按《票据法》规定，汇票付款人的责任仅限于在汇票上载明的法定期限内进行。关于付款提示的合理时间，各国票据法不尽相同。对于即期汇票来讲，应视情况而定，可以向付款银行查询；对于远期汇票来讲，则必须在规定的付款到期日或以后向付款人提示付款，不得在到期日前提示要求付款。

此外，提示必须在汇票载明的付款地点向付款人提示。如果汇票没有载明付款地点，则向付款人的营业所提示；如果没有营业所，则向其居住所提示。

3. 承兑(acceptance)

承兑是指汇票付款人承诺在汇票到期日支付汇票金额的票据行为。承兑是汇票特有的行为，本票和支票都不需要承兑。承兑虽然是汇票特有的行为，但并不是所有的汇票都必须承兑。"见票即付"的汇票无需承兑。对需要承兑的汇票来讲，承兑是付款的必经程序，未经承兑的，付款人可以拒绝付款。承兑的手续是由付款人在汇票正面盖上"承兑"(accepted)戳记，写上承兑日期，不写到期日，经承兑人签字即可。

我国《票据法》规定，付款人承兑汇票后，应当承担到期付款的责任。因此，汇票一经承兑，付款人就成为汇票的承兑人，并成为汇票的主债务人，而出票人便成为汇票的从债务人。

4. 付款(payment)

付款人向持票人支付汇票金额的行为称为付款。付款是汇票行为的最终目的。持票人在到期日，经付款人或承兑人正当付款(payment in due course)，汇票的使命即告完成。

例如，即期汇票提示日为付款到期日，见票后若干天/月付款的远期汇票从承兑日推算到期日。当持票人在到期日向付款人或承兑人做付款提示时，付款人应当即时付款。

5. 背书(endorsement)

背书是指持票人以转让汇票权利为目的,在汇票背面记载有关文字并将汇票交付给受让人(被背书人)的行为。

背书有两个动作,即一个是在汇票背面签字,另一个是将经背书的汇票交付给被背书人,只有经过交付,背书行为方为完成。

背书有以下几种方式:

第一,空白背书(blank endorsement),亦称不记名背书,即背书人在汇票背面签名盖章即可,不需写明被背书人。空白背书的汇票凭交付,权利即可转让。

第二,限制性背书(restrictive endorsement),即不可转让背书,指背书人对支付给被背书人的指示带有限制性的词语。例如,“仅付××公司”(pay to... Co. only)。凡做成限制性背书的汇票,只能由指定的被背书人凭票取款,而不能再行转让或流通。

第三,特别背书(special endorsement),即记名背书,指背书人在汇票背面除了载明背书人的姓名及签章外,还记载被背书人的名称。例如,“付给××银行或其他指定人”(pay... bank or order)。对这种特别背书,被背书人可以进一步凭背书交付而将汇票进行转让。

第四,有条件背书(conditional endorsement),指背书人在背书时带有条件,亦即只有在记载条件完成时方可把汇票交给被背书人。例如,“交出××检验检疫证明时付款给××公司或其指定人”(pay to... Co. or order of... upon his delivery of... inspection certificate)。

根据我国《票据法》规定,背书必须记载被背书人的名称,这就表明我国不允许对汇票做不记名背书。

6. 保证(guarantee)

保证又称保付,是指由汇票当事人以外的第三者或在汇票上签名的当事人对汇票金额的全部或部分保证付款的一种从属票据行为。

7. 贴现(discount)

远期汇票在到期之日,汇票的付款人(即承兑人)才需付款,汇票持有人如果想提前取得票款,可以办理汇票的贴现,即银行(或其他金融机构)买进未到期的票据(如远期汇票、国库券等),从票面金额中扣除从贴现日至到期日的利息后,将余额付给持票人的一种业务。贴现后余额的计算公式为:

贴现后余额=票面价值-(票面价值×贴现率×天数/360)-有关费用

并非所有的票据均可进行贴现,一般来讲,只有信誉度较高的票据才能贴现,如银行签发的承兑汇票、国家发行的国库券、实力雄厚的企业所发行的债券等。

8. 拒付(dishonor)与追索(recourse)

拒付是指持票人向付款人提示汇票时,付款人拒绝付款或承兑,包括付款人死亡、逃匿和破产等情况。

当汇票被拒绝时,持票人可向承兑人追偿,还有权向所有“前手”中的一人或数人直至出票人行使追索权,请求其偿还汇票金额和费用。

为了避免承担被追索的责任,出票人或出让人在出票或背书时可加注“不受追索”(without recourse)字样,但列明这种记载的汇票,一般不易在市场上流通和转让。

汇票样本如附样 6-1 所示。

附样 6-1

BILL OF EXCHANGE

No. EX99008

Exchange for USD11000.00 20110506 CHENGDU

At **** sight of this *First of Exchange* (*Second* of the same tenor and date unpaid). pay to the Order of BANK OF CHINA the sum of SAY US DOLLARS ELEVEN THOUSAND ONLY

Drawn under ISSUING BANK: UNION BANK OF CALIFORNIA

L/C NO: 306M062682 DATE ISSUE: FEB. 25, 2011

To: UNION BANK OF CALIFORNIA, N. A.
MONTEREY PARK, CA

杭州机械进出口公司
HANGZHOU MACHINERY IMPORT AND EXPORT CORP.
张　晓
(Signature)(出票人签章)

三、本　票

(一)本票的定义

我国《票据法》对本票(promissory note)定义为:本票是出票人签发的,承诺自己在见票时无条件支付确定的金额给收款人或者持票人的票据。本法所称本票,是指银行本票。

(二)本票的要式

构成本票的必要项目包括:

(1)表明"本票"的字样。

(2)无条件支付的承诺。

(3)收款人姓名或其指定人或来人。

(4)确定的金额。

(5)出票日期。

(6)出票人签章。

我国《票据法》关于本票必要内容的规定与《日内瓦统一法》基本相同。英美票据法规定,本票的绝对要件只是上述(2)(4)(6)三项,其余各项均为相对必要记载项目,若有欠缺,不影响本票的效力。

(三)本票的种类

1.按出票人的不同,可分为商业本票和银行本票

由工商企业或个人签发的本票为商业本票,由银行签发的本票叫银行本票。我国《票据

法》规定，银行以外的企事业单位、其他组织和个人签发的本票（即商业本票）视为无效，而国外的票据法对商业本票是予以承认的。

2.按照付款时间，可分为即期本票和远期本票

即期本票见票即付，远期本票则承兑于未来某一规定的或可以确定的日期支付票款的本票。银行本票则是即期的，我国只允许开立自出票日起，付款期限不超过两个月的银行本票。

（四）本票与汇票的区别

本票与汇票的主要区别在以下几个方面：

（1）当事人不同。本票的当事人只有出票人和收款人两个，本票的付款人即出票人；而汇票有出票人、付款人和收款人三个当事人。

（2）承兑不同。远期汇票须经过付款人承兑，以保证将来付款；而远期本票由出票人也即付款人本人签发，因此无需承兑。

（3）份数不同。汇票可以一式几份，注明"付一不付二"或"付二不付一"字样，即表示付款人只对其中一份承兑或付款，当对其中的一份承兑或付款后，另一份随即作废；而本票只能一式一份，不能多开。

（4）责任不同。汇票在承兑前由出票人负责，承兑后则由承兑人负主要责任，出票人负次要责任；而本票则自始至终由出票人负责到底。

（5）债权债务关系不同。本票是债务人对债权人的一种支付承诺；而汇票是债权人对债务人的一种支付命令。

四、支　票

（一）支票的定义

支票（check/cheque）是由出票人签发，委托办理支票存款业务的银行或者其他金融机构在见票时无条件支付确定金额给收款人或者持票人的票据。简言之，支票是以银行为付款人的即期汇票。

（二）支票的要式

构成支票的必要项目包括：

（1）表示"支票"的字样。

（2）无条件支付的委托。

（3）确定的金额。

（4）付款人名称。

（5）出票日期。

（6）出票人签章。

我国法律不允许签发无记名的持票来人式支票，而是规定必须付给记名收款人或其指定人。英美票据法关于支票必要项目的规定，只有上述（2）（4）（6）项为绝对必要内容，其余均为相对必要内容。

(三)支票的种类

我国《票据法》将支票分为以下几种:

1. 现金支票和转账支票

我国《票据法》将支票分为现金支票和转账支票两种。现金支票只能用来提取现金,转账支票则只能通过银行收款人账户收款。一张支票究竟属于现金支票还是转账支票,则需要在支票正面注明。

2. 一般支票和划线支票

在大多数国家中,支票分为一般支票和划线支票。一般支票也称为未被划线支票,支票的持票人既可以通过银行将票款收入自己的账中,也可以凭票在付款行提取现金。票面左上角被划上两道平行线的支票就是划线支票。这种支票的持票人不能凭票提取现金,而只能通过银行收款人账户。划线支票比一般支票更安全,若支票遗失或被窃,失主可以通过银行查询票款的下落,然后向冒领者讨还票款。在实际业务中,根据当事人的不同需要,支票既可以由出票人划线,也可以由收款人划线,还可以由代收银行划线。

(四)支票与汇票的区别

支票与汇票的主要区别表现在以下几个方面:

(1)支票是存款人对银行签发的无条件支付命令;而汇票则是由出票人对付款人签发的无条件支付命令,汇票的付款人既可以是银行,也可以是个人或企业。另外,汇票既可以是即期的,也可以是远期的;支票则均为见票即付,但支票的有效期较短,我国《票据法》规定为支票开出之日起 10 天内向银行提示,否则,银行不予付款。

(2)支票的用途是结算;汇票的用途除结算外,还可以进行融资。

(3)支票只有一份;汇票可以一式几份。

(4)支票无承兑手续;而远期汇票则需承兑。

五、票据使用中的风险防范

在国际贸易业务中,应当防止用伪造票据进行诈骗。为杜绝诈骗这类事情的发生,有必要采取以下防范措施:

(1)在出口业务中采用汇票方式时,应注意考察出票人的信誉和付款能力。特别是对于新客户,应做必要的资信调查,成交的金额也应适度。

(2)对于外商寄来的票据应当仔细审核,有必要请求业务往来银行协助审核。

(3)对于付款行是在进口国或第三国的票据,应当先委托当地银行查询票据的真伪,或等托收银行收妥票款后再履行发货义务。

(4)对于外商用支票付款的,为防止对方开空头支票,可要求对方出具"保付支票",即由付款银行在支票上加盖"保付"戳记,以表明提示时一定付款;还可以在收到对方支票后,立刻委托我国国内银行凭该支票向国外付款行收款,待支票面额收妥后方可发货。

第二节 汇 付

国际贸易的货款结算可以采用多种支付方式，其中建立在商业信用上的支付方式主要有汇付和托收。在以商业信用为基础的支付方式中，银行只提供服务，不提供信用，也不承担风险和责任。采用商业信用支付方式完全取决于买卖双方的一方对另一方的信任，对提供信用的一方而言有较大风险。

一、汇付的定义及当事人

(一)汇付的定义

汇付(remittance)就是汇款，是指付款人主动通过银行或其他途径将款项交给收款人。在实际业务中，如果销售合同规定采用汇付方式付款，一般由进口方按合同约定的条件，填写汇款申请书，将货款交给出口方。

(二)汇付的当事人

在一笔汇付业务中，涉及四个最基本的当事人，即汇款人、收款人、汇出行和汇入行。

(1)汇款人(remitter)，当汇付用于货款支付时，汇款人为进口商。

(2)收款人(payee 或 beneficiary)，亦称受款人，即收取款项的人。采用汇付支付货款时，出口商为收款人。

(3)汇出行(remitting bank)，即受付款人委托汇出款项的银行。

(4)汇入行(paying bank)，又称解付行，其受汇出行委托将款项解付给收款人。业务中，在受理汇款业务前，汇出行与汇入行之间已经订立有委托代理合同。

二、汇付的种类

按照汇付使用的支付工具不同，汇付分电汇、信汇和票汇三种。

(一)电汇(telegraphic transfer，T/T)

电汇是由汇款人委托汇出行用电报、电传、环球银行间金融电讯网络(SWIFT)等电讯手段发出付款委托通知书给收款人所在地的汇入行，委托它将款项解付给指定的收款人。汇出行在发给汇入行的电报上必须加注密押，以便汇入行核对证实电报的真伪。汇入行收到电报，核对密押无误后，缮制电汇通知书，通知收款人领款。

电汇的特点是付款速度快，但费用较高。不过，在实际业务中，如果采用汇付方式付款，则使用电汇方式居多。

(二)信汇(mail transfer，M/T)

信汇是指进口方将货款交给本地银行，请该行用信件委托出口方所在地的分行或代理行付款给出口方。信汇的特点是费用低，但汇款时间长，不利出口方及时收款。另外，银行还可能短期占用资金。

(三)票汇(remittance by banker's demand draft, D/D)

票汇是指进口方向本地银行购买银行汇票,自行寄给出口方,出口方凭以向汇票上指定的银行收款。票汇除使用汇票外,也有使用本票与支票的。票汇方式的最大特点是取款灵活,在票汇方式下,汇出行在国外的任何一家代理行只要证明汇票上出票人的签字真实可靠,都愿意对持票人支付现款。但票汇与信汇类似,汇款速度慢,也存有在途资金的问题。

一般汇付流程如图 6-1 所示。

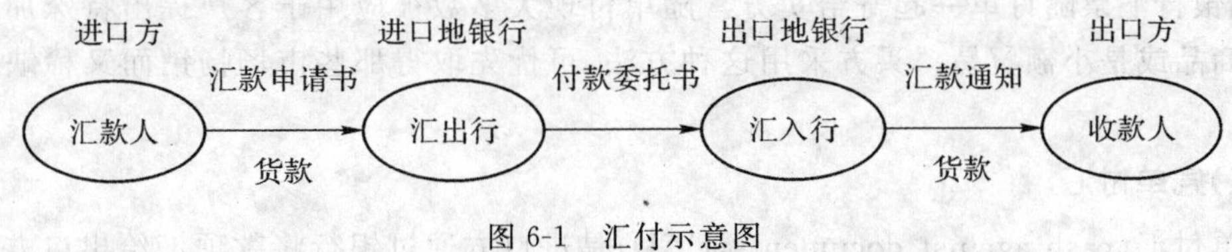

图 6-1　汇付示意图

三、汇付在国际货物贸易中的具体运用

在国际贸易中使用汇付方式结算货款,银行只提供服务。因此,使用汇付方式完全取决于买卖双方的信任,卖方交货后,交出单据,买方是否按时付款,则取决于买方的信用。汇付属于商业信用。汇付方式仅仅解决了价款如何从进口方转移给出口方的问题,而并没有解决付款与交货程序如何安排的问题。无论是在电汇、信汇还是票汇的方式下,银行都不经手货运单据。所以,这种支付方式又称为单纯支付。货运单据要由出口方自行交进口方。货、款同时对流,在国际贸易中是难以做到的。即便如此,进出口双方还必须通过交易磋商在付款与交货之间作出安排:是出口方先交货,还是进口方先付款。在国际贸易中,进出口双方通过汇付安排付款与交货的方法主要有以下几种。

(一)预付货款

预付货款(payment in advance)又称"先结后出",是指卖方(出口商)要求买方(进口商)先将货款的全部或一部分通过银行采用电汇、信汇、票汇等方式汇交卖方,卖方收到货款后,根据买卖双方事先签订的合同,在一定时间内或立即将货物发运并寄交货运单据至买方的支付方式。订货时汇付或交货前汇付货款就是其中较为典型的。

预付货款方式对出口商来说是最有利的。在这种支付方式下,出口商没有收款的风险,而且还可以利用对方的资金。但是,对进口商来说,预付货款不但占压了资金,而且要承担出口商可能不按合同规定交货甚至不交货的风险。预付货款不易被普遍接受,在实践中用的很少,特别是在买方市场中,往往不被进口商所接受。预付货款一般会用于以下几种情况:

(1)买卖的商品是进口商市场上急需的抢手货,进口商为了取得高额利润,不惜预付货款。

(2)进出口双方关系十分密切,有时,进口商是出口商在国外的联号。

(3)卖方货物紧俏,但卖方对买方的资信不了解,为了收汇安全,卖方提出将预付货款作为发货的前提条件。

为了降低风险,进口商也会采取相应的措施。实践中一种通常的做法是,进口商通过银行与出口商达成解付款项条件(一般为解付条件)的协议。该协议的内容有:收款人取款时,要出具银行保函,担保在收款后如期履行交货义务,否则,退还已收到的货款,并加付利息,保证提供全套货运单据等。还有一种做法是进口商要求出口商给予折扣或取得优惠价,以抵补预付货款造成资金损失。

(二)随单付现

随单付现(cash with order,CWO)是指买方在向卖方发出订单后,立即汇付货款给卖方,或把银行汇票随订单一起寄给卖方。随单付现大多数被应用于客户提出特殊加工要求的特殊商品或是小额贸易。买方采用这种方法,可优先取得那些市场畅销而又稀缺的商品供应。

(三)凭单付汇

凭单付汇(cash against documents,CAD)是进口方通过银行将款项汇给出口方所在地银行(汇入行),并指示该行凭出口方提供的某些商业单据或某种装运证明把货款付给出口方。汇入行根据汇出行的指示向出口方发出汇款通知书,作为有条件汇付的证明。这种方式对买卖双方都有保证作用,容易为进出口双方所接受。因为对于进口方来说,凭单汇付是“有条件的汇款”,要比预付货款多了一层保证,可以防止出口方支取货款后不交货或不按合同的有关规定交货;而对出口方来说,只要及时按合同交货,便可立即凭货运单据和其他单据向汇入行支取全部货款。

(四)货到付款

货到付款(cash on delivery,COD),又称先出后结,其做法是出口商在没有收到货款以前,先交出单据或货物,然后由进口商主动汇付货款。

货到付款方式对买方比较有利,对卖方则不利。出口商在发货后能否按时顺利收回货款,取决于进口商的信用。卖方不仅要面临占用资金的问题,而且还要承担货物已发出而货款不能收回或不能按时收回的风险。如果进口商拒不履行付款义务,出口商就会发生货款落空的严重损失或晚收款的利息损失。因此,除非进口商的信誉可靠,否则出口商不宜采用此种方式。

采用货到付款时,出口商为了减少自己收汇的风险,可以在合同条款中规定买方须向卖方缴纳一定数目的押金,或者在卖方指定的银行存有一定额度的存款作为担保金。但是,这种做法不利于买方资金周转,故难为买方所接受。较多的做法是在合同条款中写明:“如买方不履行付款或不按时付款,应负责赔偿卖方由此而造成的一切损失。”

目前,货到付款的汇付方式在我国主要用于下述几方面业务:

(1)在我国对某些地区的出口业务中,为了方便客户,巩固和扩大市场,作为一种特殊做法,对一些长年供应的鲜活商品,大部分采取货到付款的方式结算货款。

(2)在空运进出口买卖合同中,采用进口方凭出口方电报或电传发货通知汇付货款的做法,以适应空运货物到货迅速的特点。

(3)在寄售出口业务中,为适应寄售业务先出货由代销商凭实货向买方进行现货销售的特点,用先出后结的汇付方式。

(五)赊销

赊销(open account,O/A)也属于先交货后付款的一种。赊销的方法是,卖方将货物装运出口后,就将货运单证直接寄交买方,等约定期限(如每半年或一年)届满时,再进行结算。赊销对于卖方来说,风险很大,而且要在较长的时间里占用卖方的资金。因此,在国际贸易中,赊销使用的很少,一般仅在一些大公司向其海外分公司或子公司销售产品时偶尔使用。

案例解析

电汇方式给出口企业带来的风险

案情介绍

某年山东一家进出口公司与日本下关的一家农产品进出口公司签订了一笔进出口合同,向日本出口大蒜。合同规定,发货日期不迟于当年的7月15日,CFR价格,每公吨450美元,转运港为青岛,目的港为日本门司港。合同对货物规格、包装和运输作了很详尽的规定。日方提出鉴于双方是第一次合作,交易数量很小,所以在付款方式上希望采用电汇方式。

中方按期将货物装船发运,并将提单通过传真传至日本公司。但由于时值周末,中方公司没有获得日本公司的反馈。周一,日方公司告知传真已收到,但提单号码无法辨认,请中方公司确认。中方公司在当日下午把确认后的号码传给了日本公司。日本公司答应第二天便办理汇款。

第二天刚上班,日本公司发来电传,称已对到港货物进行了检验,并对货物在规格上的部分不符合提出异议,同时表示不能立即支付货款。中方公司立即对该问题进行了调查,提出了合理的解释,并请求对方谅解。但日方仍然以货物规格偏小导致无法销售为由,坚持要求中方在价格上作进一步减让。双方陷入僵局。

案例分析

此案例反映了电汇这种付款方式给出口企业带来的风险。在电汇方式下,双方为了降低彼此的风险,往往采用发货和付款同时进行的方法。进口商在收到提单传真件后付款,等于是确认了对方发货后再付款,避免了付款后迟迟得不到货物的局面;对于出口商而言,进口商拿到的是提单的传真件,凭它还不能提走货物,出口商不必担心丧失对货物的控制权,即使发货后对方不付款也可以通过其他方式对货物采取保全措施。

但是,在实务中能否真正做到这一点还要取决于运输距离的远近。运输距离越近,越容易形成货先到款未付的情况。在这种情况下,进口企业若采用特殊方式进行验货,就等同于卖方先发货,买方后付款。这对出口企业的交货工作提出非常严峻的考验,因为由于种种原因,出口货物的质量和规格常常会出现一些细微的差别,这并不会给进口企业带来实质性的损失。如果进口商在付款后验货,往往会对这样的差异予以默认。但如果尚未付款,进口商则很可能利用这些问题拖延付款,对出口商施加压力,要求出口商在价格上作出减让。

·由于本案例中提单的电传件到达日本时恰逢周末，加上提单号不清，使得日方在付款上有了拖延的理由，再加上中日之间航程较短，因此日方完全可能先行验货。这时，出口商面临着很大的风险。

（选编自蒋先玲：《国际贸易结算实务与案例》，对外经济贸易大学出版社 2005 年版）

四、对退汇的处理

退汇即在汇款解付前要求撤销汇款。退汇既可由汇款人提出，也可由收款人提出，这里只介绍汇款人退汇情况。

在实际业务中，由于某种原因会发生付款人（即汇款人）要求退汇的情况。在电汇与信汇方式下，若汇款人提出退汇，汇出行应立即通知汇入行停止付款；若汇入行在收到退汇通知时已将汇款付出，汇款人只能直接向收款人要求退款，不能再通过银行办理退汇。

在票汇方式下，若汇款人要求退汇，需持汇票在汇出行办理有关手续；如果汇款人提出退汇是在其寄出汇票之后，银行一般不予办理。

第三节　托　收

一、托收的定义及当事人

（一）托收的定义

托收(collection)即委托收款，是指出口方根据合同规定，开具汇票连同货运单据委托银行代向进口方收取货款的一种方式。在实际业务中，为与信用证支付方式相区别，有时也将这种方式称为“无证托收”。

（二）托收的当事人

托收方式有以下当事人：

(1)委托人(principal)，是指开出汇票，委托银行向国外付款人收款的客户，通常是卖方。

(2)托收行(remitting bank)，是接受委托人的委托，转托国外银行向买方代为收款的银行，通常为卖方所在地银行。

(3)代收行(collection bank)，是接受托收行的委托，代向买方收款的银行，通常为托收行在买方所在地的分行或其代理行。

(4)付款人(payer)，即汇票的受票人，一般为买方。

在托收业务中，有时还涉及“提示行”、“需要时的代理”等。提示行(presenting bank)是指向付款人（买方）提示汇票或单据并收取款项的银行。一般而言，提示行即代收行，但有时代收行或付款人会另外指定提示行。需要时的代理(customer's representation in case of need)是委托人指定的在付款地代为照料货物存仓、转售、运回或改变交单条件等事宜的代理人。根据《托收统一规则》规定，委托人如需指定需要时的代理，必须在委托书上写明该代理人的具体权限，否则银行将不再受理需要时的代理的任何指示。

二、托收的种类

托收因提供的单据种类、银行交单条件及付款时间不同等因素，可分为不同名目的托收，具体有如下几种。

(一)按随付单据与否，可分为光票托收和跟单托收

1. 光票托收(clean collection)

光票托收是指不附货运单据的托收。通常用于尾款、小额交易、从属费用及索赔款等。

2. 跟单托收(documentary collection)

跟单托收是指附有提单、商业发票等货运单据的托收。一般贸易上指的托收都是跟单托收，其作用是把代表货物的货运单据与货款的支付当做对流条件。

(二)按交单条件的不同，跟单托收可分为付款交单和承兑交单

1. 付款交单(document against payment, D/P)

付款交单是指卖方交单以买方付款为前提条件，即买方付款后才能从代收行领取货运单据。付款交单托收方式又有即期和远期之分。

(1)即期付款交单(D/P at sight)，是指卖方开具即期汇票，连同货运单据通过代收行向买方提示，买方见票(或见单)审核无误时即须付款，在付清货款时领取货运单据。在实际业务中，这种业务俗称“付款赎单”。

(2)远期付款交单(D/P after sight)，是指卖方开具远期汇票，连同货运单据通过代收行向买方提示，买方见票(或见单)审核无误时，即在汇票上承兑，于汇票到期日付款赎单。汇票到期前，汇票和货运单据由代收行保管。

在远期付款交单方式下，为了鼓励进口方尽快付款，出口方往往要求在托收委托书中加列利息条款，规定若付款人在汇票到期日前付款，可以从应付票款中减去付款日与到期日之间的利息；若迟于汇票到期日付款，则要按一定的利率加收付款日与到期日间的利息。利率的幅度，国际惯外一般是以 LIBOR(London Inter Bank Offered Rate)一个月的利率加 2%左右的幅度计算。

少数国家(地区)在交易中还有采用“凭单付现”(cash against document，简称 CAD)式进行支付。CAD 与即期付款交单的做法很相似，但各国对 CAD 的理解不尽相同，也没有权威的国际惯例对其作出解释，有些国家将“D”解释为“交货”，买方在货到后才承担付款责任。因此，我国在进出口交易中应尽量避免使用 CAD 支付方式。如果对方坚持以这种方式结算，则应在合同的支付条款中将 CAD 的全文写出，并注明收款地点，以免日后交易双方在付款时间与付款地点的问题上产生争议。

2. 承兑交单(document against acceptance，D/A)

承兑交单是指卖方交单于买方承兑汇票为前提条件，即买方在汇票上履行承兑手续后，即可向代收行取得货运单据，凭以提取货物，于汇票到期日付款。这种方式仅适用于远期汇票的托收。

三、托收方式结算的基本程序

托收结算方式下结算工具的传递方向与资金的流动方向相反，属于逆汇。跟单托收业务一般按照以下程序进行，如图 6-2 所示。

托收结算业务程序文字说明：

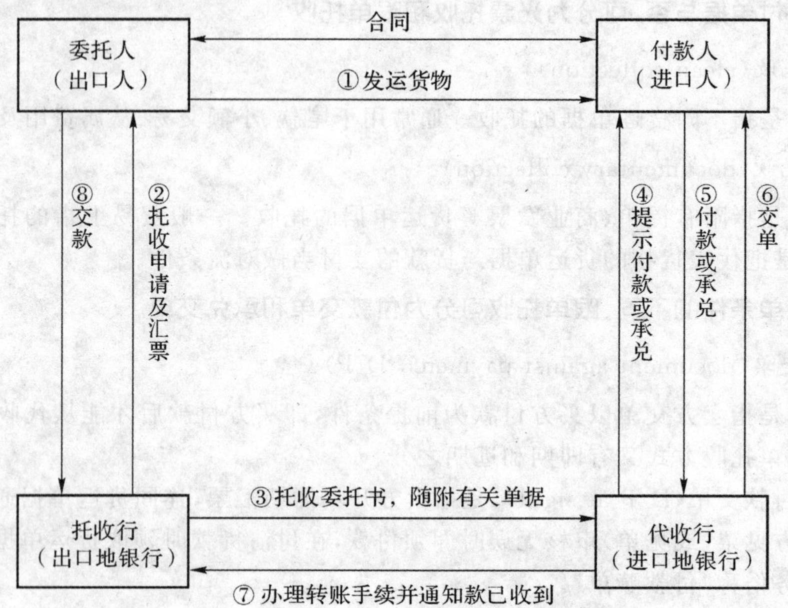

图 6-2　托收结算业务程序示意图

①出口人按合同规定向进口人发货取得货运单据。

②出口人填写托收申请书，并缮制汇票（根据合同规定签发即期、远期汇票等），连同货运单据交付托收行委托代收货款。

③托收行根据申请书缮制托收委托书连同汇票、货运单据寄交进口地代收行委托代收。

④代收行按照委托书的指示向进口人提示汇票与单据、要求进口人付款或承兑。

⑤进口人审单无误后付款或承兑。

⑥代收行收款后交单。

⑦代收行通知托收行货款收妥，并办理转账事宜。

⑧托收行向出口人交款。

四、托收方式的特点

(一)商业信用性质

按照《托收统一规则》的规定，银行办理托收业务，只是作为委托人的代理人身份为交易双方提供有偿服务，并不保证买方一定付款，也不保证卖方提供的货运单据一定完整、正确。

(二)出口方的风险大于进口方

在托收方式下，出口方只有在运出货物、取得货运单据后才能向买方要求付款。如果出现买方拒不赎单提货的情况，出口方仍需关心货物的安全，直到货物有了出路（降价、运回或销给他人）为止。所以，采用托收方式收取货款，对卖方有相当大的风险。

(三)进口方的积极性高

在托收方式下，进口方既不承担风险，也不需要预垫资金；在承兑交单条件下，还可以利用出口方的资金进行无本买卖。因此，出口方可利用托收方式作为一种非价格竞争的手段，提高其产品的国际竞争力，并调动进口人的购买积极性。总之，使用托收方式，对出口方来说，承担了较大风险，而对进口方来说，则较为有利。为此，出口方事先必须对进口方的资信情况、进口地的商业习惯、海关、贸易和外汇管制等情况进行充分调查，以免遭受不应有的损失。

五、托收方式下的资金融通

在托收方式下，出口方和进口方可分别采用出口押汇和凭信托收据借单两种方式向银行获得融资。

(一)托收出口押汇

托收出口押汇(collection bill purchased)是出口方按照合同规定发运货物后，开出以进口方为付款人的汇票，并连同全套货运单据交托收银行委托收取货款，托收银行即买入跟单汇票及其所附单据，按照汇票金额扣除从付款日（即买入汇票日）至预计收到票款日的利息及手续费，将款项先行付给出口方。托收银行作为汇票的善意持票人，将汇票和单据寄至代收行，并通过其向进口方提示，票款收到后归还托收银行的垫款。托收出口押汇实质是出口方以代表货物所有权的单据做抵押向托收行贷款。

托收出口押汇对托收行风险较大，在实际业务中，托收行会综合评估贸易双方的资信状况，酌情发放部分汇票金额的货款，例如，70%～80%不等。

(二)信托收据

信托收据(trust receipt，T/R)又称进口押汇，是进口方借单时提供的一种书面信用担保文件，用以表示出据人愿意以代收银行的受托人身份代为提货、清关、存仓、保险、出售，同时承认货物的所有权仍属银行。其具体做法是由进口方在承兑汇票后出具信托收据，凭以向代收银行借取货运单据，并提取货物。货物售出后所得货款在汇票到期日偿还代收行，收回信托收据。

这种进口押汇与出口方和托收行无关，对代收行有一定的风险。代收行在接受这种借单要求时，通常先审查进口方的资信，并要求提供更多的担保或抵押品。如果在借出货运单据后，发生汇票到期不能收到货款，代收行应对出口方和托收行负全部责任。但如果是出口方主动通过托收行授权办理进口押汇，即“付款交单，凭信托收据借款”(D/P. T/R)则另当别论，一切风险由出口方自负。

第四节　信用证

在国际贸易结算方式中，以商业信用为基础的汇付和托收方式，已很难适应各种客户对国际贸易结算的要求。特别是对初次进行交易的贸易双方而言，彼此之间在交货和付款方面都很谨慎，这样一来，以银行信用为保证的结算方式——信用证支付方式，在某种程度上消除了买卖双方的不信任感，同时还为交易双方提供了资金融通的便利。

在国际贸易结算中，信用证支付方式已有近百年的历史。信用证这一以银行作为付款保证的支付方式，长期以来一直处于国际结算方式的主导地位。当今，信用证结算方式在国际贸易领域中占有极其重要的位置，尤其在我国外贸企业中，信用证付款仍是我国外贸企业首选的支付方式。

一、信用证的概念

根据国际商会制定的《跟单信用证统一惯例》（最新版本为《国际商会 600 号出版物》，以下简称《UCP600》）的规定，信用证（letter of credit，L/C）的含义包括以下几点：

（1）信用证是开证行的一项书面承诺或约定，是开证行以自己的信用向受益人（卖方）所做出的一项书面保证。

（2）信用证是开证行或者依据客户（买方）的申请，或者以自己的名义开出。信用证中所列的条款来自于产生债权债务关系的合同，如货物买卖合同。因此，信用证这一结算方式是银行信用为商业信用担保的方式。

（3）开证行付款是有条件的。它必须在受益人完全履行信用证条款的条件下，提供的单据严格符合信用证的规定才给予付款。因此，在信用证项下的开证行保证付款并非绝对和无条件。

（4）开证行对受益人开出的跟单汇票进行承兑和/或付款，可以付款给受益人或其指定人，开证行也可以对汇票进行直接付款，还可以授权另一家银行付款或承兑。

简言之，信用证是指开证银行应申请人的要求并按其指示，向第三方开具的有条件的承诺付款的书面文件。按照进出口业务的通常做法，这里的“条件”指卖方交付符合信用证规定的全套合格单据，故称为跟单信用证。

二、信用证各当事人

一份信用证的基本当事人包括以下六个。

（一）开证申请人

开证申请人（applicant）是指向银行申请开立信用证之人，又称为开证人，一般为进口人。

（二）开证行

开证行（issuing bank）是指接受开证申请人委托开立信用证的银行，一般为进口地银行。开证行和开证申请人的权利和义务以开证申请书为依据。按信用证条款的规定，信用证一经开出，开证行即负有承担付款的责任。

（三）受益人

受益人（beneficiary）是指信用证中所指定的有权使用该信用证的人，一般为出口人或实际供货商。如果出口人交单后，开证行倒闭或无理拒付，受益人有权向进口人提出付款要求，进口人仍应负责付款。

（四）通知行

通知行(advising bank)是指受开证行委托，将信用证转交出口人的银行。通知行通常是出口地银行，而且一般是开证行的代理行。如果通知行接受委托通知事宜，则应谨慎核对信用证的真实性。通知行只鉴别信用证的真实性，不承担其他义务。

（五）议付行

议付行(negotiating bank)又称押汇银行、购票银行或贴现银行，是指根据开证行的授权买入或贴现受益人开立和提交的符合信用证规定的汇票或单据的银行。议付行既可以是指定的银行，也可以是非指定的银行，具体由信用证条款来决定。

（六）付款行

付款行(paying bank)是指开证银行指定代理执行信用证项下付款或充当汇票付款人的银行，一般就是开证行，也可以是它指定的另一家银行，这要根据信用证条款的规定来决定。

在实际业务中，要完成一笔信用证业务，也可能涉及其他当事人，如保兑行(confirming bank)、偿付行(remitting bank)、转让行(transferring bank)、第二受益人(second beneficiary)等。

三、信用证的种类

当前，在国际货物买卖中使用的信用证种类较多，但常见的有下列几种。

（一）不可撤销信用证

不可撤销信用证(irrevocable L/C)是指开证行开出信用证后，在其有效期内，未经受益人和其他有关当事人的同意，不得擅自撤销和修改内容的信用证。这种信用证对受益人较为有利。因此，在国际上，其使用范围与另外一种单方可撤销和修改的信用证即可撤销信用证相比要广泛得多。

（二）即期信用证

即期信用证(sight L/C)是指凭即期汇票收付货款的信用证。如果在这种信用证中加列“电报索偿条款”，议付行在审核单据后，当天可用电报要求付款行偿付。

（三）远期信用证

远期信用证(usance L/C)是指凭远期汇票进行结算的信用证。利用这种信用证，受益人提供符合信用证要求的远期汇票，不能立即取得货款，需等汇票到期后，付款行和开证行才履行付款责任。

出口人允许进口人开出远期信用证，其目的是给进口人提供较为优惠的付款条件。这种信用证一般在扩大贸易或为推销滞销商品或买卖双方有较好的贸易关系等情况下使用。

在远期信用证中有一种买方远期信用证(buyer's usance L/C)，这种信用证规定出具远期汇票，但在信用证特别条款或在偿付条款中又规定受益人可以即期支取货款，其贴现利息及其他有关费用由开证人承担。这种信用证从形式上看是远期信用证，但受益人可以即期收款，所以一般又称为“假远期信用证”(usance L/C payable at sight)。使用这种信用证对受益人来讲，能够即期收款，但要承担一般承兑信用证汇票到期遭到拒付时被追索的风险。对开证申请人来讲可以选择贴现率比较低的地方的银行开证或指定其为付款行。开证申请人在远期汇票到期时才向银行付款。所以，使用这种“远期”信用证，实际上是开证行或贴现银行对进口商融通资金。

(四)跟单信用证

跟单信用证(documentary L/C)是指凭跟单汇票或只凭货运单据(如提单、商业发票、保险单、商检单等)付款的信用证。这种信用证在国际贸易中广为使用。与跟单信用证相对应的就是不随附货运单据的信用证，即光票信用证(clean L/C)。这种信用证一般用于非贸易结算或贸易从属费用结算。

(五)预支信用证

预支信用证(anticipatory L/C)是指允许受益人在装货和交单前事先支取部分或全部货款的信用证。这种信用证主要是出口人在发货前得到的一种资金融通的便利。

对于这种信用证，如果出口人取得款项后不履行信用证义务，其后果由开证人负责。预支信用证的预支条款，通常由开证行以红颜色书写或打印成红色字，所以这种预支信用证又称为“红条款”信用证。但实际业务中的预支信用证也并非必须用红色表示。

(六)保兑信用证

保兑信用证(confirmed L/C)是指开证行开出的信用证，由另一家银行保证对符合信用证条款规定的单据履行付款义务的信用证。由于政治、资信等方面的原因或者由于来证金额超过开证行的资力，出口人可能要求进口人请开证行委托第三者对付款责任加以保证，即请第三者对信用证保证兑付。保兑行的义务和开证行一样，对受益人承担保证付款的责任。保兑信用证实际上是由双重银行来保证付款的。

保兑信用证必须是不可撤销的信用证。如果信用证是可以撤销的，那么该信用证随时都有可能被银行单方面撤销。因此，不存在被第三家银行加以保兑的问题。与保兑信用证相对应的是不保兑信用证。在国际贸易买卖中，保兑与不保兑并不能说明信用证付款的绝对可靠性。一份信用证所规定的义务能否顺利履行，与银行的资信、买卖双方之间的业务关系等因素都有密切的关系。

(七)不可转让信用证

信用证转让是指受益人有权把信用证金额的全部或部分转让给另一个或数个第三者(第二受益人)使用的信用证。

考虑到新客户的风险因素，一般来讲买方并不情愿使用可转让信用证，因为对受让人的资信和经营能力并不了解，对受让人的商品质量也无把握。所以，除非有特殊需要和第一受益人的可靠保证，买方一般不同意开立可转让信用证。因此，在国际贸易结算中，使用不可转让信用证(non-transferable L/C)者居多。而按照《UCP600》的规定，信用证除非注明为可转让信用证，否则将被视为不可转让信用证。

(八)循环信用证

循环信用证(revolving L/C)是指受益人在一定时间内利用规定金额后，能重新恢复到原来金额并再度使用，周而复始，直至达到该规定次数或累计金额用完为止。循环信用证一般用于定期分批均衡供货、分批结汇的长期合同。对于进口方来讲，可节省逐笔开证的手续和费用，减少押金，有利于资金周转；对于出口方而言，可减少逐批催证审证的不便，又可获得收回全部货款的保证。

(九)对开信用证

在易货贸易或来料来件加工装配业务中常采用对开信用证(reciprocal L/C)，交易的双方都担心对方凭第一张信用证出口或进口后，另外一方不履行进口或出口的义务，于是采用这种互相联系、互为条件的开证办法，以彼此约束。其特点是：第一张信用证的开证人、开证行、通知行、受益人正好是回头信用证的受益人、通知行、开证行、开证人；两证金额可以相等，也可以不等；两证可以同时生效，也可以先后生效。采用这种信用证可使买卖双方彼此的利益都得到满足。

四、信用证的基本内容

信用证基本内容大致包括国际货物销售合同的有关条款与受益人提交的单据，还有银行的保证条款。通常主要包括以下内容。

(一)信用证本身的说明

如信用证编号、种类、开证日期、到期日和到期地点、交单期限等。

(二)兑付方式

说明是即期付款、延期付款、承兑还是议付。

(三)信用证当事人

信用证当事人是指开证人、开证行、受益人、通知行等。此外，有的信用证还有规定付款行、偿付行、承兑行、指定议付行等。

(四)汇票条款

汇票条款包括汇票的种类、出票人、受票人、付款期限、出票条款及出票日期等。凡不需要汇票的信用证无此内容。

(五)货物条款

货物条款包括货物的名称、规格、数量、包装、价格等。

(六)支付货币和信用证金额

支付货币包括币别和总额，币别通常应包括货币的缩写与大写，总额一般分别用大写和小写与阿拉伯数字书写。信用证金额是开证行付款责任的最高限额，有的信用证还规定有一定比率的上下浮动幅度。

(七)装运条款和保险条款

如装运港或起运地、卸货港或目的地、装运期限、可否分批装运、可否转运以及如何分批装运、转运的规定。以 CIF 和 CIP 贸易术语达成交易项下的保险要求，还需载明投保的金额和险别等。

(八)单据条款

通常要求提交商业发票、运输单据和保险单据,此外,还有装箱单、产地证、检验检疫证书等以及这些单据的份数。

(九)特殊条款

特殊条款视具体交易而定,常见的有要求通知行加保兑;限制某银行议付;限装某船或不许装某船;不准在某港口停靠;等等。

(十)信用证开立责任条款

信用证开立责任条款包括根据《跟单信用证统一惯例》开立的文句、开证行签字和密押等、不符合罚款等。

五、信用证的结算程序

信用证的收付程序随信用证类型的不同,其具体做法有所差异,但就其基本流程而言,信用证的收付程序大体要经过申请、开证、通知、议付、索偿、付款、赎单,如图 6-3 所示。

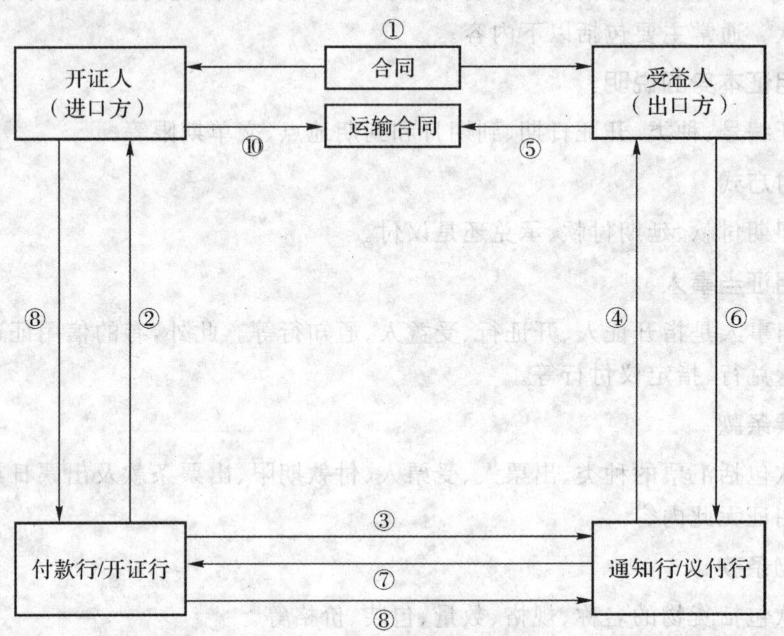

图 6-3　信用证结算流程

结算业务程序文字说明:

①进、出口双方在贸易合同中明确以信用证方式结算货款,并确定信用证的种类、金额、到期日和开证日期等。

②进口方在合同规定的时限内向当地银行申请开证,依照合同的各项有关规定,填写开证申请书,并交付押金或其他保证。

③开证行根据申请书的内容,开立以出口方为受益人的信用证,并寄交通知行。

④通知行收到信用证,即核对开证行的签字与密押,审核无误后,转交出口方。

⑤出口方审证，如果发现与合同条款不符或其他错误，即通知进口方修改信用证。如果审核无误，则按时装运货物取得货运单据。

⑥出口方在信用证有效期和交单期内，缮制汇票及信用证规定的各种单据，提交议付行办理议付。议付行审核单证一致后，根据汇票金额扣除利息，将货款垫付给出口方。"议付"就是指议付行向受益人购进由他开立的汇票及所附单据。议付行一般是出口地银行，也可由开证行在信用证中指定。

⑦议付行将汇票和全套单据寄交开证行或其他指定付款行索偿。

⑧开证行或付款行审核单据无误后，付款给议付行。

⑨开证行通知进口方付款赎单。进口方审核单据无误后，办理付款手续，获取全套单据。

⑩进口方凭货运单据向承运人提货。

六、信用证的特点

(一)银行信用

信用证是一种银行信用。信用证这种担保付款的书面承诺与一般保证合同不同，开证行开出信用证后，只要受益人履行了信用证的条款，提供与信用证规定表面相符的单据，开证行就为主债务人。开证行不能以申请人不付款、拖延付款等理由对受益人拒绝付款或延迟付款。

(二)独立的契约

信用证是独立于据以产生债权债务的买卖合同，是一项独立的契约。信用证的条款虽然来源于销售合同，但信用证与其依据的销售合同在性质上是不同的交易。即使信用证中提及该合同，银行也与该合同无关，且不受其约束。所以，信用证是独立于有关合同以外的契约，是一项自足的文件。

(三)纯单据业务

在信用证方式之下，实行的是凭单付款的原则。《UCP600》规定："在信用证业务中，各有关方面处理的是单据，而不是与单据有关的货物、服务及其他行为。"所以，信用证业务是一种纯粹的单据业务，银行处理的只是单据。在信用证业务中，只要受益人提交的单据符合信用证规定，开证行就应承担付款责任。反之，单据与信用证规定不符，银行有权拒绝付款。但应指出，按《UCP600》规定，银行虽有义务合理小心地审核一切单据，但这种审核，只是用以确定单据表面上是否符合信用证条款，开证银行只根据表面上符合信用证条款的单据付款。

正是因为信用证的这些特点，才使得信用证有其不足之处，如手续繁琐、费用多、业务成本高；审证、审单要求的技术性较强，稍有不慎，就会造成损失。

七、信用证的作用

采用信用证支付方式，给买卖双方以及银行都带来一定的好处。信用证在国际贸易结算中的作用，主要表现在以下几个方面。

(一)对出口商的作用

1. 保证出口商凭单据取得货款

信用证支付方式的原则是单证严格相符,出口商交货后提交的单据,只要做到与信用证规定相符,"单证一致、单单一致",银行就保证支付货款。在信用证支付方式下,出口商交货后不必担心进口商到时不付款,因为这是由银行承担付款责任,这种银行信用要比商业信用可靠。因此,信用证支付为出口商收取货款提供了较为安全的保障。

2. 可以取得资金融通

出口商在交货前,可凭进口商开来的信用证做抵押,向出口地银行借取打包贷款(packing credit),用以收购,加工、生产出口货物和打包装船;或出口商在收到信用证后,按规定办理货物出运,并提交汇票和信用证规定的各种单据,权作押汇取得货款。这是出口地银行对出口商的资金融通,从而有利于出口商的资金周转,扩大出口。

(二)对进口商的作用

1. 保证按时、按质、按量收到货物

进口商申请开证时可以通过控制信用证条款来约束出口商交货的时间、交货的品质和数量,如在信用证中规定最迟的装运期限以及要求出口商提交出口信誉良好的公证机构出具的品质、数量或重量证明书等,保证进口商按时、按质、按量收到货物。

2. 获取资金融通

进口商在申请开证时,通常要缴纳一定的押金,如果进口商在开证行享有较高的信誉,则进口商就有可能得到开证行较高的信誉额度,从而少交或免交部分押金,所以可以在没有过早、过多地占用资金的情况下就履行了开证的义务。如果采用远期信用证,进口商还可以凭信托收据向银行借单,先行提货、转售,到期再付款,这就为进口商提供了资金融通的便利。

(三)对银行的作用

开证银行接受进口商的开证申请,即承担开信用证和付款的责任,这是银行以自己的信用做出来的保证,以银行信用代替了进口商的商业信用。所以,进口商在申请开证时要向银行交付一定的押金或担保品,为银行利用资金提供便利。此外,在信用证业务中,银行每做一项服务均可取得各种利益,如开证费、通知费、保兑费、修改费等各种费用。因此,承办信用证业务是各银行业务的项目之一。在国际贸易结算中,信誉良好、作风正派的银行以及其高质量的服务又促进了信用证业务的发展。

八、《跟单信用证统一惯例》(UCP600)

20 世纪初,随着运输、通讯的发展以及 CIF 合同在国际贸易中的普遍运用,跟单信用证的结算方式已被广泛应用。但是,因为从事国际贸易的商人和有关的银行分处于不同国家或地区,法律规则和业务操作的习惯各不同,特别是对信用证有关当事人的权利、责任以及所用条款及术语的定义等缺乏统一的解释和标准。因此,信用证的有关各方出现争议和纠纷的现象经常发生。为适应国际贸易不断发展的要求,进一步推广跟单信用证的使用规模,在客观上就产生了对跟单信用证业务应有统一、明确定义和解释的要求。根据美国代表的提议，国际商会于1927年拟就了一份《商业跟单信用证统一惯例》，后经过几次修订，最新版本为在2006年10月召开的国际商会（ICC）巴黎年会上通过的并于2007年7月1日起实施的《跟单信用证统一惯例》（Uniform Customs and Practice for Documentary Credit），即国际商会第600号出版物，简称为《UCP600》。

《UCP600》并不是国际性的法律，但它已为世界上各国银行所普遍接受和使用，并成为一种公认的国际惯例，至今已被170多个国家的银行所采用，可以说《UCP600》的使用已具有全球性。有些国家将《UCP600》作为裁决跟单信用证纠纷的法律依据或准则。为得到法律上的保护，开证行所开出的信用证必须注明："本证根据国际商会《跟单信用证统一惯例》，即《UCP600》开立。"

案例解析

信用证改托收造成钱货两空

案情介绍

我国A公司接到某国W公司经银行开来的一份不可撤销信用证，信用证系开证行通过电讯传递方式经中国银行某分行通知给A公司。该公司接到电开信用证后，按其要求备货装运。但货物装船后，又接到通知行转来信用证的邮寄证实书，经对照发现证实书比原电开信用证增加一条款：受益人必须提供船长收据，以证明一份卫生检验证书副本已交船长随货转交收货人。

A公司接到证实书时，船已离港，无法履行上述条款，即电告W公司，说明信用证的证实书收到时货物已装运且船已离港，无法随带卫生检验证书。请修改信用证删除该条款。W公司电复："当地海关规定，该商品必须提供卫生检验证书才能清关提货，所以无法删除。"W公司要求立即航空邮寄一份卫生检验证书及一份正本提单待用，并建议改以托收方式通过银行寄单，以便付款。

A公司经研究，决定接受W公司的要求，立即向W公司邮寄卫生检验证书及正本提单，弃信用证方式改以D/P即期托收。但时过两个多月未见货款收回，A公司通过托收行查询才知道W公司已倒闭，货物早已被提取。A公司钱货两空。

案情分析

该案例中A公司的损失完全是因为不熟悉信用证业务而咎由自取。具体表现为三个连环错误：

(1)A公司对有效的信用证不执行，而去执行无效的信用证。由于A公司不熟悉国际惯例，即《UCP600》的相关规定，误认为先收到的电开本信明证是无效文本，后到的证实书为有效信用证。因此对有效的电开本信用证不执行，去执行无效的证实书，反而请求W公司修改信用证，从而为后续错误埋下祸根。《UCP600》第11条A款规定："经证实的信用证或修改的电讯文件将被视为有效的信用证或修改，任何随后的邮寄证实书将被不予置理。"

(2)A公司将有效的信用证放弃不用，改以D/P即期。A公司的做法使得开证行解除了信用证项下的付款义务，也使W公司利用托收方式的特点，可以不付款。

(3)擅自将提单寄送买方，致钱货两空。即使改为托收，A公司也不应该不通过银行，自己航寄正本提单和卫生检验证书，创造对方不偿付托收货款，却可以顺利清关、提货的有利条件。

(选编自林孝成:《国际结算实务》,高等教育出版社2004年版)

第五节 银行保函与备用信用证

随着国际经济交往的日益扩展，全球经济的依存度加强，在以货物买卖为主流的国际贸易中，服务贸易的比重开始扩大，改变了国际贸易中单一的有形传统贸易的模式，使得各国之间的货物、劳务、技术和资金流动加快，交易的条件也更趋复杂。为了适应各类交易的国际结算，银行保函业务和备用信用证业务的使用日渐广泛。它们不仅适用于货物买卖，也使用于一些复杂的业务中，如承包工程项目、融资等国际经济合作业务。

一、银行保函

(一)银行保函的含义和作用

银行保函(letter of guarantee, L/G)又称银行保证书，是保函的一种。它是指银行应申请人的要求向受益人开立的，担保申请人一定履行某种义务，并在申请人未能按规定履行其责任和义务时，由担保行代其支付一定金额或做出一定经济赔偿的书面文件。它属于银行信用。

按受益人索偿条件，保函通常分两种：一种为见索即付保函(first demand guarantee)，又称无条件保函(unconditional guarantee)，即指保证人在受益人第一次索偿时，就必须按保函所规定的条件支付款项。因此，见索即付保函的保证人承担的是第一性的、直接的付款责任。另一种为有条件保函(conditional guarantee)，这种保函是指保证人向受益人付款是有条件的，只有在符合保函规定的条件下，保证人才予以付款。因此，有条件保函的保证人承担的是第二性、附属的付款责任。

在实际业务中，能够充当担保人并能开出保函的机构一般为信誉卓著的大银行和金融机构。本书仅涉及银行开立的保函。

银行保函具有两种不同的担保作用：

(1)作为双方交易合同项下的价格得以支付的担保，即保证受益人在履行合同义务后，将得到其应得到的合同价款。

(2)作为违约事件发生进行赔偿的担保，即保证申请人将履行某种合同义务，一旦出现相反情况，负责对受益人做出赔偿。

(二)银行保函的当事人

银行保函的当事人主要有以下四个。

1. 申请人(applicant)

申请人也称委托人,是向银行申请开立保函的人。它承担保函项下的一切费用及利息,并按银行要求预支部分或全部押金。在银行根据保函对受益人付款后,它要立即偿还银行的垫款。

2. 受益人(beneficiary)

受益是指收到保函并有权凭据保函及符合保函规定的各种文件向银行索偿的人。

3. 担保行(guarantee bank)

担保行是指按申请人的申请书为其开出保函的银行。它有义务按保函规定的条件对受益人付款,在申请人不能偿还垫款时有权处置申请人的押金或抵押品,并向其追偿不足部分。

4. 通知行(advising bank)

通告行是指受担保行的委托,向受益人通知保函的银行。

由于各国对保函的法律规定不同以及各国不同银行间对保函业务的习惯做法不同,因此,在保函项下经常还会出现一些其他有关的当事人,如转开行、保兑行、偿付行等,这里就不一一介绍了。

(三)银行保函的主要内容

1. 主要内容

银行保函产生于贸易双方的交易合同,由于交易合同的标的不同,加之各国(地区)的银行对保函业务的习惯做法不同,从而造成了格式内容各异。但从保函格式的基本要素来看,其主要内容包括:

(1)保函的受益人名称及其地址。

(2)保函申请人的名称及其地址。

(3)保函担保人的名称及其地址。

(4)保函的种类及保函的担保目的。

(5)与保函有关的合同号、协议号、招标号以及有关工程项目名称。

(6)担保的金额及其所使用的货币。

(7)保函的担保期限,即保函有效期。

(8)保函的赔付条款,即保函的付款承诺及有关索赔条件的具体规定。

2. 附加条款

银行保函除上述内容外,还经常采用附加条款,对担保人的责任起着补充、完善的作用。常用的附加条款有:

(1)保函的生效条款。

(2)保函的减额条款,即随着交易合同的进行担保金额也逐渐递减。

(3)鉴定条款,即受益人的索赔权利需由某机构鉴定,以核实受益人的索赔文件的真实性。

(4)法律条款,即保函开出后,有关保函的纠纷处理适用哪一国的法律。

(5)保函的自动延展条款，即根据实际需要，制定该条件以约束申请人在保函到期时不致因此而中断履行其合约义务。

(四)银行保函的种类

银行保函的应用范围很广，在实际业务中，银行可凭借其信用为各种经济行为做担保。银行保函按其用途可分为投标保函、履约保函和借款保函。

1. 投标保函

投标保函(tender guarantee)是指在以招标方式成交的购买和承建项目中，招标方为了达到制约各种投标人行为的目的而要求投标人通过其往来银行所出具的一种书面付款保证文件。凭此文件，担保人(银行)向招标人做出保证：在投标报价的有效期内，投标人将遵守其诺言，不撤标、不改标、不更改原报价条件，且一旦中标，将按招标文件规定，与招标人签约并提交履约保函。如果投标人违反上述约定，担保人(银行)将向招标人赔付一定金额作为补偿。

2. 履约保函

履约保函(performance guarantee)是指担保人(银行)应出口或劳务方或承包人的请求而向进口方或业主所做出的一种履约保证承诺，即担保出口方、劳务方或承包人诚信、善意、及时地履约合约；倘若履约责任者日后未能如期履约，则担保人(银行)将向进口方或业主支付罚金，作为对其损害的补偿及作为对违约者的惩罚。

在国际货物买卖业务中，履约保函分为出口履约保函和进口履约保函，前者为约束供货方保证按合同供货，后者则为约束进口方保证按合同接货、付款等。

3. 借款保函

借款保函(repayment guarantee)是指银行或其他金融机构应借款人的要求，向贷款银行或其他贷款人所出具的一种旨在保证借款人按照借款合同的规定向贷款方归还所借款项以及支付由此而产生的利息的付款保证承诺，一旦出现借款人因某种原因(如破产、倒闭、资金周转困难、财务状况恶化、丧失企业资格)无力偿还或拒绝偿还贷款的情况时，则由银行来负责履行偿还职责。

(五)银行保函与信用证的主要区别

银行保函与信用证都是由银行开立的，同属银行信用，而且都被用于国际贸易的货款支付，但两者有很大区别，主要表现在：

(1)就使用范围及用途看，保函的应用范围远远大于信用证。

(2)就付款责任属性而言，信用证项下，银行是第一性的付款责任，而银行保函既可以是第一性的(如见索即付保函)，也可以是第二性的(如有条件保函)。

(3)就所支付款项性质而言，信用证通常用于国际货物买卖支付，而保函的支付则不仅包括货款，还包括各种违约赔款或退款。

(4)就要求的单据而言，信用证项下货运单据是付款的依据，而保函项下的支付依据一般为索赔书或其他文件。

(5)信用证的到期地点可以在开证行所在地，也可在受益人所在地，而银行保函的到期地点一般在担保人所在地。

(6)就与交易合同关系而言,信用证与交易合同是两个完全独立的契约,开证行仅对单据表面与合同相符负责,对合同履行的各个具体环节并不承担任何责任;而保函是银行在接到索赔书时,还必须证实索赔内容的真伪,这就使得银行被牵连到交易双方的合同纠纷中去。

(六)银行保函的法律规范

随着国际经济合作的发展,国际贸易也越来越复杂,而随着保函业务在国际金融、贸易、劳务输出、工程承包以及资金借贷等业务中应用日益频繁,随之而产生的纠纷乃至保函项下权利滥用现象也相应增多。由于各国的法律、法规对保函业务的认识不尽相同,使得银行担保面临来自不同法律、法规方面的限制和压力,而影响了担保业务的开展。1978 年 6 月,国际商会颁布了《合同担保统一规则》(Uniform Rules for Contract Guarantees),即国际商会第 325 号出版物,简称《URC325》。1992 年 4 月,国际商会又颁布了《见索即付统一规则》(Uniform Rules for Demand Guarantees),即国际商会第 458 号出版物,简称《URDG458》。这一规则明确规定取代《合同担保统一规则》(NO. 325)。第 458 号出版物的公布,受到了金融界和贸易界的重视,并认为其对实际业务具有现实指导意义。但在实际业务中,开立保函的银行并不怎么采用这个规则。在实际业务操作中,遇有不同解释时,往往只能按照保函本身的具体条文,按开立地的法律个别解决,因此,很容易引起纠纷。为此,一些国家法律为了不让银行介入商业纠纷,禁止银行开立保函。于是在这种情况下,备用信用证作为一种特殊的信用证就应运而生,并逐渐得到推广。

案例解析

一起借款保函赔付案

案情介绍

开证行 A 银行于 2002 年 4 月为 B 公司 2000 万元借款出具银行保函,受益人为 C 银行,期限 9 个月,利率 12%。由于 B 公司投资房地产失误,大量资金沉淀难以回笼,导致该公司负债累累,已名存实亡,在还款期满后仍未能依约还款。2004 年 3 月 C 银行向当地中级人民法院起诉 B 公司和 A 银行。经当地法院《民事调解书》裁定:B 公司在 2004 年 4 月 30 日前将其债权 1100 万元收回,偿还给 C 银行,余款在 2004 年 12 月底还清,如不能履行,由 A 银行承担代偿责任。至 2004 年 5 月底,B 公司只归还了 6371222.10 元,仍欠本金 13628777.21 元及利息 12482130.22 元未还。鉴于此,当地中级人民法院执行庭多次上门要求 A 银行履行担保责任,否则将采取强制措施,查封 A 银行资产。而该笔担保的反担保单位 D 酒店,只剩下一个空壳公司,难以履行反担保责任。

为维护 A 银行的声誉,避免更大的影响,经过周密分析,当时 A 银行就此提出两种处理意见:

第一种,新增贷款给 B 公司偿还借款。根据该企业目前的情况,已严重资不抵债，企业名存实亡，所欠A银行贷款本息在信贷资产清算中列为损失类。所以，采取这种方法的可行性极低。第二种，使用“167”科目暂付款偿还。采取这种方法暂时解决燃眉之急后，A银行将积极与当地政府共同协商，要求其追回该单位欠款后，首先偿还A银行该笔暂付款。在目前情况下，采取这种方法较为可行。

A银行就这一问题请示上级行，经批复于2005年8月31日垫付C银行本金13628777.21元、利息12482130.22元。

案情分析

对外开具保函是银行的一项正常业务，在确保资金安全的前提下，积极而又谨慎地开展这一业务有利于完善银行的综合配套服务，提高竞争力。同时，我们也要充分认识到对外开具保函尤其是融资性保函的风险性，因为在为企业提供担保的同时，开证行将承担连带的经济责任或付款责任，一旦发生经济纠纷，涉及诉讼时，将造成严重的资金损失而面临巨大的金融风险。在本案例中，A银行就是对来自保函申请人和来自反担保人两方面的风险都未能有效控制，而最终造成损失。

因此，银行在开立保函前，必须真正审查和了解申请人以及反担保人的信用风险，按严格的信贷程序进行审查。保函开立后，应对申请人和反担保人进行及时的监控，一旦出现信用问题，应及时采取措施加以规避。应将对外担保业务纳入信贷惯例，只对符合信贷审查要求、信誉和经济效益良好的企业出具保函，且必须以真实的合同为依据，申请开具保函的企业必须在开证行存有足够的保证金或提供有效的担保。

（案例选自蒋先玲：《国际贸易结算实务与案例》，对外经济贸易大学出版社2005年版）

二、备用信用证

（一）备用信用证的含义

备用信用证（standby L/C，S/C）是在商业信用证的基础上发展起来的一种担保文件。它是指开证行根据开证申请人的请求，对受益人开立承诺负责某项义务的凭证，故又称为担保信用证（guarantee L/C）。即开证行保证在开证申请人未能履约时，受益人只要凭备用信用证的规定向开证行开具汇票（或不开汇票），并提交开证申请人未履约的证明文件，即可取得开证行的偿付。

备用信用证与银行保函的功能很相似，一般用于招标投标、预付货款、赊销等业务。备用信用证最早流行于美、日，因这两国法律不允许银行开立保函，故使用备用信用证。备用信用证属于银行信用，其作为一方违约补偿之用，如合同双方正常履约，该证就备而不用。

（二）备用信用证的性质

从备用信用证的含义可知，备用信用证既具备传统商业信用证的一般特点，又具有担保文件的特殊功能。备用信用证具有如下性质：

(1)备用信用证是不可撤销的。所以，备用信用证开证人（银行）的义务是不能修改和撤销的，除非另有约定，或者是修改和撤销的要求征得另一方的同意。

(2)备用信用证是独立的。开证人(银行)履行备用信用证项下义务不受交易双方具体业务中权利、义务的约束。

(3)备用信用证是跟单的。开证人(银行)的义务是基于对备用信用证所要求的单据表面状况的审核决定是否付款。开证人(银行)仅审核单据表面是否与备用信用证条款相符,而一概不介入交易中去。

备用信用证具有传统信用证的特点和担保文件的特殊功能,使得备用信用证被广泛用于国际经济合作中的各种交易中,除用于国际货物买卖中,也可用于国际工程承包、国际资金融通、补偿贸易、加工贸易等业务。

(三)备用信用证与一般跟单信用证的主要区别

备用信用证是在商业信用证的基础上发展起来的,具有传统信用证的大部分特征。它与一般跟单信用证的区别主要表现在以下几个方面。

1. 两者要求的单据不同

一般跟单信用证要求的是商业发票和运输单据等,其主要单据如代表货物所有权凭证的提单等,受益人是不能自行签发的;备用信用证要求的单据主要是开证申请人未履行其义务的证明文件或声明,其主要单据通常都由受益人自己制作。

2. 两者的有效期不同

一般跟单信用证的有效期一般比较短,通常为几个月;备用信用证用于比较复杂的贸易,其交易过程比较长,因而备用信用证的有效期限也较长。

3. 两者使用的范围不同

一般跟单信用证主要用于国际货物买卖;备用信用证的应用范围则可以用于国际经济合作、工程承包、国际信贷等国际经济活动的各个领域。

4. 两者的目的不同

一般跟单信用证是简单的结算和信用工具,是把由进出口人履行的付款责任转为由银行来履行付款,以银行信用取代商业信用,是解决买卖双方互不信任的手段。卖方按约定发运货物后,向银行提交单据,请求开证行首先付款,而非要求买方履行付款义务。

备用信用证是一种担保工具,它是开证人对申请人履行其义务的支持或保证,其目的是保证申请人付款或履行其他义务,而不是以支付为目的,只有当申请人不付款或不履行义务时,受益人才能向开证人提示单据要求付款,银行只是次债务人。因此,备用信用证经常备而不用。

5. 适用的国际惯例范围不同

一般跟单信用证适用《跟单信用证统一惯例》;备用信用证可适用《跟单信用证统一惯例》,但可优先适用《国际备用证惯例》第 590 号。

(四)备用信用证与一般银行保函的区别

备用信用证有保函的作用,都是作为申请人发生违约情况时使用。两者主要区别在于以下两点。

1. 付款责任方面

备用信用证方式下,银行负第一性付款责任;而一般银行保函方式下,银行负第二性付款责任。

2. 付款依据方面

备用信用证的付款依据是按规定提供某项凭证,同被保证人与受益人的合同无关;而一般银行保函的付款依据是某项合同或承诺是否已经履行,往往涉及合同的履行争议等。

案例解析

一起备用信用证索赔失败的教训

案情简介

2002 年 7 月 18 日,河北 C 公司到 B 银行审单科称,由于进口项下一笔业务美国出口商未履约,请求 B 银行根据纽约 A 银行于 2002 年 5 月 20 日开出的第××号担保美国出口商履约的备用信用证向 A 银行索赔,该备用信用证金额为 USD 168300.00,有效期为 2002 年 7 月 21 日。

经询问 C 公司得知:C 公司于 2002 年 5 月 31 日通过 B 银行向 A 银行开出了一张不可撤销的跟单信用证,金额为 USD 5610000.00,受益人为上述美国出口商。该证装期为 2002 年 7 月 6 日,效期为 2002 年 7 月 26 日,进口货物为 15000 吨钢材。由于进口数量多,金额大,为防止美国出口商不履约造成损失,C 公司在开证前,要求该出口商开出了此备用信用证。备用信用证规定:

THIS CREDIT IS AVAILABLE BY BENEFICARY'S DRAFTDRAWN ON OURSELVES AT SIGHT WHEN ACCOMPANIED BY THE FOLLOWING DOCUMENTS: BENEFICARY'S STATEMENT STATING THAT THE APPLICANT HAS FAILED TO FULFILL THE OBLIGATIONS UNDER THE CONTRACT NO. ST113-817.(使用本证须凭受益人出具的、以开证行为付款人的即期汇票,并随附下述受益人证明:证明开证申请人未按第 ST113-817 号合同规定执行。)

该备用信用证同时还规定:THIS CREDIT IS NOT OPERATIVE UNLEESS BENEFICARY OPEN AN IRREVOCABLEL/C FOR USD 5610000.00 IN FAVOUR OF APPLICANT UNDER CONTRACT NO ST113-817 AND WILL BE EXPIRED ON JULY 21ST 2002 WITHIN 13 DAYS AFTER ADVISING BANK'S RECEIPT OF THIS L/C AND SUCH L/C MUST BE ADVISED THROUGH US AND RESTRICTED TO US FOR NEGOTIATION.(本证生效的条件是:本证受益人(即 C 公司)须开立以备用信用证申请人(美国出口商)为受益人的不可撤销信用证、金额为 USD 5610000.00,合同号为 ST113-817,该备用信用证的效期为 2002 年 7 月 21 日。本备用信用证受益人所开立的信用证必须在通知行收到本备用信用证的 13 天之内开出,且所开之证需经我行通知并限制我行议付。

经查,C公司在申请开证时,并未要求B银行在信用证中加列"限制A银行议付"条款。7月21日,B银行审单科使用上述备用信用证,向纽约A银行寄单索赔,金额为USD 168300.00。7月30日,纽约A银行来电称,不接受B银行提交的单据和索赔,理由是:B银行开出的第×××号信用证未注明限制纽约A银行议付条款。B银行立即将此情况通知了C公司。

在上述问题交涉期间,8月11日,B银行收到了A银行快递寄送B银行开出的信用证项下单据一套,金额为USD 4772970.05。经B银行审核,发现单据中存在近20处实质性不符点,B银行依据《UCP500》规定,于8月16日向A银行提出拒付,并持有单据听候处理。后经买卖双方协商,同意降价USD 4351825.63,此案到此了结。

案情分析

1.在当前国际贸易诈骗案增多,客户成分复杂的情况下,为保证国外客户按时履约而采取一定的保护性措施是十分必要的。如:要求对方开备用信用证或出具履约保函等。在这种情况,银贸双方应及时沟通情况,相互配合,以免我方处理业务时被动。在本案中,造成A银行拒付备用信用证项下索赔的直接原因是C公司在申请开证时,未要求证中加列"限制议付"条款。如果B银行开出的信用证中,加上了该限制议付条款,在美国出口商不履约的情况下,C公司便能利用备用信用证向其索回USD 168300.00的违约金。

2.在本案中,A银行开立的备用信用证的有效期为2002年7月21日,而B银行开出的进口信用证有效期为2002年7月26日,一般情况下,备用信用证的效期应晚于进口信用证的效期,这样,才能在备用信用证申请人(本案中的美国出口商)不履约时或在进口信用证的受益人不履约时,有规定的合理时间向备用信用证的开证行索赔。而本案中如此规定对我方是不利的。这说明我公司在处理此业务中,考虑欠全面,进口与出口相互脱节,造成我方执行备用信用证时被动。

(案例选自蒋先玲:《国际贸易结算实务与案例》,对外经济贸易大学出版社2005年版)

第六节　各种支付方式的选择与运用

在一般国际贸易买卖中,通常只单独使用某一种支付方式。但在实际业务中,为促成交易或加速资金周转或安全地收、付款,也可以将不同的支付方式结合起来使用,如将信用证与汇付、托收以及备用信用证、银行保函等结合使用。在成交金额大、交货时间长的成套设备或飞机、船舶等运输工具的交易中,还可以使用分期付款、延期付款的支付方式。总之,根据不同国家(地区)、不同客户、不同交易的实际情况,正确和灵活地选用货款结算方式无疑会促进交易的顺利进行。常用的组合支付方式有以下几种。

一、信用证与汇付相结合

信用证与汇付相结合是指部分货款用信用证收付，尾款用汇付方式结算。这种支付方式一般用在成交数量大，交货数量机动幅度也比较大的商品上。其主要部分用信用证方式支付，超过信用证部分采用汇付方式支付。有些交易的预付款用汇付方式支付，其余部分用信用证方式支付。例如，对于矿砂等初级产品的交易，双方约定：信用证规定凭装运单据先付发票金额的若干成，余数待货到目的地后，根据检验检疫的结果，按实际品质或重量计算出确切的余额，再用汇付方式支付。

二、信用证与托收相结合

信用证与托收相结合是指部分货款用信用证方式支付，部分货款用托收方式支付。一般做法是，信用证规定出口人开立两张汇票，信用证部分凭光票付款，全套货运单据在托收部分的汇票项下，即按即期或远期付款交单方式托收。但信用证内必须注明“在发票金额全部付清后方可交单”的条款。

三、汇付、托收、信用证三者相结合

在成套设备、大型机械产品和交通工具的交易中，因为成交金额较大，产品生产周期较长，一般采用按工程进度和交货进度分若干期付清货款，即分期付款和延期付款的方法。它们一般采用汇付、托收和信用证相结合的方式。

(一)分期付款

分期付款(installment)是买卖双方在合同中规定，在产品交易前，买方可采用汇付方式预付部分定金，其余货款根据商品生产进度或交货进度，买方开立不可撤销的信用证，即期付款。全部货款在货物交付完毕时付清或基本付清，货物所有权则在付清最后一笔货款时转移。

分期付款实际上是一种即期交易。按分期付款成交，买方在预付定金时，通常要求卖方通过银行出具保函或备用信用证，以确保买方预付金的安全。

(二)延期付款

延期付款(deferred payment)是买卖双方在合同中规定，买方在预付一部分定金后，其余大部分货款在卖方交货后相当长的时间内分期摊还。延期付款的那部分货款可采用远期信用证方式支付，所以延期付款实际上是卖方向买方提供的商业信誉，它带有赊销赊购的性质，因此买方应承担延期付款的利息。远期信用证、信用证项下的分期付款，D/P 远期，D/A 等付款方式均属延期付款。

分期付款与延期付款的不同之处在于以下方面。

1. 清偿货款的时间不同

分期付款方式下的货款在交货时已付清或已基本付清；而延期付款的大部分货款在交货后一个相当长的时间内分期摊付。

2. 货物所有权转移的时间不同

分期付款必须付清最后一笔货款物权才转移给买方；而延期付款，物权一般在交货时即行转移，亦即物权转移在先，货款付清在后。

3. 支付利息

分期付款方式下，买方没有利用卖方的资金，因而不存在利息问题；延期付款方式下，由于买方利用了卖方的资金，所以买方需向卖方支付利息。

【本章小结】

本章重点介绍了贸易中的常用的结算工具和结算方式，结算工具包括汇票、本票和支票，结算方式包括汇付、托收、信用证、银行保函和备用信用证。需要综合掌握这些结算工具和结算方式在国际贸易中的应用。

【思考和练习】

1. 现代国际贸易结算有何特点？
2. 本票与汇票的主要区别是什么？
3. 汇票的主要种类有哪些？即期汇票与远期汇票的主要区别是什么？
4. 简述托收方式的程序及其特点。
5. 简述信用证支付方式的基本程序。
6. 在托收方式下有哪些资金融通方式？
7. 银行保函有哪几种？
8. 如何使用不同的结算方式？

第七章　争议的预防与处理条款

学习目标：

掌握医药化工贸易商品检验的规定方法；掌握贸易中的争议、不可抗力、仲裁的含义；能在贸易实务中正确运用上述条款解决贸易争议。

第一节　医药化工贸易商品的检验条款

一、医药化工贸易商品的检验概述

进出口商品检验，简称商检，是指在国际货物买卖中，由国家设置的管理机关或由政府注册的第三者身份的民间公证鉴定机构，对进出口商品的质量、数量、规格、重量、包装、残损、安全性能、卫生方面的指标以及装运技术和装运条件等项目实施检验和鉴定，以确定其是否与贸易合同、有关标准规定相一致，是否符合进出口国有关法律和行政法规的规定，有时还要据此明确事故的起因和责任归属。因此，商品检验是国际贸易中的一个重要环节，不能忽视。

在我国，实行商品检验制度，是国家对进出口商品实施品质管制的重要措施。凡列入《检验检疫商品目录》的进出口商品和其他法律、法规规定须经检验的进出口商品，必须经过出入境检验检疫部门或其指定的检验机构检验。我国的《中华人民共和国进出口商品商检法》里规定，凡未经检验的进口商品，不准销售、使用；凡未经检验合格的出口商品，不准出口。

(一)买方的检验权

根据各国法律和《联合国国际货物销售合同公约》规定，买方有权对其所买的货物进行检验，以保障买方的利益。国际货物买卖双方在交接货物过程中，通常要经过交付(delivery)、检验或察看(inspection or examination)、接受或拒收(acceptance or rejection)三个环节。在长期的国际贸易实践中，对于货物的检验或察看、货物的接受或拒收方面，已形成了一些惯例，有的国家对此还作出法律规定。

按照一般法律规则，“接受”是指买方认为他所购买的货物在质量、数量、包装等方面均符合买卖合同的规定，因而同意接受卖方所交付的货物。买方“收到”货物并不等于他已经“接受”了货物。如果他收到货物后经检验，认为与买卖合同的规定不符时，可以拒收。如果未经检验就接受了货物，即使事后发现货物有问题，也不能再行使拒收的权利。

《联合国国际货物销售合同公约》38 条规定了买方对货物享有检验权：“(1)买方必须在按情况实际可行的最短时间内检验货物或由他人检验货物。(2)如果合同涉及货物的运输，检验可推迟到货物到达目的地后进行。(3)如果货物在运输途中改运或买方必须再发运货物，没有合理机会加以检验，而卖方在订立合同时已知道或理应知道这种改运或再发运的可能性，检验可推迟到货物到达目的地后进行。”同时第 36 条 1 款也规定：“卖方应按照本公约的规定，对风险移转到买方时所存在的任何不符合同情形，负有责任，即使这种不符合同情形在该时间后方始明显。”可见，买方对货物有检验的权利，即便货物不符合同的情形，在风险转移的时候并未表现明显，但检验结果显示这种情形于风险转移到买方时就已存在的亦应由卖方负责。

我国《中华人民共和国合同法》对买方检验权也有明确规定。第 157 条规定：“买方收到标的物时应当在约定的检验期间内检验，没有约定检验期间的，应当及时检验。”第 158 条还规定：“当事人约定检验期间的，买方应当在检验期间内将标的物的数量或质量不符合约定的情形通知卖方。买方怠于通知的，视为标的物的数量或质量符合约定。当事人没有约定检验期间的，买方应当在发现或应当发现标的物的数量或质量不符合约定的合理期间内通知卖方。”

综上可知，无论《公约》还是我国法律都认为，除双方另有约定外，买方有权对自己所购买的货物进行检验。如果发现货物不符合同规定，而且确属卖方责任的，买方有权采取要求卖方予以损害赔偿等补救措施，直至拒收货物。但是，必须指出，买方对货物的检验权并不是表示对货物接受的前提条件，买方对收到的货物可以进行检验，也可以不进行检验。假如买方没有利用合理的机会对货物进行检验，就是放弃了检验权，也就丧失了拒收货物的权利。所以说，买方检验权是一种法定的检验权，它服从于合同的约定。

(二)商品检验的意义

商品检验对保护买卖双方的利益，特别是买方的利益十分重要。

1. 维护国家的利益和信誉

国家设立检验机构对进出口商品实施检验与管理，检验不合格的商品不能出口，一方面可以杜绝或制止假冒伪劣商品出口，以维护合同的严肃性，提高产品的美誉度、企业的信誉度和国家的声誉度；另一方面也保障了买方的利益，促进国际贸易的顺利进行。

同时对进口商品未经检验的，不准销售和使用。一方面可以防止国外不法商人在履约过程中的欺诈行为，维护本国企业及国家利益。另一方面也通过加强对进口商品的检验，了解掌握进口商品品质，防止有害病菌侵入，保护环境，保护安全和卫生。

2. 促进生产和对外贸易的发展

国际贸易市场竞争激烈，竞争的焦点往往是商品的质量。我国政府历来重视出口商品的质量，重视对商品质量的检验工作。通过对出口商品实施法定检验，目的是通过强制性检验，把好出口商品质量关，促进商品质量的提高，增强我国商品在国际市场上的竞争能力和地位，从而促进生产和贸易的发展。

3. 维护对外贸易有关各方的合法权益

国际贸易中的商品要经过长途运输，不论是海运、陆运还是空运时，货物都要被多次搬运装卸，这就有可能使装运的货物发生残损或错发错运，影响商品质量和损害对外贸易关系人的合法权益。因此，常常需要由第三方的检验鉴定机构进行检验、鉴定，确定责任的归属，以便办理索赔，解决争议，以维护贸易各有关人的合法权益。

二、检验时间和地点

商品检验在何时何地进行，各国法律无统一规定。而货物的检验权又直接关系到买卖双方在货物交接过程中的权利和义务，因此买卖双方通常在合同中就买方如何行使检验权，包括检验的时间和地点都作出相关规定，以明确双方的责任。对于商品检验的时间和地点的规定与合同所使用的贸易术语、商品特性、包装方式、行业惯例以及当事人所在国的法律、行政法规的规定有密切关系。

在国际货物贸易中，贸易合同中关于检验时间和地点的规定，基本做法有以下四种。

(一)在出口国检验

在出口国检验又分为产地检验或工厂检验和装船前或装船时检验。

1. 工厂(产地)检验

货物在离开生产地点(如工厂、农场或矿山)之前，由出口方或其委托人的检验人员或进口方的验收人员，对货物进行检验或验收。卖方承担货物离开产地之前的责任，而在运输途中出现的品质、数量等方面的风险则由买方承担。

2. 装运前或装运时在装运港(地)检验

装运前或装运时检验又称以离岸质量、重量或数量为准(shipping quality, weight or quantity as final)，即出口货物在装运港(地)装运前或装运时，以双方约定的商检机构对货物进行检验后出具的质量、重量、数量和包装等检验证书，作为决定交货质量、重量或数量的最后依据。

在这里，卖方取得商检机构出具的各项检验证书，就意味着其所交货物的质量、重量或数量是与合同规定相符合的，买方对此无权提出任何异议。货物运抵目的港(地)后，买方如再对货物进行复验时，即使发现问题，也无权再表示拒收或提出索赔。

(二)在进口国检验

在进口国检验是指在进口国的目的港(地)或在买方营业处所检验。

1. 目的港(地)检验

目的港(地)检验又称以到岸质量、重量(或数量)为准(landing quality, weight or quantity as final)，即在贸易货物运抵目的港(地)卸货后的一定时间之内，由双方约定的目的港(地)的商检机构进行商检，并以该商检机构出具的检验证书作为决定交付货物的质量、重量或数量的最后依据。如果检验证书证明货物的质量、重量或数量与贸易合同不符系卖方责任，卖方应予负责。

2. 在买方营业处所或最终用户所在地检验

对于不方便在目的港(地)进行检验的贸易货物,如密封包装货物或需要一定的检验条件或设备才能进行检验的货物,可以将检验延伸和推迟到货物运抵买方营业处所或最终用户所在地后的一定时间内进行,并由双方约定的该地的商检机构实施检验。该检验机构对商品检验后出具的检验证书作为买卖双方决定交货质量、重量或数量的依据。

采取上述两种做法时,卖方实际上须承担到货质量、重量或数量的责任。如果货物在质量、数量等方面存在的不符点属于卖方责任所致,买方则有权凭货物在进口国商检机构出具的检验证书,向卖方提出索赔,卖方不得拒绝。可见,这两种方法对卖方很不利。

(三)在出口国检验、进口国复验

在当前的国际贸易中,广泛采用在出口国检验、进口国复验的检验方法。按此做法,装运港(地)的检验证书作为卖方议付货款的凭证之一,但不是货物质量、重量或数量的最后依据。货到目的港后,由双方约定的检验机构在规定的期限内复验货物,并出具复验证明。若复验中发现交货质量、重量或数量与合同规定不符且责任属于卖方时,买方可凭复验的证明向卖方提出索赔。这种做法对于买卖双方来说都比较方便而且公平合理,因而成为一条公认的原则。

鉴于国际贸易中的货物常需要经远程运输,其质量和重量在过程中难免会有变化,装船时和到达时两次检验结果常有出处。出现差异的原因是多方面的:可能由于两地商检机构使用的检验标准或方法不同,也可能产生于运输装卸照顾不善,还可能因货物自然损耗等。为了保证合同的顺利履行,尽量减少因两地检验结果不同产生争议,可在检验条款中作下列规定:

(1)凡属于船方或保险公司责任的情况下,买方不得向卖方索赔,只能向有关责任方要求赔偿。

(2)如果两次检验结果的差异在一定范围之内,如 0.15%,则以出口国检验结果为准。如果超出这个范围,可由双方协商解决;如果不能解决,可提交第三国检验机构进行仲裁检验。

(四)装运港(地)检验重量、目的港(地)检验质量

装运港(地)检验重量、目的港(地)检验质量,又习称“离岸重量、到岸品质”(shipping weight, landed quality)。在大宗商品交易的检验中,为了调和买卖双方在商品检验问题上存在的矛盾,常将商品的重量检验和质量检验分开进行,即以装运港(地)检验机构出具的重量检验证书,作为卖方所交货物重量的最后依据,以目的港(地)检验机构出具的质量检验证书,作为商品质量的最后依据。

货物到达目的港(地)后,如果货物在质量方面与合同规定不符,而且该不符是由卖方责任所致,则买方可凭质量检验证书,就货物的质量向卖方提出索赔,但买方无权对货物的重量提出异议。这种做法多应用于大宗商品的检验。

需要指出的是,由于实际业务中检验时间和地点的规定,常常与合同中所采用的贸易术语、商品的特性、检测手段、行业惯例以及进出口国的法律、法规密切相关。因此,在规定商品检验时间和地点时,应综合考虑上述因素,尤其要考虑合同中所使用的贸易术语。

通常情况下，商品的检验工作应在货物交接时进行，即卖方向买方交付货物时，买方随即对货物进行检验。经检验合格后，买方即受领货物，卖方在货物风险转移之后，不再承担货物发生质量、数量等变化的责任。这一做法特别适用于以 E 组和 D 组实际交货的贸易术语达成的交易。但如果按 FOB、CFR 和 CIF 贸易术语成交时，情况则不同。由于在采用上述三种术语成交的情况下，卖方只要按合同规定在装运港将货物装上船，并提交符合合同规定的单据就算完成交货义务，货物风险也自货物越过装运港船舷开始由卖方转移给买方，但此时买方却并没有收到货物，自然更无机会检验货物。因此，以装运港交货的贸易术语达成的贸易合同，在规定检验时间和地点时，一般采用“出口国检验、进口国复验”。

三、检验证书

(一)商品检验机构

商品检验机构，是指接受委托对商品进行检验或公证鉴定的专门机构。国际上的进出口商品检验机构主要有官方的、非官方的和半官方的三种类型。

1. 官方检验机构

官方检验机构是由国家设立的检验机构。世界各国为了维护本国的公共利益，一般都制定检疫、安全、卫生、环保等方面的法律，由政府设立监督检验机构，依照法律和行政法规的规定，对有关进出口商品进行严格的检验管理，这种检验称为“法定检验”、“监督检验”或“执法检验”。官方机构只对特定商品（如粮食、药物等）进行检验，如美国食品药物管理局(FDA)、美国粮谷检验署(FGES)、法国国家实验检测中心、日本通商产业检验所等都是官方检验机构。

2. 非官方检验机构

非官方检验机构是由私人创办的，经政府注册登记，具有专业检验、鉴定技术能力的公证行或检验公司。由于民间商检机构承担的民事责任，有别于官方商检机构承担的行政责任，所以国际贸易中的商品检验主要由民间机构承担。比较著名的民间机构有：瑞士日内瓦通用鉴定公司(S. G. S.)、日本海外货物检验株式会社(OMIC)、美国安全试验所(UL)、英国劳合氏公证行(Lloyd's surveyor)、法国船级社(B. V.)及香港天祥公证化验行等。

3. 半官方检验机构

半官方检验机构是指一些有一定权威的、由国家政府授权、代表政府行使某项商品检验或某一方面检验管理工作的民间机构。

在我国，主管全国出入境商品检验、检疫、鉴定和管理工作的机构是中华人民共和国国家出入境检验检疫局(China Inspection and Quarantine，CIQ)，及其设在全国各口岸的出入境检验检疫局。

阅读材料

美国安全试验所(UL)

美国安全试验所(Underwriters Laboratories INC.)，始建于 1894 年，总部设

在伊利诺斯州的诺斯布鲁克,在纽约、长岛、佛罗里达州的坦帕、加利福尼亚州的桑塔克莱拉等地设有分支机构。UL公司是美国最有权威的也是世界上最大的对各类电器产品进行检验、测试和鉴定的民间检验机构。美国许多州的法律明文规定,没有UL标志的家电产品不准在市场上销售。在美国,无论个人、家庭、学校、机关,在市场上选购电风扇、电熨斗、电褥子、电吹风、电烤箱、微波炉、电热水器、电按摩器等家用电器时,只要看到贴有UL标志,便觉得放心,用起来有一种安全感,这是由于UL公司100多年来长期从事机电产品安全性能鉴定树立起良好信誉的结果。

(二)检验证书

商品检验机构对进出口商品进行检验检疫或鉴定后,根据不同情况、不同检验结果或鉴定项目签发不同的检验证书、鉴定证书或其他证明书,统称为商检证书(inspection certificates)。在贸易中,商检证书起着公正证明的作用,它是买卖双方商品交接、结算货款以及进行索赔和理赔的依据之一,也是报关验放、计算关税和运费的重要凭据,还是证明装运条件下,明确贸易关系人责任、处理经济诉讼和仲裁的有效凭证。

商检证书按其内容来分,主要有以下几种:

(1)品质检验证书(inspection certificate of quality),是证明进出口商品的质量、规格、等级等符合贸易合同或有关规定的证明文件。它可以作为国际贸易关系人交接货物、结算货款、通关验放、索赔理赔及仲裁诉讼举证的有效证明。

(2)重量或数量检验证书(inspection certificate of weight or quantity),是证明进出口商品的重量或数量是否符合贸易合同规定的证明文件。它可以作为贸易关系人交接货物、结算货款、纳税、计算运费、进行索赔和理赔的有效证明。

(3)包装检验证书(inspection certificate of packing),是证明进出口商品包装情况的证明文件。

(4)兽医检验证书(veterinary inspection certificate),是证明进出口动物产品经过检疫合格的证明文件,适用于冻畜肉、冻禽、禽畜肉、罐头、冻兔、皮张、毛类、绒类、猪鬃、肠衣等。有时还要加上卫生检验内容,称兽医卫生检验证书(veterinary sanitary inspection certificate)。它也是对外交接、银行结汇和进口通关的重要文件。

(5)卫生检验证书(sanitary inspection certificate),又称健康检验证书(inspection certificate of health),是证明可供人类食用或使用的动物产品等经过卫生检验或检疫合格的证明文件,适用于肠衣、罐头、冻鱼、冻虾、食品、蛋品、乳制品、蜂蜜等,也是对外交接货物、银行结汇和通关放行的重要证件。

(6)消毒检验证书(inspection certificate of disinfection),是用于证明出口谷物、油籽、豆类、皮张、山羊毛、羽毛、人发等商品已经过消毒处理,保证安全卫生的证件。

(7)熏蒸检验证书(inspection certificate of fumigation),是用于证明出口谷物、油籽、豆类、皮张等商品,以及包装用木材与植物性填充物等已经过熏蒸灭虫的证书,其内容主要证明使用的药物、熏蒸的时间等情况。

(8)温度检验证书(inspection certificate of temperature),是证明出口冷冻商品温度的

证书。测温结果一般列入品质检验证书中，若国外要求单独出证，也可单独出具温度检验证书。

(9)残损检验证书(inspection certificate on damaged cargo)，简称验残证书，是证明进口商品残损情况的证明文件。主要内容为确定商品的受损情况及其对使用、销售的影响，估计损失程度，判断致损原因。它可以作为收货人向供货人或承运人或保险人等有关责任方索赔的有效证明。

(10)船舱检验证书(inspection certificate on tank/hold)，是证明承运出口商品的船舱清洁、牢固、冷藏效能及其他装运条件是否符合保护承载商品的质量和数量完整与安全要求的证明文件。它可以作为承运人履行租船契约适载义务、对外贸易关系人交接货物和处理货损事故的依据。

(11)货载衡量检验证书(inspection certificate on cargo weight and measurement)，也称衡量检验证书，是证明进出口商品重量、体积吨位的证书，是计算运费和制订配载计划的依据。

(12)产地证明书(certificate of origin)，包括一般产地证、限制禁运产地证、野生动物制品产地证和普惠制产地证等。它是通关放行和减免关税的必要证明文件。

(13)价值证明书(certificate of value)，主要用于证明发票所列商品的价值是否真实正确。它是进口国管理外汇和征收关税的凭证。

以上这些检验证书，尽管类别不一，但其作用基本相同，表现为：作为证明卖方所交货物的品质、重量(数量)、包装以及卫生条件等是否符合合同规定的依据；作为买方对品质、重量、包装等条件提出异议、拒收货物、要求索赔、解决争议的凭证；作为卖方向银行议付货款的单据之一；作为海关验关放行的凭证。

四、国际货物买卖合同中的检验条款

商品检验条款一般包括：有关检验权的规定；检验或复验的时间和地点；检验机构；检验项目和检验证书等。

(一)条款表述

例 7-1：双方同意以装运港中国进出口商品检验局签发的品质及数量检验证书为最后依据，对双方具有约束力。

It is mutually agreed that the goods are subject to the Inspection Certificate of Quality and Inspection Certificate of Quantity issued by China Import and Export at the port of shipment. The Certificate shall be binding on both parties.

例 7-2：双方同意以装运港中国进出口商品检验局签发的品质、数量(重量)检验证书作为信用证项下议付所提单据的一部分。买方有权对货物的品质、数量(重量)进行复验，复验费由买方负担。如果发现品质或数量(重量)与合同不符，买方有权向卖方索赔。但须提供经卖方同意的公证机构出具的检验报告。

It is mutually agreed that the Inspection Certificate of Quality (Weight) issued by the China Import and Export Commodity Inspection Bureau at the port of shipment shall be part of the documents to be presented for negotiation under the relevant L/C. The Buyers shall have the right to reinspect the Quality and Quantity (Weight) of the cargo. The reinspect fee shall be borne by the Buyers. Should the Quality and/or Quantity (Weight) be found not in conformity with that of the contract, the Buyers are entitled to lodge with the Sellers a claim which should be supported by survey reports by a recognized Surveyors approved by the Sellers.

例 7-3：在交货前制造商应就订货的质量、规格、数量、性能做出准确全面的检验，并出具货物与本合同相符的检验证书。该证书为议付货款时向银行提交单据的一部分，但不得作为货物质量、规格、数量、性能的最后依据，制造商应将记载检验细节的书面报告附在品质检验证书内。

Before delivery the manufacturer should make a precise and overall inspection of the goods regarding quality, quantity, specification and performance and issue the certificate indicating the goods in conformity with the stipulation of the contract. The certificates are one part of the documents presented to the bank for negotiation of the payment and should not be considered as final regarding quality, quantity, specification and performance. The manufacturer should include the inspection written report in the Inspection Certificate of Quality, stating the inspection particulars.

(二)订立商品检验条款应注意事项

1.检验条款应与合同其他条款相一致，不能相互矛盾

检验证书的内容要与质量、数量、包装以及信用证的内容保持一致，否则不利于合同的履行及货款的收付。

2.品质条款应订得明确、具体

品质条款不能含糊其辞、模棱两可，因为这会致使检验工作失去确切依据而无法进行，或只能按照不利于出口人的最严格的质量标准进行检验。

3.应明确规定商品的复验期限、地点及复验机构

贸易合同中，买方如有复验权，应对复验的期限、地点作出明确规定。复验的期限实际就是买方索赔期限，买方只有在规定的期限内行使其权利，索赔才有效，否则无效。应根据货物性质、运输港口等情况决定适宜的复验期限和地点。

4.应明确规定商品包装的结构、方法以及所使用的材料

进出口商品的包装应与商品的性质及运输方式的要求相适应，并详细列明包装容器所使用的材料、结构及包装方法等，不宜采用诸如“合理包装”、“习惯包装”等订法，以免因双方理解不一致而产生矛盾。

5.应坚持独立自主、平等互利的原则

对我国的出口商品，一般坚持由我国商品检验机构按我国有关检验标准及规定的方法进行检验。目前暂无统一标准的，可参照同类商品的标准，或由我国生产部门会同商检部门共同商定的标准及检验方法进行。同时，也不排斥个别商品采用国外标准及方法进行检验。

第二节　医药化工贸易商品的索赔条款

一、争议与违约责任

在国际贸易中，由于买卖双方具有不同的经济利益、价值观念以及处于不同的法律体系，产生国际贸易纠纷在所难免。因此，为了维护当事人的合法权益，保证国际贸易活动的顺利进行，各国法律、有关政府和国际组织等，一致提出要积极加强国际贸易争议的预防与处理，并且鼓励当事人通过适当的途径和方式解决国际贸易争议。

(一)争议

在国际贸易中，发生合同争议是屡见不鲜的。所谓争议，就是指交易一方认为另一方未能全部或部分履行合同规定的责任而引起的业务纠纷。其原因有多方面：①合同是否成立，双方国家法律和国际贸易惯例解释不一。②合同条款规定欠明确，双方对合同条款解释不一致。③在履行合同时产生了双方不能预见和无法控制的情况，导致合同无法履行或无法按期履行，但双方对发生的不可抗力的法律后果解释不一致。④买方不按时开证、不按时付款赎单、无理拒收货物、不按时派船等。⑤卖方不按时交货，不按合同规定的质量、数量、包装交货，卖方不提供合同和信用证规定的单据等。上述这些情况都可能引起双方的争议，综合起来焦点主要在于：是否构成违约；双方对违约的事实有分歧；对违约的责任及其后果的认识相异。

(二)违约责任

合同一方违反合同义务，就应承担违约的法律后果，受损方有权提出损害赔偿的要求。但各国的法律或国际组织的文件对于违约方的违约行为及由此产生的法律后果、对该后果的处理又有不同的规定和解释。

1. 违约的构成要件

大陆法系认为，买卖合同当事人出现不能或不能完全履行合同义务时，只有当存在着可以归咎于他的过失时，才能构成违约，从而承担违约的责任。

英美法系认为，一切合同都是“担保”，只要债务人不能达到担保的结果，就构成违约，应负赔偿责任。在《英国货物买卖法》和《美国统一商法典》中，关于构成违约的条件并未被详细写明，但从司法实践中看，处理违约并不是以当事人有无过失作为构成违约的必要条件。通常只要当事人未履行合同规定的义务，即被视为违约。

《联合国国际货物销售合同公约》(以下简称《公约》)也未明确规定违约必须以当事人有无过失为条件。《公约》第 25 条规定，只要当事人违反合同行为的结果使另一方蒙受损害，就构成违约，当事人要承担违约责任。

2. 违约的形式

大陆法基本上将违约的形式概括为不履行债务或延期履行债务两种情况。不履行债务，也称为给付不能，是指债务人由于种种原因，不可能履行其合同义务。延迟履行债务，也称为给付延迟，是指债务人履行期已届满，而且是可能履行的，但债务人没有按期履行其合同义务。违约方是否要承担违约责任，则要看是否有归责于他的过失。如果有过失，违约方才承担违约的责任。

《英国货物买卖法》将违约的形式划分为违反要件和违反担保两种。违反要件是指违反合同的主要条款，即违反与商品有关的品质、数量、交货期等根本性的重要条款。在合同的一方当事人违反要件的情况下，另一方当事人即受损方有权解除合同，并有权提出损害赔偿。违反担保是指违反合同的次要的、从属于合同的条款。在违反担保的情况下，受损方只能提出损害赔偿，而不能解除合同。至于在每份具体合同中，哪些属于要件，哪些属于担保，该法并无明确具体的解释，只是根据"合同所做的解释进行判断"。这样，在解释和处理违约案件时，难免带有不确定性和随意性。

与《英国货物买卖法》不同，《联合国国际货物销售合同公约》则对违约的后果及其严重性进行了判断，将违约分为根本性违约和非根本性违约。

根本性违约，按《公约》规定，一方当事人违反合同的结果，如使另一方当事人蒙受损害，以至于实际上剥夺了他根据合同有权期待得到的东西，即为根本性违反合同，除非违反合同的一方并不预知而且同样一个通情达理的人处于相同情况中也没有理由预知会发生这种结果。不构成根本性违约的情况，均视为非根本性违约。

可见，《公约》规定根本性违约的基本标准是"实际上剥夺了合同对方根据合同有权期待得到的东西"。这种规定，避免了对各种违约情况做出武断的划分，实际上是对违约的性质做了基本的定义。违约方的故意行为造成的违约，如卖方完全不交货，买方无理拒收货物、拒付货款，其结果给受损方造成实质性的损害。如果一方当事人根本违约，另一方当事人可以宣告合同无效，并可要求损害赔偿。非根本性违约中的受损方只能要求损害赔偿，而不能宣告合同无效。

我国的《中华人民共和国涉外经济合同法》并未将违约责任具体划分，但明确受损方有权请求赔偿损失。其中第18条规定，当事人一方不履行合同或履行合同义务不符合约定条件，即违反合同，另一方有权要求赔偿损失或采取其他合理的补救措施。采取其他补救措施后，尚不能完全弥补另一方受到损失的，另一方仍然有权要求赔偿损失。但损失赔偿以另一方受到的损失为限。

综上，由于我国法律和国际条约对于违约行为的区分，对于不同的违约行为应承担的责任，以及另一方可以采取的补救方法都有不同的规定。因此为维护我方的权益，根据我国法律和国际上有关的法律和惯例，订好国际货物买卖合同中的索赔条款，并在合同履行中加以正确运用，是十分重要的。

二、索　赔

在国际贸易中，买卖双方往往会由于合同中的权利义务问题而引起争议。争议发生后，因一方违反合同规定，直接或间接给另一方造成损失，受损方在合同规定的期限内向违约方提出赔偿要求，以弥补其所受损失，就是索赔(claim)。

违约一方，如果受理受损方提出的赔偿要求，赔付金额或实物，以及承担有关修理、加工整理等费用，或同意换货等就是理赔。如果有足够的理由，解释清楚不接受赔偿要求的就是拒赔。索赔和理赔是一个问题的两个方面，对受损方而言是索赔，对违约方而言是理赔。

由于国际贸易情况复杂，产生争议和索赔的原因是多种多样的。争议和索赔也不限于买卖双方，还会涉及运输、保险等方面，而且各方往往有着密切的关系。因此必须根据实际情况，分清原因和责任方。

(一)索赔的种类

1. 向卖方的索赔

由于卖方违约而造成买方的损失，买方可向卖方索赔。例如，卖方交货品质、规格与合同不符；数量短缺；包装不善致使货物受损；拒不交货或延期交货等。

2. 向买方的索赔

由于买方违约而造成卖方的损失。如卖方已根据合同备货而买方拒不开证，该货的专业性又强；买方采用不正当手段将货物转口至卖方限制的地区；买方未按时支付货款或延迟接受货物；在 FOB 合同下，买方未及时订舱等。

3. 向船公司的索赔

向船公司的索赔即运输索赔，包括船公司推迟发船、运输途中出现货损、私自改线绕船航行推迟船到目的港的时间、短卸等。

4. 向保险公司的索赔

凡发生在投保范围内的损失，都可向保险公司索赔。

(二)索赔的方式

1. 要求一方履行合同义务

如卖方不交货、买方不开证、无理拒收货物、收货后拒付货款等，可采取这种方式。

2. 要求卖方交付替代货物

如果卖方所交货物与合同不符，致使买方无法接受。买方可要求卖方交付替代货物，即另外交付一批符合合同要求的货物，以替代不符合的货物，而原不符的货物则可运回或低价销售。

3. 要求卖方对不符合同的货物进行修补或补足合同数量

在大批量交货或数量较难确定的合同中，买方可允许卖方补足不够的数量。而在大型设备的交易中，可能出现部分非关键部件的遗失或损坏，买方也可要求卖方派员对设备进行修补工作，以使货物符合要求。

4. 要求减价

当卖方所交货物勉强为买方接受时，可对该货物的瑕疵或其他损坏情形要求适当的减价。减价应按实际交付货物在交货时的价值与当时符合合同的价值两者之间的比例计算。若是卖方已对货物不符合同的情况做出补救，则买方不得再要求减低价金。

5. 赔款

通常对保险公司或船公司的索赔，均以赔款方式处理。如系卖方责任，而损失不大时，也可以赔款方式解决，以求简便。赔款多少根据损失的大小决定。

6.退货还款

当卖方所交货物不符合同构成根本性违约时，买方可以拒受货物，将货物运还卖方，同时要求卖方退还所收货款。此种方式较为少见，因为往返运输耗时且耗运输费用。

(三)索赔的时效

索赔时效是指索赔一方向违约一方提出索赔要求的有效期限。如果逾期，对方可以不予赔偿。因此索赔一方应尽快于发现索赔原因之后提出索赔，以免耽误时间。

1.向卖方索赔的时效

在合同中一般会规定买方向卖方索赔的期限。索赔的期限应根据不同商品的情况具体作出规定。例如，对于一些食品、农产品等易腐及鲜活商品，索赔期限应规定得短一些。对于一般商品的索赔期限，通常规定为货到目的地后 30 天或 45 天。对于机器设备的索赔期限则可规定得长一些，一般为货到目的地后 60 天或更长。索赔期限一般不宜过长，以免卖方承担过重的责任，也不宜过短，致使买方无法行使索赔权利。

2.向承运公司索赔的时效

向承运公司的索赔一般在运输合同中有规定。如果在卸货时发现货物有包装破损、泄漏、串味、短卸等情况，应及时会同承运人或其代理人办理公证手续或直接取得有关的事故证明书或短卸证明书，以便受货人向承运人提出索赔。如果是海运，一般在船抵埠 14 天内发出。

3.向保险公司索赔的时效

向保险公司索赔时，应注意在保单条款规定的时效以及地域内提供的公证手续。根据海上货物保险时效条款规定，除一般散装及特殊的货物，另订条款指明在卸载码头后，保险时效即行终止外，凡货物进入码头仓库后，如果在受货人控制情况下，应尽速提货；如果在无法控制情况下不能尽速提货，则该保险公司的有效期最长亦不超过 60 天。

(四)索赔的依据

索赔的法律依据是合同和适用的法律、惯例。索赔的事实依据是违约事实的书面文件，即有资格的机构出具的书面证明、当事人的陈述和其他旁证。索赔依据是指提出索赔必须具备的证据以及出证的机构。

1.向卖方索赔的依据

向卖方索赔的依据包括索赔函、公证机构出具的检验报告(说明事故发生的性质、内容及数量等)、索赔清单(说明损失项目的名称、数量、索赔金额及计算方式)以及其他单据。

2.向承运人索赔的依据

向承运人索赔的依据包括索赔函、公证机构出具的检验报告、索赔清单、事故证明文件、由船公司或港务机构出具的破损事故证明书或短卸证明书、提单正本或副本(全部短卸或灭失时，应提交正本，部分损失时提交副本)、商业发票副本、其他船公司要求的证件。

3.向保险公司索赔的依据

向保险公司索赔的依据包括索赔函、标的物损失名称、数量、单价、公证机构的事故证明文件(如海难证明书、事故证明书等)、保单正本或副本、卖方签发的商业发票、卖方签发的其他单据(如质量证明书、装箱单等)、出口地公证机构出具的检验证明书。承运货物的船只,如果因故宣布共同海损,买方还应向保险公司提交承运人通知函副本以及共同海损保证书正副本。

当一方接受索赔通知及其相关证据后,应立即审核索赔内容,调查索赔发生的情况,以便妥善处理。

(五)合同中的索赔条款

索赔条款有两种规定方式:一种是异议与索赔条款;另一种是罚金条款。在一般货物买卖合同中,大多数只订立异议与索赔条款。而在大宗商品和机构设备合同中,除了异议与索赔条款外,往往还需另订罚金条款。

1. 异议与罚金条款

异议与罚金条款是指买卖合同中关于处理和索赔违约责任的规定。其内容包括索赔的依据、索赔的期限、索赔的方法等。

2. 罚金条款

罚金条款是指合同中规定,如果由于一方未履约或未完全履约,应向对方支付一定数量的约定金额。金额的多少视延迟时间长短而定,并规定最高罚款金额。这一条款的规定一般适用于卖方延长交货时间或买方延期接货等情况。它的特点是在合同中先约定一赔偿金额或赔偿的幅度。如规定:“如卖方不能按期交货,在卖方同意由付款行从议付款中扣除罚金的条件下,买方可同意延长交货。但是因延期交货的罚金不得超过货物总金额的 5%,罚金每 7 天收取 0.5%,不足 7 天按 7 天计算。如卖方未按合同规定的装运期交货,延长 10 周时,买方有权撤销合同,并要求卖方支付上述延期交货罚金。”罚金的支付,并不能解除卖方的交货义务。如果卖方根本不履行交货义务,仍要承担因此给买方造成的损失。

在订立罚金条款时,应注意各国的法律对于罚金条款持有的不同态度和不同解释与规定。在法国、德国等国家的法律中,对合同中的罚金条款是予以承认和保护的。但在美国、英国、澳大利亚和新西兰等英美法系国家的法律中则有不同的解释。

如英国的法律对合同中订有固定赔偿金额条款,按其情况分为两种性质:一种是作为“预定损害赔偿金额”,是指双方当事人在订立合同时,根据估计可能发生违约所造成的损害,事先在合同中规定赔偿的百分比。另一种是作为“罚款”,是指当事人为了保证合同的履约,对违约一方征收的罚金。对上述性质的区分是根据当事人在合同中表示的意思由法官来确定的。按照英国法院的主张,如果属预定的损害赔偿,不管损失金额的大小,均按合同规定的固定金额判付;如果属“罚金”,对合同规定的固定金额不予承认,而根据受损方提出损失金额的证明另行确定。

我国《合同法》中没有规定“罚金”,而规定“违约金”。违约金与罚金是不同性质的两个概念。违约金是违约责任的方式,是违约救济的措施之一。违约方通过支付一定违约金,有时可以终止合同的效力,不再承担合同义务。罚金是一种督促履行合同的措施,带有惩罚性质的方法,违约方支付罚金后不能终止合同,必须按规定继续履行合同。

需要指出的是,我国《合同法》还规定:“约定的违约金低于造成损失的,当事人可以请求人民法院或仲裁机构予以增加；约定的违约金过分高于造成的损失的，当事人可以请求人民法院或仲裁机构予以适当减少。”可见，违约金的制定并不是毫无限制的自由约定，而要受国家法律的正当干预。这种干预是通过法院或仲裁机构适当减少或增加的方法来实施的。违约一方支付违约金并不当然免除继续履行义务，受害方要求履行合同，而违约方有继续履行能力的，必须继续履行。

第三节　医药化工贸易商品的不可抗力

一、不可抗力

(一)不可抗力的含义

不可抗力(force majeure)，又称人力不可抗拒，是指买卖合同签订之后，不是由于签约当事人任何一方的过失或疏忽，而是由于发生了签约当事人不能预见、也无法预防或控制的意外事故，致使合同不能履行或不能按期履行。

一项意外事故是否构成不可抗力，需要具备四个条件：

(1)这种意外事件发生在签订合同之后。

(2)事件的发生不是由于任何一方当事人的故意或过失造成的，而是由于偶然发生的和异常的事件。如果由于一方过失引起意外火灾使得合同无法履行，则视同一方违约，应当承担违约的赔偿责任。

(3)事故是在订立合同时双方不能预见的。如货币贬值，价格涨落，是商人能够预见的，只能作为商业风险。又如逆风对于租船契约不属于不可抗力，尽管不可预见，但这是订约人在订约时应当设想到肯定会发生的风险。

(4)事故的发生是不可避免而且是人力所不能抗拒、不可控制的，如地震、海啸，无论如何防范，也是不可避免，而且不可抗拒。

(二)不可抗力事件的原因

引起不可抗力的原因有自然原因和社会原因两种。通常分为两种：

(1)由自然原因引起的，如水灾、火灾、冰灾、地震、飓风、大雪、暴风雨等。

(2)由社会原因引起的，如战争、暴动、罢工、政府禁令等。

对于上述事故范围，国际上对自然力量引起的事故的解释比较一致，但对社会原因引起的意外事故，各国的解释常有分歧。如：美国习惯上认为不可抗力仅指由于自然力量所引起的意外事件，而不包括社会力量所引起的意外事件，所以美国一般不使用“不可抗力”这一术语，而称为“意外事故条款”(contingency clause)。

由于国际上没有统一的解释，各国法律一般都允许当事人在合同中订立不可抗力条款时自行商定。从国际贸易实践和某些国家的案例来看，一般对不可抗力事故的范围都是从严解释的，这既表现在对引起的不可抗力事故本身的解释上，也表现在对一些常见风险的解释上。某些事故(如上文所述)，例如，签约后世界市场价格的涨跌，货币的贬值与升值，这对买卖双方来说虽说是无法避免或无法控制的,但这是国际交易中的常见现象和常见风险,也不是完全不可预见的,故不属于不可抗力的范围,不能援引不可抗力条款以求免责。

(三)不可抗力的法律后果

合同中的不可抗力条款是一种免责条款。遭受不可抗力事件的当事人可免除其不履行或不按期履行合同的责任,而另一方不得要求赔偿损失。《联合国国际货物销售合同公约》第 79 条规定:“当事人对不履行义务,不负责任,如果他能证明此种不履行义务,是由于某种非他所能控制的障碍,而且对于这种障碍,没有理由预期他在订立合同时能考虑到或能避免或克服它的后果。”此处所述“障碍”即为不可抗力。

不可抗力是许多国家法律的一个原则,在英美法系中称为“合同落空”,在大陆法系中称为“情势变迁”。“合同落空”(frustration of contract)是指合同签订后,不是由于双方当事人自身的过失,而是由于发生了双方当事人意想不到的情况,致使签订合同的目的受挫,据此未履行合同义务,当事人得以免除责任。“情势变迁”也称“契约失效”,是指不是由于当事人的原因,而是由于发生了当事人预想不到的变化,致使不可能再履行合同或对原来的法律效力需作相应的变更。不过,法院对以此为由要求免责的规定是极为严格的。

不可抗力发生后,有三种法律后果:一是解除合同;二是部分解除合同;三是延期履行合同。至于在什么情况下采取什么样的处理方式,要看不可抗力对履行合同的影响,也可由双方当事人在合同中具体加以规定。若合同未明确规定,一般的解释是:如果发生的不可抗力事件已经破坏了履行合同的根本基础,致使履行合同成为不可能,则可解除合同。如果只是部分地影响了合同的履行,则可部分地免除当事人履行合同的责任。如果发生的不可抗力事件只是暂时或在一定时间内阻碍合同的履行,只能中止合同或延期履行合同,但不能解除有关当事人履行合同的义务。一旦事故后果得以消除,仍然要履行合同。

(四)不可抗力的通知和证明文件

按照国际惯例,当发生不可抗力影响合同履行时,不能按规定履约的一方当事人要取得免责的权利,必须及时通知另一方,并提供必要的证明文件,而且在通知中应提出处理的意见。对此,《联合国国际货物销售合同公约》规定:“不履行义务的一方必须将障碍及对其履行义务能力的影响通知另一方。如果该项通知在不履行义务的一方已知道或理应知道此障碍后一段合理时间内仍未被另一方收到,则他对由于另一方未收到通知而造成的损害,应负赔偿责任。”我国法律也认为:当事人一方因不可抗力不能履行合同的,应当及时通知另一方,以减轻可能给另一方造成的损失,并且应当在合理期间内提供证明。

在实践中,为防止争议,通常在合同的不可抗力条款中明确规定具体的通知期限。出具不可抗力证明的机构,在国外,一般由当地商会或合法的公证机构出证。在我国,由中国国际贸易促进委员会(即中国国际商会)或其设在各省、自治区、直辖市的分会出证。对出具证明的机构,最好也在合同中订明。

一方接到对方关于不可抗力的通知或证明文件后,无论同意与否都应及时答复,否则,若长期拖延不理,要负违约责任,或按有些国家的法律(如《美国统一商法典》)规定,将视作默认。

(五)合同中的不可抗力条款

合同中的不可抗力条款的规定通常有以下几种方法。

1. 概括规定

在合同中不具体规定哪些事件属于不可抗力事件，只是笼统地规定：由于公认的不可抗力原因，致使一方不能履行合同义务，则发生事件的一方可据此免除责任。由于这种方法过于笼统，含义模糊，伸缩性大，容易引起争议，不宜采用。

例 7-4：如发生不可抗力情况，卖方应及时以电报/传真/电传/通知买方，并在 14 天内邮寄事故发生地商会出具的证明事故的文件。

The Sellers shall advise the Buyers by CABLE/FAX/TLX in case of Force Majeure, and furnish the latter within 14 days by registered airmail with a certificate issued by local Chamber of Commerce attesting such event or events.

2. 具体规定

在合同中详列不可抗力事件，凡是发生了所罗列的事件即构成不可抗力，合同中未列举的事件，即不构成不可抗力事件。这种列举的方法虽然明确具体，但文字繁琐，且可能出现遗漏，因此也不是最好的规定方法。

例 7-5：如由于战争、地震、水灾、火灾、暴风雨、雪灾的原因，致使卖方不能全部或部分装运或延迟装运合同货物，卖方对于这种不能装运或延迟装运本合同货物不负有责任。但卖方须以电信方式通知买方，并须在若干天以内，以航空挂号信件向买方提交由中国国际促进委员会（中国国际商会）出具的证明此类事件的证明书。

If the shipment of the contracted goods is prevented or delayed in whole or in part by reason of war, earthquake, flood, fire, heavy snow, the Seller shall not be liable for non-shipment or late shipment of the goods of this contract. However, the Seller shall notify the Buyer by teletransmission and furnish the latter within …days by registered airmail with a certificate issued by the China Council for the Promotion of International Trade (China Chamber of International Commerce) attesting such event or events.

3. 综合规定

列明可能经常发生的不可抗力事件（如战争、洪水、地震等）的同时，再加上“以及双方同意的其他不可抗力事件”的文句。这种规定方法，不仅在合同中概括不可抗力的具体含义，又列举属于不可抗力范围的事件，既明确具体，又有一定的灵活性，是一种可取的方法。

例 7-6：如由于战争、地震、水灾、火灾、暴风雨、雪灾或其他不可抗力原因，致使卖方不能全部或部分装运或延迟装运合同货物，卖方可不负责任。但卖方应立即将事件通知买方，并于事件发生后若干天内将事件发生地政府主管当局出具的事件证明书用航空挂号信件邮寄买方，并取得买方认可。在上述情况下，卖方仍有责任采取一切必要措施从速交货。如果事件持续超过若干个星期，买方有权撤销合同。

The Seller shall not be held responsible for failure of delay to perform all or any part of this contract due to war, earthquake, flood, fire, storm, heavy snow or other cause of Force Majeure. However, the Seller shall advise the Buyer immediately of such occurrence, and with... days thereafter, shall send by registered airmail to the Buyer for their acceptance a certificate issued by the Competent Government Authorities of the place where the accident occurs as evidence thereof. Under such circumstance, the Seller, however, is still under the obligation to take all necessary measure to hasten the delivery of the goods. In case the accident lasts for more than …weeks, the Buyers shall have the right to cancel the contract.

二、援引不可抗力条款应注意的事项

(一)按照合同规定严格审查对方的免责要求

在我国进出口贸易中,当对方援引不可抗力条款要求免责时,我们应按照合同规定严格进行审查,以便确定其所援引的内容是否属于不可抗力条款规定的范围。凡不属于该范围又无"双方同意的其他人力不可抗拒"规定时,不能按不可抗力事故处理。即使有此规定,也应由双方协商,一方不同意时,不能算作不可抗力事故。

(二)实事求是地确定不可抗力的后果

援引不可抗力条款时,应本着实事求是的精神,弄清情况,确定影响履约的程度,以此来判定是解除履约责任,还是延期履约。

第四节　医药化工贸易商品的仲裁条款

一、仲裁是解决争议的一种重要方式

国际贸易中发生争议的解决方式主要有以下几个方面。

(一)友好协商(negotiation)

友好协商是指争议双方当事人,在争议发生后,通过口头、书面或其他通讯方式,相互协商以寻求争议解决的一种方式。这种做法简单便捷、费用较低,而且气氛缓和、灵活性大,有利于保持和促进双方的友好合作关系,但有一定的局限性。

(二)调解(conciliation)

调解是指双方当事人,自愿将争议提交给一个独立的第三方作为调解人居间调解,以促进当事人互谅互让,从而达成协议以解决争议。这种做法由于调解程序简单,调解员具有专业知识和实践经验,居间调解可以帮助当事人较快解决争议。因此,在争议发生后的特定阶段,为了既不伤和气又能尽快解决争议,调解成为可供选择的一种好方法。

(三)仲裁(arbitration)

仲裁是指各方当事人自愿将他们之间的争议交由各方所同意的第三者进行审理和裁决,以求争议的最终解决。贸易中的争议,如友好协商、调解都未成功而又不愿诉诸法院解决时,则可采用仲裁。

仲裁的优势在于其程序简便、结案较快、费用较少,能独立、公正、迅速地解决争议,给予当事人以充分的自治权。它还具有灵活性、保密性、终局性和裁决易于得到执行等优点,从而为越来越多的当事人所选择采用。目前仲裁已成为解决争议最普遍采用的方式。

(四)诉讼(litigation)

诉讼是指一方当事人向法院起诉,控告另一方有违约违法的行为,要求法院依法给予救济或惩处另一方当事人。通常是由于争议所涉及的金额较大,双方都不肯让步,或者一方缺乏解决问题的诚意,通过协商和调解难以达成协议,以致诉讼法律。

诉讼具有以下特点:①诉讼带有强制性,只要一方当事人向有管辖权的法院起诉,另一方就必须诉讼,争议双方都无权选择法官。②诉讼程序复杂,处理问题比仲裁慢。③诉讼处理争议,常会致双方关系紧张,有伤和气,不利于今后贸易关系的继续发展。④诉讼费用较高。

综上,前两种方法都有一定的局限性,最后一种方法有一定的缺陷,而仲裁的优势较为突出,所以仲裁就成为解决国际贸易争议广泛采用的一种行之有效的重要方式。

二、仲裁协议的形式与作用

仲裁协议是指双方当事人根据意思自治的原则,将两者之前已经发生或可能发生的合同纠纷或其他财产权益争议提交仲裁机构解决的一种共同的、书面的意思表示。需要注意的是,根据我国《仲裁法》第 16 条规定,仲裁协议必须采用书面形式,口头的仲裁协议无效。

(一)仲裁协议的形式

仲裁协议有两种形式:①仲裁条款,是双方当事人在所签订的合同中表示愿意将他们之间将来可能发生的争议提交仲裁机构解决的条款。通常在争议发生之前订立,作为合同中的一项仲裁条款出现。②提交仲裁的协议,是双方当事人在争议发生之前或争议发生之后,单独订立的愿意将争议提交仲裁机构解决的一种书面文件。该文件可有多种形式,如特别协议、往来函电及其他书面约定等。这种协议书是在合同中没有仲裁条款的情况下,由双方当事人另行共同商定的一种仲裁协议。

(二)仲裁协议的作用

(1)约束双方当事人只能以仲裁方式解决争议,不得向法院起诉。

(2)排除法院对有关案件的管辖权,如一方违背仲裁协议,自行向法院起诉,另一方可根据仲裁协议要求法院不予受理,并将争议案件退交仲裁庭裁决。

(3)使仲裁机构取得对争议案件的管辖权。

上述三条作用的中心是第二条,即排除法院对争议案件的管辖权。因此,双方当事人不愿意将争议提交法院审理时,就应在争议发生前在合同中订立仲裁条款,以免将来发生争议后,由于达不成仲裁协议而不得不诉诸法院。

根据我国法律,有效的仲裁协议必须包括有请求仲裁的意思表示,选定的仲裁委员会和约定仲裁事项(该仲裁事项依法应具有可仲裁性),必须是书面的,当事人具有签订仲裁协议的行为能力,形式和内容合法。

三、仲裁的程序

仲裁程序,是指由法律规定仲裁机构处理争议所需经过的几个步骤,一般包括申请、受理、组成仲裁庭、审理和裁决等几个主要环节。

(一)仲裁申请

仲裁申请是指合同一方当事人依据双方达成的仲裁协议,向选定的仲裁机构提交仲裁申请书。双方当事人有仲裁协议的,当发生合同争议时,要处理该争议,一方当事人必须向仲裁机构提出仲裁申请。该方当事人为申请人,对方为被申请人。当事人申请,是仲裁程序的第一个法定环节。

(二)仲裁机构受理

仲裁机构受理是指仲裁机构经过审查对符合法定条件的仲裁申请予以接受。受理表明,仲裁已立案,打算处理该案件。当然,并不是所有仲裁申请都会被仲裁机构接受,只有符合法定条件的申请才被仲裁机构接受。

需要说明的是,提交仲裁申请或仲裁机构受理后,申请人可以放弃或变更仲裁请求(主要是增加或减少仲裁请求事项等),被申请人可以承担或反驳仲裁请求,有权提出反请求(请求申请人赔偿因违约给自己造成的损失)。

(三)组成仲裁庭

仲裁委员会受理仲裁申请后,应依法组成仲裁庭来处理案件,这也是仲裁程序的必经环节。这里所说的仲裁庭,不是指仲裁委员会内部常设的组织机构,而是指由仲裁委员会成员依据当事人约定或仲裁委员会指定组成的仲裁某一具体争议的临时机构。

仲裁庭的组成人员可为一人或三个。一人组成的仲裁庭为独任仲裁庭,适用于以下两种情况:①双方当事人约定仲裁庭的组成人员应当为一个。②根据案件的性质或当事人约定,案件适用简易仲裁程序。在简易仲裁程序中,仲裁庭的组成人员多为一人。

除了上述两种情况外,仲裁庭的组成人员均应为三人,申请人和被申请人可分别指定一名仲裁员,然后由这两名仲裁员共同指定第三人为首席仲裁员,或由双方共同指定或共同委托某一仲裁机构指定第三人为首席仲裁员。被指定的仲裁员,如果和案件有厉害关系,应当自行向仲裁委员会请求回避。仲裁员因回避或其他援引不能履行其职责时,则应按照原定仲裁员的程序重新指定。

(四)审理

仲裁审理的过程一般包括开庭审理、进行调解、收集和审查证据或询问证人。仲裁庭审理案件的形式通常有三种,即开庭审理、书面审理及上述两者相结合的混合审理。国际上通行的做法是,仲裁庭有权自行决定其审理方式。根据我国《仲裁法》规定,仲裁庭应当开庭审理案件,但经双方申请或征得双方当事人同意,仲裁庭也认为不必开庭审理的,可以不开庭审理,而只是依据书面文件进行审理并做出裁决。

在审理过程中,如有必要还可采取“保全措施”,即对有关当事人的财产做出的一种临时性的强制性措施,如出售易腐货物、冻结资金、查封、扣押物品等。

(五)裁决

仲裁裁决是仲裁庭在审理案件过程中或案件终结后,根据查明的事实和认定的依据,对当事人提交仲裁之争议的请求事项做出的予以支持或驳回、或部分支持、或部分驳回的书面决定。它可分为中间裁决、部分裁决和最终裁决。中间裁决，即对审理清楚的争议所做的暂时性裁决，以利于案件的进一步审理。部分裁决，即仲裁庭对整个争议中的某些问题已经审理清楚，而现行做出的部分终局性裁决。最终裁决，即仲裁程序进行的最后阶段，仲裁庭在实体上对当事人提交的全部仲裁请求和反请求争议事项所做出的终局性决定。

仲裁裁决必须在审理案件终结之日起 45 天内以书面形式做出。仲裁裁决除由于调解达成和解而做出的裁决书外，应说明裁决所依据的理由，并写明裁决是终局性的和做裁决的日期和地点，以及仲裁员的署名。

四、仲裁裁决的承认与执行

仲裁的承认是指法院根据当事人的请求，依法确定仲裁裁决具有可予执行的法律效力。裁决的执行是当事人自动履行裁决事项，或法院根据一方当事人的申请依法强制另一方当事人执行裁决事项。

仲裁裁决做出后，一般情况下，败诉方能够自动履行裁决。但当败诉方拒绝履行时，由于仲裁机构和仲裁员本身无强制执行的权利，则胜诉方只能请求法院强制执行。但是国际商事仲裁中可能发生另外一种情况，即在一国进行仲裁，而败诉方在另一国，这样胜诉方在向外国的法院申请强制执行时，就可能存在困难。为此，国际间曾缔结过三个关于承认和执行外国仲裁裁决的国际公约。第一个是 1923 年在国际联盟主持下制定的《仲裁条款议定书》，第二个是 1927 年在国际联盟下制定的《关于执行外国仲裁裁决的公约》，第三个是 1958 年由联合国主持在纽约订立的《承认及执行外国仲裁裁决公约》。现在，1958 年《纽约公约》实际上已取代了前两个公约，成为目前国际上关于承认和执行外国仲裁裁决的最主要公约。我国于 1986 年加入该公约。

(一)中国涉外仲裁机构仲裁裁决在外国的承认和执行

依照《中华人民共和国民事诉讼法》第 266 条和《中华人民共和国仲裁法》第 72 条规定，我国涉外仲裁机构做出的发生法律效力的仲裁裁决，当事人请求执行的，如果被执行人或其财产不在中国领域内，应当由当事人直接向有管辖权的外国法院申请承认和执行。由于我国已加入《纽约公约》，当事人可依照公约规定直接到其他有关缔约国申请承认和执行我国涉外仲裁机构做出的裁决。

(二)外国仲裁裁决在中国的承认和执行

按照《中华人民共和国民事诉讼法》第 269 条规定，国外仲裁机构的裁决需要我国人民法院承认和执行的，应当由当事人直接向被执行人住所地或其财产所在地的中级人民法院申请，人民法院应当依照我国缔结或者参加的国际条约或按照互惠原则办理。

需要说明的是，我国在加入《纽约公约》时，做出了两项保留声明：

(1)我国只在互惠的基础上对另一缔约国领土内做出的仲裁裁决的承认和执行适用该公约。

(2)我国只对根据我国法律认为属于契约性和非契约性商事法律关系所引起的争议适用该公约。

可见，符合上述两个条件的外国仲裁裁决，当事人可依照《纽约公约》规定直接向我国有管辖权的人民法院申请承认和执行。对于在非缔约国领土内做的仲裁裁决,需要我国法院承认和执行的,只能按互惠原则办理。也就是说,当事人向我国有管辖权的人民法院申请承认和执行外国仲裁裁决,但该仲裁机构所在国与我国没有缔结或共同参加有关国际条约,也没有互惠关系的,当事人应该以仲裁裁决为依据向人民法院起诉,由有管辖权的人民法院作出判决,予以执行。

五、合同中的仲裁条款

贸易合同中的仲裁条款一般包括:提请仲裁的争议范围、仲裁地点、仲裁机构、仲裁规则、仲裁裁决的效力、仲裁费用的负担等。其中,仲裁地点是买卖双方磋商仲裁条款时的一个重点,这主要是因为仲裁地点与仲裁所适用的程序法,以及合同适用的实体法关系密切。具体有三种形式。

(一)规定在我国仲裁的条款

例 7-7:凡因执行本合同引起的或与本合同有关的一切争议,双方应通过友好协商解决。如果协商不能解决,应将争议提交北京中国国际经济贸易仲裁委员会,根据该会的仲裁规则进行仲裁。仲裁裁决是终局的,对双方均有约束力。仲裁费用除仲裁庭另有裁决外,应由败诉方承担。

All disputes arising out of the performance of, or relating to this contract, shall be settled through friendly negotiation. In case no settlement can be reached through negotiation the case shall be then submitted to the China International Economic and Trade Arbitration Commission, Beijing, China for arbitration in accordance with its Rules of Arbitration. The arbitral award is final and binding upon both parties. The arbitration fee shall be borne by the losing party unless otherwise awarded by the arbitration court.

(二)规定在被诉方所在国仲裁的条款

例 7-8:凡因执行本合同所引起的或与本合同有关的任何争议,双方应通过友好协商解决。如果不能协商解决,则应提交仲裁解决。仲裁在被告人所在国进行。在中国,由北京中国国际经济贸易仲裁委员会根据该会仲裁规则进行仲裁。在_____(被告人所在国),由_____(由被告人所在国仲裁机构)根据其仲裁规则进行仲裁,仲裁裁决是终局的,对双方均有约束力。仲裁费用除仲裁庭另有裁决之外,应由败诉方承担。

All disputes arising from the execution of, or in connection with this contract shall be settled amicably through friendly negotiation. In case on settlement can be reached through negotiation, the case shall then be submitted for arbitration. The location of arbitration shall be in the country of the domicile of the dependent. If in China, the arbitration shall be conducted by the China International Economic and Trade Arbitration Commission, Beijing in accordance with the Rules of Arbitration. If in _____ the arbitration shall be conducted by _____ in accordance with its arbitral rules. The arbitral awards is final and binding upon both parties. The arbitration fee shall be borne by the losing party unless otherwise awarded by the arbitration court.

(三)规定在第三国仲裁的条款

例 7-9:凡因执行本合同所引起的或与本合同有关的任何争议,双方应通过友好协商解决。如果不能协商解决,则应提交______(仲裁机构),根据其仲裁规则进行仲裁。仲裁裁决是终局的,对双方均有约束力。仲裁费用除仲裁庭另有裁决之外,应由败诉方承担。

All disputes arising from the execution of or in connection with this contract, shall be settled amicably through friendly negotiation. In case no settlement can be reached through negotiation, the case shall be submitted to ______ (arbitral authority) for arbitration in accordance with its arbitral rules of procedure. The arbitral award is final and binding upon both parties. The arbitration fee shall be borne by the losing parties unless otherwise awarded by the arbitration court.

【本章小结】

本章涉及贸易实务中争议的预防与处理条款,重点介绍了医药化工贸易商品的检验、索赔、不可抗力、仲裁条款,应能在实务中灵活运用这些条款来解决贸易争议。

【思考和练习】

1. 买方的检验权是什么含义?
2. 在国际货物买卖中,关于商品检验的时间和地点的方法有哪些?
3. 合同中的检验条款一般应包括哪些内容,订立商检条款应注意哪些问题?
4. 国际贸易中解决争议的方法有哪几种,为什么仲裁是一种较好的方法?
5. 对违约责任的划分都有哪些标准?
6. 合同中的索赔条款有几种规定方法?
7. 什么是不可抗力?它有哪些认定条件?
8. 在贸易合同中,不可抗力条款有哪几种规定方法,较好的方法是什么?
9. 什么是仲裁协议,它有什么作用?

第八章　交易磋商

学习目标：

了解交易磋商的形式和内容；了解和掌握国际货物交易的一般程序；重点掌握构成合同关系成立的有效发盘和有效接受必须具备的条件。

第一节　交易磋商的形式和内容

交易磋商是指买卖双方以一定的方式并通过一定的程序就交易的货物及各项交易条件进行协商，最后达成协议的整个过程。

一、交易磋商的形式

交易双方在进行磋商时常采用口头磋商和书面磋商。

(一)口头磋商

口头磋商，即面对面谈判，通常适合于交易双方初次进行贸易，或交易内容复杂、条件多的情况。口头磋商中交易双方可以直接交流，便于了解对方的诚意和态度，并根据交易洽商的进展情况及时调整策略，因此比较容易达到预期目的。同时也使双方互相了解，增进感情，有利于建立长期的伙伴关系。另外，通过电话洽谈也归属口头磋商形式。

(二)书面磋商

书面磋商是指通过信函、电报、电传、传真或电子邮件等方式来进行的，双方不见面的谈判。它适用于在有潜在交易意向、已经有过贸易往来，或是需要寻求新的交易对象时采用。书面磋商有文字记载作为记录并可以长期保存，且费用也较低，因此在贸易中被普遍使用。

在实际业务中，一般采用其中的一种方式，有时也将两种方式结合起来使用。

二、交易磋商的内容

交易磋商的内容就是合同各项条款的内容。合同中的各项条款按性质分为"主要交易条件"和"一般交易条件"。主要交易条件包括货物的品名、质量、数量、包装、价格、装运、保险和支付等。一般交易条件是指商品的检验、索赔、不可抗力和仲裁等，其主要的作用是保障交易的实施，或是预防争议的发生和解决争议。一般交易条件通常印在交易合同的背面，只要对方不提出异议，就不需要逐条商定了。因此，一般交易条件也称为“背面条款”或“格式条款”。当然，如果双方在洽谈时，对方对在合同中已印制的格式条款不接受，也可作出变更。

第二节 交易磋商的一般程序

交易磋商的程序有邀请发盘、发盘、还盘和接受四个环节，其中发盘和接受是达成交易、合同成立必不可少的两个基本环节和必经的法律步骤。

一、邀请发盘

邀请发盘(invitation to offer)，是指交易一方为购买或销售某项商品，向潜在的供货人或买方探询该商品的有关交易条件，或者就该项交易条件提出带有保留条件的建议。它不具有法律上的约束力，也不是交易磋商的必经步骤，但往往是一笔交易的起点。邀请发盘有多种形式，最常见的是询盘(inquiry)这种形式。

邀请发盘一般起邀请对方发盘的作用。与发盘相比，邀请发盘有以下特点：主要交易条件不完备；附有保留条件；内容不够明确等。例如：

(一)卖方询盘

可供99%铝锭，7月份装运，如有兴趣请电告。

CAN SUPPLY ALUMINUM INGOT 99 PCT JULY SHIPMENT PLEASE CABLE IF INTERESTED.

(二)买方询盘

对东北大豆有兴趣，请电告CIF伦敦最低价。

INTERESTED IN NORTHEAST SOYBEAN PLEASE TELEA CIF LONDON LOWEST PRICE.

二、发　盘

发盘(offer)，又称发价，法律上称为“要约”，是指交易的一方向另一方提出购买或出售某种商品的各项交易条件，并表示愿意按这些条件与对方达成交易、订立合同的肯定表示。发盘既属于商业行为，也属于法律行为。

发盘可以由卖方发出，即售货发盘(selling offer)；也可由买方发出，即购货发盘(buying offer)，或称为递盘(bid)。

发盘是交易磋商中必需的一个环节，在法律上对发盘人具有约束力。发盘在有效期内，发盘人不得任意撤销或修改其内容；一旦受盘人在有效期内表示无条件接受发盘内容，发盘人将承担按发盘条件与对方订立合同的责任。

(一)构成发盘的条件

构成一项有效的发盘，必须具备下列四个条件。

1. 表明订约意旨

一项发盘必须表明订约意旨。表明订约的意旨，既可以是明示的，也可是暗示的。明示的表示，是指发盘人可在发盘时明白说明或写明"发盘"(offer)、"发实盘"(firm offer)或明确规定发盘有效期等。暗示的表示，则应按照当时谈判情形，或当事人之间以往的业务交往情况或双方已经确立的习惯做法来确定。

如果发盘中没有表明订约意旨，或表示了发盘人不受其发盘的约束，或者附有保留或限制性条件，该发盘就不是真正的发盘，而只能被看做是邀请发盘。如"以我方确认为准"(subject to our confirmation)，"以货物未售出为准"(subject to prior sale)，"以取得许可证为准"(subject to licence obtainable)等。

2. 向一个或一个以上特定的人提出

发盘必须向一个或一个以上特定的人作出。所谓"特定的人"，就是指在发盘中指明个人姓名或企业名称的受盘人。不指定受盘人的发盘，仅视为邀请发盘。如出口人向国外许多客户寄发商品目录、价目单等，因其对象是不特定的，这类行为不构成发盘。在实际业务中，为了防止误解，出口人在寄发商品目录和价目表时，最好注明"价格仅供参考"(the prices stated are for reference only)或"价格不经事先通知得予变动"(the prices may be altered without prior notice)等保留条件。

3. 发盘内容十分确定

是否属于一项条件完整的发盘，《联合国国际货物销售合同公约》(以下简称《公约》)第14条规定：一项订立合同的建议"如果写明货物，并且明示或暗示地规定数量和价格或如何确定数量和价格，即为十分确定"。按此规定，一项订约建议只要列明货物、数量和价格三项条件，即可认为其内容"十分确定"，而构成一项有效的发盘。如果该发盘为受盘人所接受，即可成立合同。至于所缺少的其他内容，如货物的包装、交货和支付条件等，可在合同成立后，按双方之间已确立的习惯做法、惯例或按《公约》的有关规定，予以补充。

但在实际业务中，为防止误解和可能发生的争议，我国外贸人员在对外发盘时，应明示或暗示地至少规定六项主要交易条件，即货物的品质、数量、包装、价格、交货和支付条件。这样，一旦受盘人表示接受，双方即可明白无误地了解双方协商一致的主要合同条款，无需借助有关规定予以补充。

4. 传达到受盘人

发盘无论是口头的还是书面的，都必须在传达到受盘人时生效。这是《公约》和各国法律普遍的要求。例如，发盘人通过电话向受盘人发盘，中途电话发生故障，传送声音模糊，必须待电话修复后，让受盘人听清全部发盘内容方为有效。又如，发盘人通过电传发盘，传送过程中线路或电传机发生故障，所传送的电文不清，必须等修复后重新传送，使受盘人收到清晰无误的发盘方为有效。

以下是发盘的一些实例：

(1)卖方发盘

兹发盘5000打运动衫，规格按3月15日样品，每打CIF纽约价84.5美元，纸箱装5—6月装运，不可撤销信用证支付，限20日复到。

OFFER 5000 DOZEN SPORT SHIRTS SAMPLED MARCH 15TH USD84.5 PER DOZEN CIF NEW YORK PACKED IN CARTONS MAY/JUNE SHIPMENT IRREVOCABLE SIGHT L/C REPLY HERE 20TH.

(2)买方发盘

订购50公吨干酵母粉，含量30%，80千克纤维包装，8—9月装船，每公吨500美元CIF几内亚，不可撤销即期信用证付款，5月30日我方时间得到有效。

ORDER 50 M/T DRIED YEAST POWDER CONTENT 30 PERCENT, PACKING 80KG GLASS FIBER PACKAGES AUG/SEPT SHIPMENT USD500 PER M/T CIF GUINEA IRREVOCALBE SIGHT L/C REPLY HERE MAY 30 OUR TIME.

(二)发盘的有效期

发盘有效期是指可供受盘人对发盘做出接受的期限。在国际贸易中，凡是发盘都有有效期，作为发盘人受约束的期限和受盘人接受的有效时限。

发盘有效期的规定通常有两种方法：

1. 规定最迟送达发盘人的时间

如"发盘限15日复"(offer subject rely fifteenth)。这种规定方法，存在一个问题，即该截止期(15日)是指受盘人在他的所在地发出接受通知的期限，还是接受通知必须送达发盘人的期限，容易产生纠纷。为明确截止期，在规定最迟接受期限时，同时限定以接受送达发盘人或以发盘人所在地的时间为准。如"发盘限我方时间15日复"(offer subject reply fifteenth our time)；"发盘有效至我方时间星期五"(offer valid until Friday our time)。

2. 规定一段接受时间

如"发盘3天有效"(offer valid three days)。这种规定方法存在如何计算"一段接受期间"的起讫时间问题。根据《公约》第20条规定：发盘人在电报或信件中订定的一段接受期间，从电报交发时刻或信件载明的发信日期起算。如信上未载明发信日期，则从信封上所载日期起算。发盘人以电话、电传或其他可立即传达到对方的通信方法订定的一段接受期间，从发盘到达受盘人时起算。在计算一段接受期间时，这段期间内的正式假日或非营业日应计算在内。但是，如果接受通知在接受期间的最后一天未能送达发盘人的地址，是因为那天在发盘人的营业所在地是正式假日或非营业日，则这段期间应顺延至下一个营业日。

对于口头发盘的有效期，《公约》第18条规定：对口头发盘，除发盘人发盘时另有声明外，受盘人只有当场表示接受方为有效。对"另有声明"，则可理解为发盘人在口头发盘时，明确规定了有效期，例如"3天有效"，则该发盘不在"立即接受"之列。

(三)发盘的生效和撤回

按照《公约》第15条的规定，发盘于送达受盘人时生效。这说明两点：一是发盘虽然已发出，但在到达受盘人之前并不产生对发盘人的约束力，受盘人也只有在接到发盘后，才可考虑接受与否的问题。二是一项发盘即使是不可撤销的，只要在发盘生效之前，发盘人仍可随时撤回或修改其内容。

发盘的撤回(withdrawal)是指发盘人将尚未为受盘人收到的发盘予以取消的行为。根据《公约》第15条规定："一项发盘，即使是不可撤销的，也可以撤回，如果撤回通知于发盘送达受盘人之前或同时送达受盘人。”这一规定是基于发盘到达受盘人之前对发盘人没有产生约束力，所以，发盘人可以将其撤回。但前提条件是，发盘人要以更快的通讯方式使撤回的通知赶在发盘到达受盘人之前到达受盘人，或起码与之同时到达。

在实际业务中，如果用信件或电报发出发盘后，发现内容有误或市场发生重大变化，则可用更快速的通信方法（如电话、电传），将撤回通知于发盘送达之前或同时送达受盘人。如果发盘一旦生效，那就不是撤回的问题，而是撤销的问题。

（四）发盘的撤销

发盘的撤销（revocation）是指发盘人将已经为受盘人收到的发盘予以取消的行为。

对于发盘生效后能否撤销的问题，各国法律规定有较大区别。英美普通法认为，发盘在被接受之前可以撤销，除非受盘人给予了某种“对价”（consideration），例如支付一定金额或给付了一定物品。大陆法认为，发盘生效后即不得撤销。其中，德国法律明确规定，发盘在发盘有效期内原则上不可撤销；法国法律虽然同意要约可以撤销，但必须承担损害赔偿责任，这实际上还是认为要约在有效期内不可撤销。

《公约》在此问题上对英美法和大陆法的分歧，作出了折衷的规定：发盘送达受盘人后，在受盘人尚未表示接受前，发盘人将撤销通知送达受盘人，发盘可予撤销。但下列两种情况不得撤销：①发盘是以规定有效期或以其他方式表明为不可撤销的，如果表明不可撤销，或发实盘；②如果受盘人有理由相信该发盘是不可撤销的，并已本着对该发盘的依赖采取了行动（如寻找客户、组织货源等）。《公约》的这种规定实际上是为了保护受盘人利益，并说明《公约》对发盘撤销的规定是很严格的。

（五）发盘的终止

发盘的终止（termination）是指发盘人不再受发盘约束，受盘人失去了接受该发盘的权利。在以下几种情况下发盘终止：

1. 在有效期内未被接受而终止

明确规定有效期的发盘，在有效期内未被受盘人接受，即终止。如果是口头发盘，受盘人当场未予接受，或离开现场，发盘即失效。

2. 被受盘人拒绝或还盘

发盘一经受盘人拒绝或还盘，则立即失效。如果受盘人反悔又表示接受，即使是在原先发盘的有效期之内，合同也不能成立，除非原发盘人对该“接受”（实际上是原受盘人作出的一项新发盘）予以确认。

3. 发盘人在受盘人作出接受前对发盘进行了有效的撤销

4. 法律的适用

发盘在接受前出现了某些特定情况，按有关法律的适用而终止。如：发盘人破产或失去行为能力，或发生了不可抗力事故；特定的标的物毁灭，如一件不可替代的艺术品，在发盘后毁灭；发盘中的商品被出口国或进口国宣布禁止出口或进口。出现上述情况，发盘依据法律而终止有效。

三、还　盘

还盘(counter-offer),又称还价,法律上称为反要约,是指受盘人对发盘内容不完全同意而提出修改或变更的表示。一经还盘,原发盘即失去效力,发盘人不再受其约束。一项还盘等于是受盘人向原发盘人提出的一项新的发盘。

一笔交易有时不经过还盘即可达成,有时要经过还盘,甚至反复还盘才能达成。进行还盘时,可用“还盘”术语,但一般是仅将不同条件的内容通知对方,即意味着还盘。

以下是还盘的实例:

(1)你方发盘价格太高,每件 9.80 美元,7 月份装运,限本月 12 日复到。

YOUR OFFER PRICE IS TOO HIGH COUNTER OFFER USD 9.80 PER PIECE SHIPMENT JULY REPLY 12TH.

(2)你方 10 日电收悉,装运期 5 月 D/P 远期 30 天。

YOUR CABLE 10TH MAY SHIPMENT D/P 30 DAYS.

四、接　受

接受(acceptance),法律上称“承诺”,是指交易一方同意对方在发盘中提出的各项交易条件,并愿意按这些条件与对方达成交易、订立合同的一种肯定表示。接受与发盘一样,既属于商业行为,也属于法律行为。

(一)构成有效接受的条件

根据《公约》规定,一项有效的接受应具备下面四个条件。

1. 接受必须由特定的受盘人作出

这一条件与发盘条件的第一条相呼应。发盘是向特定的人发出,因此对发盘表示接受也必须是发盘中所指明的特定受盘人。如果其他人通过某种途径了解发盘的内容,并表示完全同意,也不能构成有效的接受,该“接受”只是其他人向原发盘人作出的一项发盘。

2. 接受必须表示出来

《公约》第 8 条规定:缄默或不行动本身并不等于接受。所以接受必须由受盘人以某种方式向发盘人表示出来。表示接受的方式有两种:

(1)用“声明”(statement)来表示。即受盘人用口头或书面形式向发盘人表示同意发盘。这是国际贸易中最常用的方法。

(2)用“做出行为”(performing an act)来表示。在用行为表示接受时,比如卖方采购原料、开始生产、发运货物;买方汇付货款或开立信用证。但必须注意,这种表示接受的方式是根据该发盘的要求或依照当事人之间确立的习惯做法或惯例而行事的,而且该行为必须在发盘明确规定的有效期内方为有效。

需要说明的是,我国在批准参加《公约》时对《公约》承认合同可以用书面以外形式订立的规定声明保留。因此,在实际业务中,我国贸易公司应以书面通知的形式表示对发盘的接受。

3. 接受的内容必须与发盘相符

原则上讲，接受的内容应该与发盘中的条件完全一致，才表明交易双方就有关的交易条件达成了一致意见。这样的接受才能导致合同的成立。那么，是不是说受盘人在表示接受时，不能对发盘的内容作丝毫的变更呢？也不是的。根据《公约》的精神，这里关键是看这种变更是属于实质性变更原发盘条件，还是非实质性变更原发盘条件。

实质性变更，《公约》第 19 条指出：有关货物价格、付款、质量和数量、交货地点和时间、一方当事人对另一方当事人赔偿责任范围或解决争端等的添加或不同条件，均视为实质性变更发盘的条件。实质性变更是对发盘的拒绝，构成还盘。如"接受，但按 D/P 方式"，这种接受已改变了原有的支付方式，只能视作还盘。

非实质性变更，《公约》第 19 条指出：对发盘表示接受但载有添加或不同条件的答复，如所载添加或不同条件在实质上并不改变发盘的条件，除非发盘人在不过分迟延地期间内以口头或书面通知反对其差异外，仍构成接受。这就是说，如果受盘人对发盘内容所作的变更不属于实质性的，能否构成有效的接受，要取决于发盘人是否反对。如果发盘人不表示反对，合同的条件就包含了发盘的内容以及接受通知中所做的变更。如"接受，但附一张原产地证书"，这种接受并未对实质性利益有影响，如果当事人没有对此提出异议，则接受有效。

4. 接受必须在发盘的有效期内传达到发盘人

发盘中通常都规定有效期，接受必须在此期限内表示接受才生效。在口头谈判、通过电话谈判，或用电传磋商交易时，由于一方做出的接受可立即被传达到对方，所以，在发盘有效期内作出的接受可以在发盘有效期内传达到发盘人。但是在用信件或电报方式表示接受时，由于接受通知不能立即传达到发盘人，对此，接受应于何时生效，各国法律规定不同。

英美法系的国家采用"投邮生效"原则（despatch theory），即以信件、电报等方式传达时，接受的表示一经投邮或发出即告生效，只要发出的时间是在有效期内。即使接受的函电在邮递途中延误或遗失，未能在有效期内收到，也不影响合同成立。也就是说，传递延误或遗失的风险由发盘人承担。但如果发盘人在发盘中规定，接受必须于有效期内传达到发盘人，则接受的函电传达到发盘人时，接受方为有效。

大陆法系的国家采用"到达生效"原则（receipt theory），即表示接受的函电必须在发盘有效期内到达发盘人，接受才生效。如果表示接受的函电在邮递过程中延误或遗失，合同不能成立。其传递延误或遗失的风险由受盘人承担。

《公约》采用"到达生效"原则，它在第 18 条中规定：接受于到达发盘人时生效。这是针对书面形式进行发盘和接受时的规定。而对口头发盘必须立即接受，但情况有别者不在此限。

以下是接受的实例：

(1)你方 10 日电接受。

YOURS TENTH WE ACCEPTED.

(2)你方 15 日电确认，请告合同号码。

YOURS FIFTEENTH CONFIRMED PLEASE ADVISE CONTRACT NUMBER.

(二)逾期接受

在国际贸易中，有时会出现受盘人的接受通知晚于发盘人规定的有效期才送达的情况，这在法律上称为“逾期接受”或“迟到的接受”。

对于这种迟到的接受，发盘人不受其约束，不具有法律效力，而看做是一项新的发盘。但根据《公约》规定，下列两种情况仍然有效：

(1)如果发盘人毫不迟延地用口头或书面形式将该逾期接受仍然有效的意见通知受盘人。

(2)如果载有逾期接受的信件或其他书面文件表明，它是在传递正常的情况下，本能及时送达发盘人，由于传递不正常的情况而造成了延误，这种逾期接受仍可被认为是有效的，除非发盘人毫不迟延地用口头或书面形式通知受盘人，该发盘已失效。

这说明一点，在接受迟到的情况下，不管受盘人有无责任，决定该接受是否有效的主动权在发盘人。

(三)接受的撤回

接受于到达发盘人时生效。因此，在接受通知送达发盘人之前，受盘人可随时撤回接受，只要撤回通知先于接受通知或与接受通知同时到达发盘人即可。

接受一经到达发盘人即生效，合同即告成立；如果要撤销接受，在实质上已构成毁约行为。

【本章小结】

本章阐述了交易磋商的形式、内容、一般程序及相关的法律规定。本章指出，贸易合同可以通过口头或书面的方式进行。磋商的内容即是合同的条款，交易磋商的程序一般包括邀请发盘、发盘、还盘和接受，其中发盘和接受是必不可少的环节。发盘和接受在法律上分别称为“要约”和“承诺”，有严格的构成条件。

【思考和练习】

1. 简述出口交易磋商的内容和一般程序，并指出哪些环节是必不可少的？
2. 构成发盘的条件有哪些？
3. 何谓发盘的撤回和撤销？
4. 构成接受的条件有哪些？

第九章　合同签订

学习目标：

了解合同成立的有效条件；了解我国法律对合同形式的规定；掌握合同签订中应注意的问题。

第一节　合同的签订

在交易磋商过程中，一方发盘经另一方接受后，交易即告成立，买卖双方就构成了合同关系。双方在磋商过程中的往返函电，即是合同的书面证明。但根据国际贸易习惯，买卖双方还要签订书面合同，以进一步明确双方的权利和义务。

一、合同有效成立的条件

一方的发盘经对方有效接受，合同即告成立。但合同是否具有法律效力，还要具备下列条件。

(一)当事人的意思表示必须真实

各国法律都认为，合同当事人的意思表示必须是真实的，其所签订的合同才成为一项有约束力的合同，否则将无效或可以被撤销。我国《合同法》也明确规定：采取欺诈或者胁迫手段订立的合同无效。

(二)当事人必须具有签订合同的行为能力

签订买卖合同的当事人主要为自然人和法人。自然人签订合同的行为能力，是指精神正常的成年人才能订立合同。法人签订合同的行为能力，各国法律一般认为，法人必须通过其代理人，在法人的经营范围内签订合同，越权的合同不能发生法律效力。我国《合同法》也规定：当事人订立合同，应当具有相应的民事权利能力和民事行为能力。此外，我国对某些外贸合同的签约主体还有一定的限定。例如，规定只有取得外贸经营权或特许经营权的企业或其他经济组织，才能签订对外贸易合同；没有取得这些经营权的企业或组织，需委托有对外贸易经营权的企业为其代理。

(三)合同必须有对价和合法的约因

合同只有在有对价和约因时,才是法律上有效的合同。

对价(consideration),是指当事人为了取得合同利益所提供的相互给付,即双方互为有偿(英美法系的概念)。例如,在买卖合同中,买方支付货款是为了得到卖方提交的货物,而卖方交货是为了取得买方支付的货款,买方支付和卖方交货就是买卖双方的"相互给付",也就是合同中的"对价"。约因(cause),是指当事人签订合同所追求的直接目的(法国法的概念)。

(四)合同的内容必须合法

合同的标的是指合同项下的货物与货款。合同的内容是指合同的各项条款。各国的法律都要求当事人所订立合同的标的和内容都必须合法,凡是违反法律、违反善良风俗与公共秩序的合同,一律无效。

(五)合同的形式必须符合法律规定的要求

《公约》对国际货物买卖合同的形式,原则上不加限制。无论采用书面形式还是口头形式,均不影响合同的效力。《公约》第 11 条规定:买卖合同无需以书面订立或证明,在形式方面不受任何其他条件的限制,买卖合同可以包括人证在内的任何方法证明。

但《公约》允许缔约国对该条的规定提出声明予以保留。我国在核准该公约时,对这一条提出了保留,坚持订立国际货物买卖合同必须采用书面形式,才具有法律效力。

一个合同只有符合上述条件,才具有法律效力,才能得到法律的承认和受到法律保护。因此,在与外商签订合同时,对此要严格遵守,善加运用。

二、合同形式的法律约束

合同的形式是合同当事人内在意思的外在表现形式。在国际贸易中,一般对书面合同的形式没有具体的限制,买卖双方可以采用书面形式和口头形式。

《联合国国际货物销售合同公约》对于国际货物买卖合同的形式,原则上不加任何限制。无论买卖双方采用口头方式还是书面方式来订立合同,都不影响合同的有效性,也不影响证据的效力。《公约》第 11 条明确规定,货物买卖合同无需以书面形式订立或书面证明,在形式方面也不受任何其他条件的限制。买卖合同可以用包括证人证言在内的任何方式来证明,并规定,所谓"书面",可以包括电报和电传。但《公约》考虑到一些国家有关法律的特殊规定和习惯做法,允许缔约国对《公约》第 11 条的规定提出声明并予以保留。如果订约当事人的任何一方营业所处于做出保留声明的缔约国境内,则该《公约》第 11 条的规定将不予适用。

对于国际货物买卖合同形式的规定,我国在 1999 年 10 月 1 日以前适用的国内法律是《中华人民共和国涉外经济合同法》。该法第 7 条规定:必须以书面形式达成协议并签字。这是考虑到涉外经济合同(包括货物买卖合同)是情况较复杂、金额较大或有效期较长的重要合同,应采取严肃慎重的态度,不宜采用口头形式,以免发生争议时举证困难。为此,我国政府在 1986 年 12 月 11 日核准《联合国国际货物销售合同公约》(1980 年)时,根据《中华人民共和国涉外经济合同法》的规定,对该公约的上述规定做出了两项保留。其中之一是国际货物买卖合同的订立、修改和终止都必须采用书面形式，书面形式可以包括信件、电报和电传。这是我国在涉外经济贸易业务中排除采用口头形式合同的法律依据。

之后由于情况发生了重大变化，我国于 1999 年 3 月 15 日第九届全国人民代表大会第二次会议通过了《中华人民共和国合同法》，并于当年 10 月 1 日施行，上述涉外经济合同法同时废止。新合同法第 10 条规定："当事人订立合同，有书面形式、口头形式和其他形式。"该条还指出："法律、行政法规规定采用书面形式的，应当采用书面形式。当事人约定采用书面形式的，应当采用书面形式。"第 11 条指出："书面形式是指合同书、信件和数据电文(包括电报、电传、传真、电子数据交换和电子邮件)等可以有形表现所载内容的形式。"这就是说，从 1999 年 10 月 1 日起我国法律便允许达成口头合同了。但是，法律、行政法规规定采用书面合同的，或当事人约定采用书面合同的，都应当采用书面合同形式。这说明，在有关合同形式的规定上，我国《合同法》同《公约》是接轨了。

第二节　书面合同的签订

一、书面合同的签订

根据我国法律规定和国际贸易一般的习惯做法，交易双方达成协议后，还必须签订书面合同。

(一)签订书面合同的意义

1. 是合同成立的证据

根据法律要求，凡是合同必须能得到证明，包括人证和物证。通过口头磋商成立的合同，一旦发生争议，常因举证困难而不能得到法律保护。相对而言，书面合同的作用和意义则较为明显。因此，虽然有些国家的法律并不否认口头合同的效力，但在国际贸易中，一般都签订书面合同。

2. 是合同生效的条件

一般情况下，合同的生效是以接受的生效为条件的，只要接受生效，合同就成立。但在特定环境中，如果双方都同意以签订书面合同为准，或者根据有关国家法律规定必须经主管部门批准的合同，在这种情况下，签订书面合同就作为合同生效的条件。

3. 是履行合同的依据

无论是口头还是书面协议，如果没有一份包括各项条款的合同，则会给合同的履行带来诸多不便。因此，在实际业务中，双方一般都要求将各自享受的权利和应当承担的义务用文字规定下来，以作为履行合同的依据。

(二)书面合同的形式

在国际上，对货物买卖合同的形式没有特定的限制。买卖双方既可以采用正式的合同、确认书、协议，也可以采用订单、委托订购单等形式。

1. 合同

合同的内容比较全面，除包括交易的主要条件(如品质、数量、包括、价格、支付方式)外，还包括保险、检验、索赔、不可抗力、仲裁等。使用这种合同，由于内容全面、详细，对于明确双方责任、避免争议是十分有利的，所以大宗交易一般都采用这种合同形式。出口人草拟的合同称为“销售合同”，进口人草拟的合同称为“购货合同”。

2. 确认书

确认书是合同的简化形式，其内容一般包括交易的主要条件，而索赔、不可抗力、仲裁等条款一般不予列人。确认书适用于成交金额不大、批次较多的轻工日用品、土特产品，或已有包销、代理等长期协议的交易。出口人拟就的确认书称为“销售确认书”，进口人拟就的确认书称为“购货确认书”。

3. 协议

协议在法律上是“合同”的同义词。当双方当事人把经协商一致的交易条件归纳为书面形式时，就成为“协议”。它与合同一样具有法律效力。

如果买卖双方所洽谈的交易比较复杂，经过谈判后，只商定了一部分条件。在此情况下，双方可把已商定的条件确定下来，形成“初步协议”或“原则性协议”，其他条件以后再行洽谈，并在协议中声明“本协议属初步性质，正式合同有待进一步洽商后签订”或类似词语，以明确该协议不属正式有效的合同，以免误解。

4. 订单和委托订购单

订单是指由进口商或实际购买者拟定的货物订购单。委托订购单是指由代理商或佣金商拟定的代理买卖货物的订购单。

订单和委托订购单，在实际业务中可以区别为两种性质：一种是双方经磋商达成交易后，对方寄来的订单或委托订购单，这是国外客户的购货合同或购货确认书，是一种具有法律效力的文件。另一种是双方当事人事先并未进行过磋商，而是一方单方面的行为。这种在没有达成交易的情况下寄来的订单或订购单，只是一种发盘或邀请发盘，不具有法律效力。

(三)书面合同的内容

书面合同的内容一般包括三个部分：约首、本文和约尾。

1. 约首

约首是指合同的开头部分，一般包括合同的名称、编号、买卖双方名称和地址、通讯联系方式等内容。此外，在约首部分常常写明双方订立合同的意愿和执行合同的保证。

2. 本文

本文是指合同的主体部分，包括合同的主要交易条款和一般交易条件，即品质、数量、包装、价格、支付、检验、索赔等内容。

3. 约尾

约尾是指合同的结尾部分，包括订约日期、合同的份数、使用的文字及其效力、订约地点及生效时间、双方当事人签字等内容。有时，有的合同会将订约时间和地点在约首部分列明。此外，有的合同还根据需要制作了附件附在后面，作为合同不可分割的一部分。

二、签订书面合同时应注意的问题

买卖合同不仅关系到交易双方的利益，还关系到国家的利益和政策法令，所以，在签订合同时还应注意以下问题：

(1)要贯彻我国的对外贸易政策，在合同条款的拟定上要体现“平等互利”的原则。既反对把片面维护一方利益的条款订入合同，也决不把对方不愿意接受的某些条款强加于人。

(2)合同文本的起草问题。按照惯例，必须先通过交易磋商达成原则性协议，然后再起草正式合同文本。而有些外商往往在交易磋商开始时就提出一份完整的文本。对于这种做法要具体问题具体分析，不能轻易接受。因为，以对方拟定的文本作为交易磋商的基础，等于我方按照外商划定的模式进行谈判，必然使我方处于不利地位。另外，用外文文本作基础，因外文往往一词多义，如果理解出现偏差，也容易产生纠纷。因此，一般应争取由我方起草合同文本或双方共同协商拟订合同文本。

(3)在合同的序言部分，缔约双方的意愿和执行合同的保证在措词上应准确清楚，切忌含糊不清。因为合同是严肃的法律文件，不能容许文字上的随意性。如缔约双方的名称和地址应完整、准确，不要用简称，更不能写错。

(4)合同的内容应与商定的事项完全一致，同时在条款的规定上必须严密，要明确责任，权利义务对等。有关商品的品名、品质、数量、包装、价格、交货期、支付等主要交易条件，决不能有任何出入。切忌订立有多种解释的、不确定性的条文。如果有些条款事先未商定，要订入合同时，需进一步协商，达成协议再订入，否则易产生纠纷。

(5)要注意合同各条款间的一致性。合同的各项交易条件必须协调一致，不能脱节，更不能相互矛盾。如果在数量方面有溢短装条款，那么在采用以信用证为支付方式时，信用证的金额应规定相应的增减幅度。又如：价格条件为 FOB 或 CFR 成交时，保险条款中就应订明由买方负责投保并支付保险费。

【本章小结】

本章阐述了合同有效成立的条件、形式、订立合同时注意的问题和相关的法律规定。包括合同生效的时间和地点的问题。

【思考和练习】

1. 合同有效成立的条件是什么？

2. 我国法律对合同签订的形式是如何规定的？

3. 签订合同时应注意什么？

第十章　合同履行

学习目标：

了解进口和出口合同履行的基本程序；掌握进口和出口合同履行中应注意的问题；掌握进口和出口程序中相关单据的填制。

第一节　进口贸易合同的履行

目前，我国进口货物一般都采用信用证方式付款。因此，本节主要介绍此类合同的履行过程。在国际货物买卖合同中，买方的基本义务是接货、付款。所谓接货，就是指按照派船接货和按时开立符合合同的信用证，而且买方在履行合同义务的同时，应随时注意和卖方接洽，督促其按合同履行交货义务。另外，进口环节还包括保险、审单付款、报关、检验以及可能的索赔等事项，因此进口商应与各有关部门密切配合，逐项完成各个环节所涉及的工作。

一、开立信用证

进口合同签订后，进口商应填写开证申请书向银行办理开证手续。开证申请书是银行开立信用证的依据，也是申请人和银行之间的契约关系的法律证据。

开证申请人在申请开证时，应注意下列问题。

(一)信用证的内容应是完整的

信用证内容应严格按合同为依据，对于应在信用证中明确的合同中的贸易条件，必须具体列明，不能使用“按……号合同规定”等类似的表达方式。因为信用证是一项自足文件，有其自身的完整性和独立性，不应参照或依附于其他契约文件。根据《UCP600》第 4 条 b 款规定：开证行应劝阻申请人将基础合同、形式发票或其他类似文件的副本作为信用证整体组成部分的做法。

(二)信用证的条件必须单据化

《UCP600》第 14 条规定：如果信用证中包含某项条件而未规定需提交与之相符的单据，银行将认为未列明此条件，并对此不予置理。因而，进口方在申请开证时，应将合同的有关规定转化成单据，而不能照搬照抄。

(三)按时开证

如果合同规定开证日期,进口商应在规定期限内开立信用证;如果合同只规定装运期的起止日期,则应让受益人在装运期开始前收到信用证。如果合同只规定最迟装运日期,则应在合理时间内开证,以使卖方有足够时间备妥货物并予出运。通常掌握在交货期前一个月至一个半月左右。

(四)关于装船前检验证明

由于信用证是单据业务,银行不过问货物质量,因而可在信用证中要求对方提供双方认可的检验机构出立的装船前检验证明,并明确规定货物的数量和规格。如果受益人所交检验证明的结果与证内规定不符,银行即可拒付。

(五)关于保护性规定

《UCP600》第1条规定,本规则适用于所有在正文中标出按本惯例办理的跟单信用证(包括本惯例适用范围内的备用信用证)。除非信用证中另有规定,本惯例对一切有关当事人均具有约束力。该条款说明了信用证的效力是大于惯例的。但如果进口商认为《UCP600》的某些规定将给自己增加风险,则可利用"另有规定"这一前提,在信用证中列入相应的保护性条件。

(六)关于保兑和可转让信用证

我国银行原则上不开立保兑信用证,对可转让信用证也持谨慎态度。对此,进口商在签订合同时应予注意,以免开证时被动。

二、办理运输和保险

在进口业务中,凡是以 FOB 或 FCA 贸易术语成立的合同,应该由我国进口方办理运输,负责签订运输合同。

(一)办理运输

1. 派船接运货物

在 FOB 的进口合同中,应由买方负责派船到对方口岸接运货物。我国外贸公司大都通过外运代进机构办理此项业务,也有直接向中国远洋运输公司等实际承运人办理的。根据合同规定,卖方在交货前一定时间内,应将预计装运日期通知买方。买方在接到上述通知后,应及时向运输公司办理租船订舱手续,在办妥租船订舱手续后,应按规定的期限将船员名及船期及时通知对方,以便对方备货装船。同时,为了防止船货脱节和出现"船等货"的情况,注意催促对方按时装运。对数量大或重要物资的进口,如有必要,亦可请驻外机构就地了解、督促对方履约,或派人员前往出口地点检验监督。

另外,进口公司对租船还是订舱的选择,应视进口货物的性质和数量而定。凡需整船装运的,则需洽租合适的船舶承运;小批量的或零星杂货,则大都采用洽订班轮舱位。

按《Incoterms 2010》规定,采用 FOB 贸易术语成交的,应由买方办理保险,所以在卖方装船后,应向买方发出货物已交至船上的充分通知,以利买方准备接货。

2. 办理租船订舱时的注意事项

第一，洽商班轮舱位时，注意与信用证装船日期衔接，保证按时在装运港接运货物。

第二，应在订舱前查明班轮费率表有无附加费、有无折让回扣、其计价标准是尺码吨还是重量吨。

第三，班轮运输装卸费条件有多种，应注意与进口合同中的费用负担条件相衔接。

第四，应确实了解所订班轮是否直达目的港、停靠港口多少、中途是否转船等。

而采用租用整船运输货物时，除应注意运输市场的行情状况外，还必须了解装卸港口的情况，并根据实际情况选择船型，以保证货物安全运输和尽可能节约费用，除此之外还应了解各航线港口的习惯、运输契约的格式。

(二)办理进口保险

1. 办理保险的办法

第一，预约保险。为了简化投保手续，防止漏保，我国外贸公司和经常有货物进口的企业，与保险公司订有预约保险合同。该合同对进口货物的投保险别、保险费率、赔付方法和承保货物的范围都做了具体的规定。在预约保险合同规定范围内的货物，一经启运，保险公司即启动承担保险责任。外贸公司在接到国外卖方的装船通知后，应立即填制预约保险启运通知书或将装船通知送达保险公司，即完成了投保手续。

第二，逐笔投保。未与保险公司签订预约保险合同的企业，对进口货物需逐笔办理保险，进口企业在收到国外卖方的装船通知后，应立即填制投保单或装货通知单。内容包括货物名称、数量、保险金额、投保险别以及船名、船期、启运日期和估计到达日期、装运港和目的港。

2. 支付保险费的时间和方式

在预约保险方式下，以“进口货物装船通知书”或其他具有保险要求的单证为依据，由保险公司每月一次计算保险费后向进口公司收取。在逐笔投保方式下，以“进口货物国际运输预约保险启运通知书”上填明的保险金额为准，由进口公司直接付给保险公司。

三、审单和议付

我国的进口业务很多都是使用信用证付款方式来结算货款的。这就要求对方提交的各种议付单据应符合我方开立的信用证条款。为了保障我方的权益，应认真做好审单工作。鉴于审单工作是企业和银行密切联系在一起的，企业与银行承担着共同的责任，所以它们之间必须保持密切的联系。

(一)银行的审单责任

《UCP600》第 14 条 a 款明确规定了审核单据的标准：“按照指定行事的被指定银行、保兑行(如有)以及开证行必须对提示的单据进行审核，并仅以单据为基础，以决定单据在表面上看来是否构成相符交单。”

第 14 条 g 款规定：信用证中未要求提交的单据，银行将不予置理。如果收到此类单据，可以退还提示人。也就是说，信用证上没有规定的单据，银行不予审核。如果银行收到此类单据，应退还交单人或将其照转，但对此不承担责任。

根据《UCP600》规定，银行必须审核单据，以决定单据是否相符，决定接受还是拒绝单据。同时还规定开证行可以就不符点问题征询开证申请人的意见，但无论如何，这都不能解释为允许由开证申请人来审核单据。因为允许开证行与开证申请人联系的前提条件是开证行已自主确定了单证不符，而且此种联系的目的仅限于劝说开证申请人“放弃拒付”，而不是与其共同对单据继续进行挑剔或共谋拒付的理由。又据《UCP600》的规定，单据经审核存在不符点且银行决定拒付，则开证行所承担的信用证项下的付款责任得以免除；但当受益人在规定的时间内补交了符合信用证规定的单据，开证行仍然必须承担其付款责任。

(二)银行的审单时间

《UCP600》第 14 条 b 款规定：按照指定行事的被指定银行、保兑行(如有)以及开证行，自其收到提示单据的翌日起，应各自拥有不超过 5 个银行工作日的时间来决定提示是否相符，该期限不因单据提示日适逢信用证有效期或最迟提示期或在其之后而被缩减或受到其他影响。该条规定说明开证行、保兑行或者其他同样承担第一付款人责任的银行应该在一段合理时间内审核单据，即不应超过收到单据次日起的 5 个银行工作日，审核和决定接受或拒绝接受单据，并相应地通知交单方。

(三)付款和拒付

信用证受益人在发运货物后，将全套单据经议付行寄交开证行(或保兑行)。如果开证行经审单后认为单证一致、单单一致，即应予以即期付款或承兑或于信用证规定的到期日付款，开证行付款后无追索权。但是根据《UCP600》第 16 条 c 款规定：如果开证行审单后发现单证不符或单单不符，应于收到单据次日起 5 个工作日内，以电讯方式通知寄单银行，也就是要求的通知必须以电讯方式发出，或者，如果不可能以电讯方式通知时，则以其他快捷方式通知，但不得晚于提示单据日期翌日起至第 5 个银行工作日，并且在通知中说明单据的所有不符点，并说明是否保留单据以待交单人处理或退还交单人。

对于单证不符的处理，按《UCP600》规定，银行有权拒付。在实际业务中，银行需将不符点征求开证申请人的意见，以确定拒绝或仍可接受。作为开证申请人的进口方，对此应持慎重态度。因为银行一经付款，即无追索权。开证行向外付款的同时，即通知进口企业付款赎单。进口企业付款赎单前，同样需要审核单据，若发现单证不一，有权拒绝赎单。

四、接货和报关

(一)接货

进口企业通常委托货运代理公司办理接货业务。船只抵港后，由货运代理公司的代表现场监卸。进口货物到港卸货后，要进行卸货核对。如果发现短缺，应及时填制“短缺报告”交由船方签认，并根据短缺情况向船方提出保留索赔权的书面声明。如果卸货时发现残损，货物应存放于海关指定仓库，待保险公司会同商检局检验后做出处理。

卸货后，货物可以在港口申请报验。一般情况下，买方收到货物后，应在合同规定的索赔期限内对货物进行检验，也可在用货单位所在地报验。但有下列情况之一的，应在卸货港口向商检机构报验：①用于法定检验的货物；②合同规定应在卸货港检验；③发现货损货差情况。一旦发生索赔，有关的单证，如国外发票、装箱单、重量明细单、品质证明书、使用说明书、产品图纸等技术资料、理货残损单、溢短单、商务记录等，都可以作为重要的参考依据。

（二）进口报关

进口货物申报是指在进口货物入境时，由进口公司向海关申报、交验规定的单据文件，请求办理进口手续的过程。我国《海关法》对进口货物的申报时限做了如下规定：进口货物的收货人应当自运输工具申报进境之日起 14 日内向海关申报。进口货物的收货人超过 14 日期限未向海关申报的，由海关征收滞报金。对于超过 3 个月还没有向海关申报进口的，其进口货物由海关依法提取变卖处理。如果属于不宜长期保存的货物，海关可以根据实际情况提前处理。变卖后所得价款做扣除运输、装卸、储存等费用和税款后，尚有余款的，自货物变卖之日起一年内，经收货人申请，予以发还；逾期无人申请的，上缴国库。

海关接受申报后，对进口货物实施查验。核对实际进口货物是否与相关单证所列相一致。对于在海关规定到期查验有困难的，经报关人申请，海关可派人员到监管区域以外的地点查验放行。进口货物接受查验，缴纳关税后，由海关在货运单据上签章放行，即为结关。收货人或其代理可持海关签章的货运单据提取货物。

五、进口货物检验

法定检验检疫的入境货物，在报关时必须提供报关地出入境检验检疫机构签发的“入境货物通关单”，海关凭出入境检验检疫机构签发的“入境货物通关单”验放。货物通关后，入境货物的货主或其代理人需在检验检疫机构规定的时间和地点到货物目的地检验检疫机构联系对货物实施检验检疫。经检验检疫合格的入境货物，签发“入境货物检验检疫证明”，经检验检疫不合格的货物签发检验检疫证书。

入境报验时，应填写入境货物报检单，并提供合同、发票、提单等有关单证。在特殊情况下，还需要提供以下文件：

（1）凡实施安全质量许可、卫生注册或其他需审批审核的货物，应提供有关证明。

（2）品质检验的还应提供国外品质证书或质量保证书、产品使用说明书及有关标准和技术资料；凭样成交的，须加附成交样品；以品级或公量计价结算的，应同时申请重量鉴定。

（3）报检入境废物时，还需提供国家环保部门签发的“进口废物批准证书”和经认可的检验机构签发的装运前检验合格证书等。

（4）申请残损鉴定的还应提供理货残损单、铁路商务记录、空运事故记录或海事报告等证明货损情况的有关单证。

（5）申请重(数)量鉴定的还应提供重量明细单、理货清单等。

（6）货物经收、用货部门验收或其他单位检测的，应随附验收报告或检测结果以及重量明细单等。

（7）入境的国际旅行者，应填写入境检疫申明卡。

（8）入境的动植物及其产品，在提供贸易合同和输出国家或地区官方出具的检疫证书，运输动物植过境时，还应提供国家检验检疫局签发的动植物过境许可证。

（9）报检入境运输工具、集装箱时，应提供检疫证明，并申报有关人员健康状况。

（10）入境旅客、交通员工携带动物的，应提供入境动物检疫证书及预防接种证明。

(11)因科研等特殊需要,输入禁止入境物的,必须提供国家检验检疫局签发的特许审批证明。

(12)入境特殊物品的,应提供有关的批件或规定的文件。

六、进口索赔

在进口业务中,有时会发生卖方不按时交货或所交货物的品质、数量、包装与合同规定不符的情况,也可能由于装运保管不当或自然灾害、意外事故等致使货物损坏或短缺,进口方可因此而向有关责任方提出索赔。

(一)索赔对象

1. 向卖方索赔

凡属下列情况可向卖方索赔:货物品质规格不符合同规定;原装数量不足;包装不符合合同规定或因包装不良致使货物受损;未按期交货或拒不交货。

2. 向承运人索赔

凡属下列情况可向承运人索赔:货物数量少于运单所载数量;提单为清洁提单,由于承运人保管不当而造成货物短损。

3. 向保险公司索赔

属于投保险别的承保范围内的损失。

(二)索赔注意事项

1. 索赔依据

索赔时应提交索赔清单和有关货运单据,如发票、提单(副本)、装箱单,在向卖方索赔时,应提交商检机构出具的检验证书;向承运人索赔时,应提交理货报告和货损货差证明;向保险公司索赔时,除上述各项证明外,还应附加由保险公司出具的检验报告。

2. 索赔金额

向卖方索赔金额,应按买方所受实际损失计算,包括货物损失和由此而支出的各项费用(如检验费、仓租、利息等);向承运人和保险公司索赔,均按有关章程办理。

3. 索赔期限

向卖方索赔应在合同规定的索赔期限之内提出。如果商检工作确有困难可能需要延长时间的,可在合同规定的索赔有效期内向对方要求延长索赔期限,或在合同规定索赔有效期内向对方提出保留索赔权。如果合同未规定索赔期限,按《公约》规定,买方行使索赔期限自其收到货物之日起不超过两年;向船公司索赔期限为货物到达目的港交货后一年之内;向保险公司提出海运货损索赔的期限,则为被保险货物在卸载港全部卸离海轮后两年。

4. 买方职责

买方在向有关责任方提出索赔时,应采取适当措施保持货物原状并妥为保管。按国际惯例,如果买方不能按实际收到货物的原状归还货物,就丧失宣告合同无效或要求卖方交付替代货物的权利;按保险公司规定,被保险人必须按保险公司的要求,采取措施避免损失进一步扩大,否则不予理赔。

第二节 出口合同的履行

目前,我国出口合同大多数以 CIF 和 CFR 价格条件成交,以信用证方式结算货款。本章主要介绍这类典型合同的履行程序,以其他条件达成的合同可以参照执行。履行合同的环节,概括起来可分为货(备货、报验)、证(催证、审改证以及利用信用证融资)、运(托运、报关、保险)、款(制单结汇)四个基本环节。这些环节有些是平行展开的,有些是互相衔接的,但都必须严格按照合同的规定和法律、惯例的要求,做好每一步工作,同时还应密切注意买方的履约情况。

一、备货和报验

为了保证按时、按质、按量交付约定的货物,在订立合同之后,卖方必须及时落实货源,备妥应交的货物,并做好出口货物的报验工作。

(一)备货

1.备货过程中应注意的问题

备货是进出口公司根据合同和信用证规定,向生产加工及仓储部门下达联系单要求有关部门按联系单的要求,对应交的货物进行清点、加工整理、刷制运输标志以及办理申报检验和领证等项工作。联系单是各个部门进行备货、出运、制单结汇的共同依据。在备货工作中,应注意以下问题:

(1)按合同规定的时间交货。交货时间是买卖合同的主要条件。延迟装运或提前装运均可导致对方拒收或索赔。如果合同中未规定允许分批装运或转运,则应理解为不允许分批装运或转运。如果合同中规定允许分期/分批装运的,但同时又规定了每批的数量,则卖方必须严格照办。如果其中某一期未按规定时间和数量装运,买方可按违约情况要求损害赔偿直到解除该期合同,甚至解除该期以后各期的合同。

(2)货物包装应与合同和法律的要求一致。合同中对包装的要求有繁有简,凡是合同中有明文规定的,卖方必须严格照办。对于合同没有明文规定的,应注意符合有关法律的要求。《公约》规定:“货物按照同类货物通用的方式装箱或包装,如果没有此种通用方式,则按照足以保全和保护货物的方式装箱或包装。”在合同包装条款不明确时,这是对卖方在包装方式的最低要求。各国国内法对包装有相应规定,比如美国食品药物管理局规定食品罐头不能使用焊锡。对包装上的文字说明以及外包装材料和填充物等,各国也均有相应的规定。卖方必须在包装方面遵守这些强制性的规定。

(3)货物的品质必须符合合同的规定和法律的要求。货物品质应符合合同的规定。合同中表示品质的方法,有“凭文字说明”和“凭样品”两种类型。对于凭文字说明成交的合同,卖方所交货物必须与文字说明相符。文字说明包括品质指标、行业公认或买卖双方认定的等级,标明版本年份的标准以及技术说明书和图样等。对于凭样品成交的合同,该样品应是买卖双方交接货物的依据,卖方交付货物的内在质量与外观形态都应和样品一致。如果既凭文字说明又凭样品来表示商品品质，则卖方所交货物既要和文字说明相符，又要和样品一致，其中有任何一种不一致，都构成违约。

(4)交货数量应符合合同的规定。交货数量是合同的一个重要交易条件。对于卖方在交货数量上应承担的义务，各国法律都有具体的规定，但并不一致。由于世界各主要贸易国都是《联合国国际货物销售合同公约》的缔约国，因而不论其国内法如何规定，我国企业在与其贸易时，均按《公约》规定处理。《公约》规定，如果卖方多交，则买方对于多交的部分，既可以拒收，也可以接受部分或全部。如果卖方少交，则买方有权要求卖方补交，并请求损害赔偿。如果卖方少交货物的后果构成了根本违反合同，则买方可宣告合同无效并有权索赔。

2.与备货有关的文件

对于大的有出口经营权的集团公司，通常由出口部门向市场加工及仓储部门下达联系单；而无实体的进出口贸易公司则向国内的工厂签订购销合同。无论是哪一种有关部门都要以联系单或国内的购销合同为依据，对应交的货物进行清点、加工整理、刷唛以及办理出口检验等各项手续。所以在制作这类单据时，应与原先与外商签订的国际贸易合同的内容相符合，并清楚、完整地列名货物的品质、规格、数量、包装、唛头等具体条款。

(1)国内购销合同。其与国际贸易合同大致相符，用中文填写，内容比较简单。它是出口贸易公司与国内生产厂家之间权利和义务的法律文件。

(2)货物出仓申请单。比较大的公司集团往往有储运部门，则必须填写货物出仓申请单，得到储运部门的出仓通知书后，即可输以后的出口手续。

(二)出口报验

国际贸易中，卖方所交货物的品质、数量、包装等必须符合合同规定，因而在买卖双方交接货物的过程中，对商品进行检验并出具检验证书，是一个不可缺少的环节。

商品可以由买卖双方自行检验，但在国际贸易中，大多数场合下买卖双方不是当面交接货物，而是在长途运输和装卸过程中，有可能由于各种风险和承运人的责任而造成货损。为了便于分清责任，确认事实，往往需要由权威、公正的商检机构对商品进行检验并出具检验证书以资证明。这种由商检机构出具的检验证书，已成为国际贸易中买卖双方交接货物、结算货款、索赔和理赔的主要依据。

此外，各国法律和《联合国国际货物销售合同公约》都对买方的检验权作了相似的规定：除非合同另有规定，当卖方履行交货义务后，买方有权对货物进行检验，如果发现货物与合同规定不符，而确属卖方的责任，买方有权向卖方表示拒收，并有权索赔。

1.法定报验的分类和范围

根据现行的法律、行政法规或国际条约、协议的规定，有一部分进出口商品及其运输工具必须经过商检机构的检验。未经检验合格的，不能出口或不能在国内销售、使用。这类商品及其运输工具的报验称为法定检验报验。出口商品及其运载工具法定检验报验的范围为：

(1)列入《必须实施检验的进出口商品目录》的出口商品。

(2)出口食品的卫生检验。

(3)贸易性出口动物产品的检疫。

(4)出口危险物品和《必须实施检验的进出口商品目录》内商品包装容器的性能检验和使用鉴定。

(5)装运易腐变质食品出口的船舱和集装箱。

(6)有关国际条约、协议规定须经商检机构检验的出口商品。

(7)其他法律、行政法规规定必须经商检机构检验的出口商品。

2.报验时间和地点

属于法定检验范围内的出口商品,发货人应当于接到合同或信用证后备货出口前,在商检机构规定的地点和期限内向商检机构报验。

属于法定检验范围以外的出口商品,如果对外经济贸易合同约定由商检机构检验的,也应按上述要求办理,属于在产地检验后需要在口岸换证出口的商品,发货人应在商检机构所规定的期限内向口岸商检机构报请查验换证。

盛装危险货物出口的包装容器以及属于法定检验范围内的出口商品包装容器,包装生产企业应在将包装容器交付有关商品生产企业使用之前向商检机构申报性能检验;在装货出口前,出口经营单位应向商检机构申报使用鉴定。

对装运出口易腐烂变化的食品、冷冻品的船舱、集装箱等运载工具,承运人、装箱单位或代理人必须在装运前向商检机构申请清洁、卫生、冷藏、密固等适载检验,经商检机构检验合格的出口商品或其运载工具,逾期报运出口的,发货人或承运人必须重新向商检机构报验,取得合格证书后方可出口。

二、催证、审证和改证

(一)催证

如果在出口合同中买卖双方约定采用信用证方式,买方应严格按照合同的规定开立信用证,这是卖方履约的前提。但在实际业务中,有时国外进口商在市场发生变化或资金短缺的情况时,往往会拖延开证。对此,我们应催促对方迅速办理开证手续。特别是大宗商品交易或应买方要求而特制的商品交易,更应结合备货情况及时进行催证。必要时,也可请我国驻外机构或中国银行协助代为催证。

(二)审证

信用证依据合同开立的,信用证内容应该与合同条款一致。但在实践中,由于各种因素,如工作疏忽、电文传递的错误、贸易习惯的不同、市场行情的变化或进口商有意用开证的主动权加列有利自身利益的条款等,往往会出现开立的信用证条款与合同规定不符。为确保收汇安全和合同顺利履行,防止导致经济上和政治上对我方不应有的损失,我们应该在国家对外政策的指导下,对不同国家、不同地区以及不同银行的来证,依据合同进行认真核对和审查。

根据《UCP600》中有关义务与责任条款的规定:银行必须合理小心地审核一切单据,以确定单据表面上是否符合信用证条款。单据之间表面上的不一致,将被认为是表面上不符合信用证。单证不符就会失去安全收汇的保证,所以在装运之前,审查信用证的工作显得尤为重要。甚至有些进口商在申请开立信用证时故意在信用证条款中设置圈套,即软条款,以达到不付款或拖延付款的目的。

国外开来的信用证不能完全符合合同内容，甚至违反合同要求和存在受益人无法接受的条款，基本上有以下几个原因：一是有些国家和地区由于当地政府和海关的特殊规定，所以在开证时出现了原来合同没有规定的条款；二是由于进口商申请开证时工作疏忽或差错造成的；三是个别进口商出于非善意的企图和不良的经营作风，故意设置圈套，以便在付款时有机可乘，达到拖延付款或遇到市场不景气时可以用它作为借口提出拒付货款的目的。

1. 受益人以合同条款对照信用证进行审核

审核信用，首先对合同中所规定的商品名称、品牌、商标、品质规格、包装条款、总值等一一核对。与合同有矛盾的项目应该向开证申请人提出修改，改妥后才安排装运。

(1)检查信用证的付款保证是否有效。应注意有下列情况之一，不是一项有效的付款保证或该项付款保证是存在缺陷问题的：一是应该保兑的信用证未按要求由有关银行进行保兑。二是信用证未生效。

(2)检查信用证的付款时间是否与有关合同规定相一致。要求支付的汇票是即期还是远期的，要与合同核对。如果合同为即期而来证要求远期支付，就有利息和汇兑风险问题，则应该修改信用证。如果信用证规定远期汇票，要分清是假远期还是真远期，真远期一般都有到期付款字样。

(3)检查信用证受益人和开证人的名称和地址是否完整和准确。受益人应特别注意信用证上的受益人名称和地址应与其印好的文件上的名称和地址内容相一致。买方的公司名称和地址写法是不是也完全正确。在填写发货单时照抄信用证上写错了的买方公司名号和地址是有可能的，如果受益人的名称不正确，将会给今后的收汇带来不便。

(4)对商品的品质、规格、包装等条款的审查。信用证中有关商品货名、规格、包装、单价等项内容必须和合同规定相符，特别是要注意有无另外的特殊条款，应结合合同内容认真研究，做出能否接受或是否修改的决定。

(5)检查信用证的数量是否与合同规定相一致。除非信用证规定数量不得有增减，那么，在付款金额不超过信用证金额的情况下，货物数量可以容许有5%的增减。特别需要注意的是，以上提到的货物数量可以有5%增减的规定一般适用于大宗货物，对于以包装单位或以个体为计算单位的货物不适用。

(6)检查装运期的有关规定是否符合要求。注意能否在信用证规定的装运期内备妥有关货物并按期出运；如来证收到时装运期太近，无法按期装运，应及时与客户联系修改。信用证中规定了分批出运的时间和数量，应注意能否办到，否则，任何一批未按期出运，以后各期即告失效。

(7)检查信用证的金额、币制是否符合合同规定。信用证金额是否正确；信用证中的单价与总值要准确，大小写并用，内容一致；如果数量上可以有一定幅度的伸缩，那么信用证也应相应规定在支付金额时允许有一定幅度；检查币制是否正确。

(8)检查价格条款是否符合合同规定。不同的价格条款涉及具体的费用，如运费、保险费由谁分担。如：合同规定FOB，根据此价格条款，有关的运费和保险费由买方即开证申请人承担。如果收到的信用证中要求海运提单注明“运费已付”，并要求提供保险单，显然与FOB合同的要求完全不同。对此要求如不及时修改，那么受益人将承担有关的运费和保险费。

(9)保险条款应符合合同规定。来证要求投保的险别超出合同的规定,或者保险责任范围扩展至内陆或者加保各种附加险等,应与保险公司联系能否接受,由此发生的超保费原则上应该由买方负担并允许在信用证项下支付。但有时超保费数额微小,若要修改,来回函电往返,费钱费时,而且影响及时装运收汇,得不偿失,也可放弃修改,按信用证条款投保,但应通知开证申请人今后按合同开证或补付超额保费。

2.信用证一般条款的审核

信用证中各种条款都应该逐条审核和落实,稍有一点不能满足信用证要求的单据,就有造成单证不符,都有被开证行拒付的可能。所以有问题的条款都不应该被接受或同有关部门和人员研究解决,确实能做到没有什么问题才能考虑接受。否则就应该及时向开证申请人提出修改。

(1)检查能否在信用证规定的交单期内交单。根据《UCP600》第 14 条,交单出具的一份或者多份正本运输单据,必须由受益人或其代表按照相关条款在不迟于装运日后 21 个日历日内提交,但无论如何不得迟于信用证的到期日。如果来证中规定向银行交单的日期不得迟于提单日期后若干天,则过了期限或单据不齐有错漏,银行有权不付款。

(2)检查信用证内容是否完整。如果信用证是以电传或电报拍发给了通知行即“电信送达”,那么应核实电文内容是否完整;如果电文写明是根据《UCP600》,那么该电文是可以被当作有效信用证执行的。

(3)检查信用证的通知方式是否安全、可靠。信用证一般是通过受益人所在国家或地区的通知/保兑行通知给受益人的。这种方式的信用证通知比较安全,因为根据《UCP600》的有关规定及其解释,通知行应对所通知的信用证的真实性负责;如果不是这样寄交的,应特别注意风险的防范。

(4)检查货物是否允许分批出运和转运。除信用证另有规定外,货物是允许分批装运的。特别注意《UCP600》第 32 条规定,如信用证规定在指定的时间段内分期支取或分期发运,任何一期未按信用证规定期限支取或发运时,信用证对该期及以后各期均告失效。如果在信用证中规定了每一批货物出运的确切时间,则必须按此照办,如不能办到,必须修改。

(5)装运期和有效期条款。装运期必须与合同规定一致,如国外来证晚,无法按期装运,应及时电请国外买方延展装运期。信用证中规定的最迟装运日期,应与合同中的装运条款相一致,运输单据的出单日期或上面加注的装船或启运日期,不得迟于最迟装运日期。若信用证未规定装运期,则最迟装运日期即为信用证的到期日。

(6)船只限制条款。有些地区往往在信用证中对装运船龄加以限制。如信用证规定:The bill of lading or shipping agent's certificate must certify that the carrying ship is not over 15 years of age。这样的信用证一般都来自伊拉克、卡塔尔、约旦、沙特阿拉伯、尼日利亚等国。在装运期内确实有直达该目的港不超过 15 年船龄的船只则可以接受。如果没有直达船,一般外轮代理公司对二程船是否确实为 15 年以下船龄的船只,把握不大,所以外轮代理公司不愿意做这样的保证,也不愿意在提单上注明。据目前情况,这些航线很少有 15 年以下船龄的船只,因为上述国家为非先进国家,设备条件差,装卸效率低,而且港口拥挤,所以船公司不愿意以新船航行这些港口。针对这些条款要与有关单位联系,具体了解该船期内的船只情况。如果没有,这个条件则不能接受。

(7)检查信用证中有无陷阱条款。在审证时,除对上述内容进行仔细审核外,有时信用证内加列许多特殊条款,如指定船籍、船龄等条款或不准在某个港口转船等,一般不应轻易接受,但若对我方无关紧要,而且也可办理,则也可酌情灵活掌握。

信用证有无限制性或保留条款。信用证中的这类条款有合理的,也有不合理的。有的条款如信用证中规定"开证申请人得到进口许可证才能生效"或"本证仅在受益人开具回头信用证并经本证申请人同意接受后才生效",对于这类信用证,受益人必须等到附加条件满足并取得有关文件后,即信用证生效后才能交货。还有一类条款则是不合理的,带有明显的欺诈性。如规定受益人提交的单据中要包括"由买方签发的提货证明"或"检验证书应由申请人授权的签字人签字"。这类信用证实际上受申请人或其代理人控制,受益人收款没有保障,故不应接受。

(8)检查信用证中有无矛盾之外。如明明是空运,却要求提供海运提单;明明价格条款是 FOB,保险应由买方办理,而信用证中却要求提供保险单;装运期颠倒,信用证的议付有效期比装运期要长,这是合乎常规的,反之装运期比议付有效期长,则不合理,应修改。

(9)检查有关信用证是否受《UCP600》的约束。明确信用证受《UCP600》的约束,可以使我们在具体处理信用证业务中,对于信用证的有关规定有一个公认的解释和理解,避免因对某一规定的不同理解而产生争议。

3.*有关单据条款的审核*

(1)保险单条款的审核。根据《UCP600》第 28 条规定:信用证应规定所需投保的险别及附加险(如有的话)。如果信用证使用诸如"通常风险"或"惯常风险"等含义不确切的用语,则无论是否有漏保之风险,保险单据将被照样接受。如果是开证申请人特意委托我方代办保险,而我方可以代办的,则可以考虑代为办理。但要修改为保险费凭保费收据与货款一起收取,如果金额不够应允许超额收取。

(2)海运提单条款的审核。一般信用证对提单份数条款最常见的规定为全套正本提单。按照统一惯例的规定,全套可以是一份或一份以上的本提单。

(3)包装单条款的审核。对包装商品,信用证一般要求出具包装单。包装单表明货物不同规格、不同包装和每件具体情况。如果每件是不定量包装,则要逐一列出每件的毛重和净重等情况。如果数量大,缮制这种意气比较麻烦而且费时,可根据实际情况酌情接受,如果是散装货则不应接受这种单据。

(4)领事发票和领事签证单据条款的审核。领事发票是根据进口国驻在出口国领事馆所制定的一种固定格式而填制的一种发票,并由领事签章,或我们已经缮制好单据,如发票和产地证等,再由领事签章。

(三)改证

对信用证进行全面细致的审核以后,如果发现问题,应区分问题的性质,分别同银行、运输、保险、商检等有关部门进行研究,做出恰当妥善的处理。凡是属于不符合我国对外贸易方针政策、影响合同执行和安全收汇的情况,我们必须要求国外客户通过开证行进行修改,并坚持在收到银行修改信用证通知书后才能对外发货,以免发生货物装运后而修改通知书未到的情况,造成我方工作上的被动和经济上的损失。

在办理改证工作中，凡需要修改的各项内容，应做到一次性向国外客户提出。根据《UCP600》第10条规定：在受益人向通知修改的银行表示接受该修改内容之前，原信用证（或包含先前已被接受修改的信用证）的条款和条件对受益人仍然有效。受益人应发出接受或拒绝接受修改的通知。如果受益人未提供上述通知，当其提交至被指定银行或开证行的单据与信用证以及尚未表示接受的修改要求一致时，则该事实即视为受益人已做出接受修改的通知，并从此时起，该信用证已被修改。

对来证不符合规定的各种情况，还需要做出具体分析，不一定坚持要求对方办理改证手续。只要来证内容不违反政策原则并能保证我方安全迅速收汇，我们也可灵活掌握。

修改信用证根据实施方式不同可以分为以下两种。

1. 受益人审证后要求开证申请人改证

受益人向开证申请人提出改证时，应注意以下改证规则：一是需要修改的内容应一次性通知开证申请人，以节约对方改费用。二是《UCP600》规定：开证行的改证通知书，仍须通过通知行转递，以保真实。三是对于改证通知书的内容，如果发现其中一部分不能接受，则应把改证通知书退回，待全部改妥后才能接受。因为根据《UCP600》规定：对改证通知书部分接受无效。

2. 开证申请人主动改证

开证申请人主动改证应征得受益人的同意。若开证申请从事先未征得受益人同意单方面改证，则受益人有权决定是否接受。在未表示接受前，根据《UCP600》规定，原证条款继续有效，受益人并有权保持沉默直到交单为止。若交单时按修改书制单，即表示接受；若按原证制单，则表示拒绝修改。

三、出口托运

在国际货物买卖中，如果采用CIF或CFR术语成交，则根据《2000年国际贸易术语解释通则》的有关规定：出口方必须自付费用同承运人签订合同，同时负责租用适航的船舶或者向班轮公司订妥必要的舱位。

(一)出口订舱

对于出口商而言，如果货物采用集装箱班轮运输，那么在备货及落实信用证的同时，就应该着手订舱，以便及时履行合同及信用证项下的交货和交单义务。向班轮公司租订舱位，首先要了解各个班轮公司的船舶、船期、挂靠港口以及船舶箱位数等具体情况。目前经营中国国际集装箱海运班轮业务的著名航运公司有：中远（COSCO）、中海（CS）、中外运（SINOTRAN）、海陆（SEALAND）、日本邮船（NYK）、东方海外（OCCL）、马士基（MAERSK）、韩进海运（HANJIN）、铁行渣华（P&O NEDLLOYD）等。这些班轮公司利用各种媒体渠道定期发布本公司船舶的船期以及运价信息，提供订船期、订航线、订挂靠港的集装箱班轮运输服务。同时，一些航运中介机构，如上海航运交易所也定期发布各种航运信息，以供托运人在订舱时进行参考。托运人查询船期表以选择合适的船舶、航次，然后向具体的船公司订舱位。

一般订舱的流程为：

(1)出口企业在货、证准备好之后，填制订舱委托书，随附商业发票、装箱单等其他必要单据，委托货代订舱。有时还委托其代理报关，以及货物的储运工作等事宜。

(2)货代接受订舱委托后，缮制集装箱货物托运单，随同商业发票、装箱单及其他必要的单证一同向船公司办理订舱。

(3)船公司根据具体情况，如果接受订舱，则在托运单的几联单据上填上与提单号码一致的编号，填上船名、航次并签署，同时把配舱回单、装货单(Shipping Order, S/O)等与托运人有关的单据退还给托运人。

(4)托运人持船公司签署的S/O，填制出口货物报关单、商业发票、装箱单等连同其他有关的出口单证办理货物出口报关手续。

(5)海关根据有关规定对出口货物进行查验，如同意出口，则在S/O上盖放行章，并将S/O退还给托运人。

(6)托运人持海关盖章的由船公司签署的S/O，要求船长装货。

(7)装货后，由船上的大副签署大副收据(Mater's Receipt, M/R)，并给托运人。

(8)托运人持M/R，向船公司换取正本的已装船提单。

(9)船公司凭M/R，签发正本提单并交给托运人凭以结汇。

除了上述的程序外，在货物装船后，托运人应及时向国外收货人发出装船通知(Shipping Advice)，以便对方准备付款赎单、办理进口报关手续和接货手续。

(二)出口报关

报关工作的全部程序分为申报、查验、放行三个阶段。

1. 出口货物的申报

出口申报是指出口企业或其代理人出口货物时，在海关规定的期限内，以书面形式向海关报告其出口货物的情况，并随之附有关货运和商业单据，申请海关审查放行，并对所报告内容的真实准确性承担法律责任的行为。

我国《海关法》对出口货物的申报资格、时间、单证、内容等方面，均作有明确规定：

(1)申报资格。必须是海关审核准予注册的专业报关企业、代理报关企业和自理报关企业及其报关员。报关员必须经培训通过海关全国报关员统考，取得由海关总署授权颁发的报关员资格证书，并经海关批准注册，才能代表所属企业办理报关手续。

(2)申报时间。出口货物的报关时限是在装货的24小时以前(海关特准的除外)。

(3)申报单证。是指出口货物报关单、与出口货物直接相关的商业和货运单证，以及国家有关法律、法规规定实行特殊管制的证件等。

2. 查验货物

出口货物，除海关总署特准查验的以外，都应接受海关查验。查验的目的是核对报关单证所报内容与实际到货是否相符，有无错报、漏报、瞒报、伪报等情况，审查货物的出口是否合法。海关查验货物，应在海关规定的时间和场所内进行。如有特殊理由，事先报海关同意，海关可以派员在规定的时间和场所以外查询。申请人应提供往返交通工具和住宿并支付费用。

海关查验货物时，要求货物的收、发货人或其代理人必须到场，并按海关的要求负责办理货物的搬移、拆装箱和查验货物的包装等工作。海关认为必要时，可以进行开验、复验或提取货样，货物保管人应到场作为见证人。查验货物时，由于海关关员责任造成被查验货物损坏的，海关应按规定赔偿当事人的直接经济损失。赔偿办法：由海关关员如实填写"中华人民共和国海关查验货物、物品损坏报告书"一式两份，查验关员和当事人双方签字，各留一份。赔偿金额一般以海关审定的完税价格为基数，根据货物的受损程度确定赔偿金额。

3. 出口货物的放行

海关对出口货物的报关，经过审核报关单据、查验实际货物，并依法办理了征收货物税费手续或减免税手续后，在有关单据上签盖放行章，货物的所有人或其代理人才能提取或装运货物。此时，海关对出口货物的监管才算结束。另外，进口货物因各种原因需海关特殊处理的，可向海关申请担保放行。海关对担保的范围和方式均有明确的规定。

四、制单结汇

(一)制单

制单过程中必须遵循一个原则是"单证一致"，即结汇单据上所表述的内容要与信用证上所要求的内容完全一致。这种一致属于"表面一致"，不管信用证的内容正确与否，单据都必须如实反映出来。在实际操作中，单证不符的事例时有发生，给外贸企业的结汇带来了很大的麻烦，有些企业还因此遭受了巨大的损失，如收货人以单证不符为由，拒绝付款赎单或提出大幅降价的要求，托运人对此也有苦难言。

事实上，有些单证不符的原因不是出在制单上，而是信用证的内容不对，虽然不能因此把责任归咎于合同订立双方，但是在合同的签订过程中，注意这些细节，对于单证的顺畅流转，进而促进整个贸易流程的高效运行，大有裨益。其实，信用证上的有些错误，只要稍加留心，就能够避免。如单词拼写的错误、数字小数点的错误、一些地名的称呼不规范等。

由此可见，单证问题不是很深的技术难题，只要能从小处着手，防微杜渐，很多的失误就能避免。我们可从以下几方面做出努力：

第一，认真的工作态度是前提。制单工作，一般有现成的资料，把这些资料反映在单据上就行，这就需要认真阅读合同和信用证，把其中的每一个事项反映在相应的单据上。单据制作好后，审单也是重要的一环，在这个环节，任何疏忽都有可能导致工作从头再来。

第二，沟通非常重要。单据是把具体合同的内容正确表述出来，有时制单人员可能琢磨不出其中的一些表述，这时千万不可主观臆断，一定要与有关方进行征询。

第三，要对客户进行分类。针对一些客户经常出现的问题，提前询问，以避免重复工作。常用的出口单据有几下几种。

1. 汇票

汇票是一种由债权人(即出口方)开给债务人(即进口方)的不以任何条件为前提的书面支付命令。跟单信用证项下的汇票缮制必须严格按信用证上的要求办理，汇票属于资金单据，它可以代替货币进行流通或转让。因此，它是一种很重要的有价证券。为了防止丢失，一般汇票都有两张正本，具有同等效力，但付款人付一不付二或付二不付一，先到先付，后到无效。

2.商业发票

商业发票是出口商开立的发货价目清单，是装运货物的总说明，发票全面反映了合同的内容。发票的主要作用是供进口商凭以收货、支付货款和进出口记账、报关纳税的凭据。在不用汇票的情况下，发票代替汇票作为付款的依据。发票没有统一的格式，其内容只要符合合同或信用证规定即可。由于发票是全套货运单项的中心，其他单据均参照发票内容缮制，因而制作不仅要求正确无误，还应排列规范、整洁美观。

3.运输单据

运输单据因不同贸易方式而异，有海运提单、海运单、航空运单、铁路运单及多式联合运输单据等，可参照前面章节。

4.保险单

保险单是被保险人索赔、保险理赔的依据。在 CIF 和 CIP 合同中，出口商在向银行或进口商收款时，提交符合销售合同及/或信用证规定的保险单据是出口商必不可少的义务。

5.原产地证明

我国出口商品所使用的产地证主要有以下几种：

(1)普惠制产地证(GSP certificate of origin)。凡是向给惠国出口受惠商品，均须提供普惠制产地证，才能享受关税减免的优惠，所以不管来证是否要求提供这种产地证，我方出口国均应主动提交。普惠制产地证的书面格式名称为格式 A(Form A)。但对新西兰还须提供格式 59A(Form 59A)，对澳大利亚不用任何格式，只需在商业发票上加注有关声明文句。普惠制产地证的签发机构必须经过受惠国政府指定，其名称、地址、授权印鉴都必须在给惠国登记，并在联合国贸易与发展会议秘书处备案。在我国，普惠制产地证的签发机构是各地的进出口商品检验局。

由于大多数给惠国当局凭 Form A 产地证给予减免税待遇，所以它是一种重要的单证。要有效地享受普惠制，首先必须认真填好 Form A 产地证。

(2)普通产地证。这种证书主要用以证明货物的生产国别，进口国海关凭以核定应征收的税率。在我国，普通产地证一般可由进出口商品检验局签发，或由中国国际贸易促进委员会签发。向给惠国以外的国家出口商品，出口商只需提供一般的产地证。如果信用证未规定产地证的签发人时，出口商甚至可以自己提供由自己签发的产地证。但大多数信用证都要求产地证由有权机构出具，如商品检验局或国际商会，以维护其准确性和权威性。

6.检验证书

检验证书种类很多，分别用以证明货物的品质、数量、重量和卫生条件等方面情况。检验证书一般由国家指定的检验机构出具，也可根据不同情况，由出口企业或生产企业自行出具。应注意出证机构检验货物名称和检验项目必须符合合同或信用证的规定。还须注意检验证书的有效期，一般货物为 60 天，新鲜果蔬类为 2～3 个星期，出口货物务必在有效期内出运，如超过期限，应重新报验。

7.包装单据

包装单据是指一切记载或描述商品包装种类和规格情况的单据，是商业发票的补充说明。主要有装箱单、重量单、尺码单等。

8. 其他单证

其他单证按不同交易情况，由合同或信用证规定，常见的有：寄单证明、寄样证明、邮局收据、快递收据、装运通知以及有关运输和费用方面的证明。

(二)审单

这里的审单主要以信用证结算方式来介绍审单原则。《UCP600》是确保在世界范围内将信用证作为可靠支付手段的准则，已被大多数的国家与地区接受和使用。《UCP600》所体现出来的国际标准银行惯例是各国银行处理结算业务必须遵循的基本准则。在信用证业务中，我们必须按照《UCP600》的要求，合理谨慎地审核信用证要求的所有单据，以确定其表面上是否与信用证条款相符。

按信用证的要求审核单据，包括表面一致性原则和实质相符性原则。前者是指受益人提交的单据名称及其内容等表面上必须与信用证规定完全一致。后者是指即使表面上有些微差别，只要内容相符即可。

(三)交单

交单是指出口商即受益人在规定时间内向银行提交信用证规定的全套单据。交单应注意三点：一是单据的种类和份数与信用证的规定相符。二是单据内容正确，包括所用文字与信用证一致。三是交单时间必须在信用证规定的交单期和有效期之内。

根据《UCP600》第 16 条规定，当按照指定行事的被指定银行、保兑行(如有)或开证行决定拒绝兑付或议付时，必须一次性通知提示人。在通知里必须声明：银行拒绝兑付或议付；银行凭以拒绝兑付或议付的各个不符点；银行持有单据等候提示人进一步指示；或开证行持有单据直至收到申请人通知弃权并同意接受该弃权，或在同意后接受弃权前从提示人处收到进一步指示；或银行退回单据；或银行按照先前从提示人处收到的指示行事。

而且第 16 条 c 款中还要求银行拒付电必须以电信方式发出，或者如果不可能以电信方式通知时，则以其他快捷方式通知，但不得迟于提示单据翌日起第五个银行工作日。

(四)结汇

信用证项下的出口单据经开证行审核无误后，银行按照信用证规定的付汇条件，将外汇结付给出口企业。我国出口业务中，使用议付信用证较多，对这种信用证的出口结汇办法主要有三种：收妥结汇、定期结汇和买单结汇。

收妥结汇，又称先收后结，是指出口地银行收到受益人提交的单据，经审核确认与信用证条款的规定相符后，将单据寄给国外付款行索偿，待付款行将外汇划给出口地银行后，该行再按当日外汇牌价结算成人民币交付给受益人。

定期结汇，是指出口地银行在收到受益人提交的单据经审核无误后，将单据寄给国外银行索偿，并自交单日起在事先规定期限内将货款外汇结算成人民币贷记受益人账户或交付给受益人。

买单结汇，又称出口押汇或议付，是指议付行在审核单据后确认受益人所交单据符合信用证条款规定的情况下，按信用证的条款买入受益人的汇票和/或单据，按照票面金额扣除从议付日到估计收到票款之日的利息，将净数按议付日人民币市场汇价折算成人民币，付给信用证的受益人。议付行买入汇票和/或单据后，就成为汇票的善意持有人，即可凭汇票向信用证的开证行或其指定的银行索取票款。根据《UCP600》的规定，银行如仅仅审核单据而不支付价款不构成议付。

【本章小结】

本章阐述了进口和出口合同履行中的相关环节及应注意的事项。进口合同一般包括开证、运输与保险、审单和议付、接货和报关、检验与索赔等，出口合同一般包括备货与报验、催证、审证和改证、出口托运和制单结汇等。

【思考和练习】

1. 在进口合同中一般要经过哪几个环节？
2. 进口人在申请开立信用证时应注意什么问题？
3. 在进口索赔中应注意哪些问题？
4. 在出口合同中一般要经过哪几个环节？
5. 出口人在备货过程中应注意什么问题？
6. 审核信用证的依据是什么？在审核信用证时一般从哪几个方面进行审核？

附 录

《跟单信用证统一惯例(2007 年修订本)》
(国际商会第 600 号出版物)

第一条 统一惯例的适用范围

跟单信用证统一惯例,2007 年修订本,国际商会第 600 号出版物,适用于所有在正文中标明按本惯例办理的跟单信用证(包括本惯例适用范围内的备用信用证)。除非信用证中另有规定,本惯例对一切有关当事人均具有约束力。

第二条 定 义

就本惯例而言:

通知行意指应开证行要求通知信用证的银行。

申请人意指发出开立信用证申请的一方。

银行日意指银行在其营业地正常营业,按照本惯例行事的行为得以在银行履行的日子。

受益人意指信用证中受益的一方。

相符提示意指与信用证中的条款及条件、本惯例中所适用的规定及国际标准银行实务相一致的提示。

保兑意指保兑行在开证行之外对于相符提示做出兑付或议付的确定承诺。

保兑行意指应开证行的授权或请求对信用证加具保兑的银行。

信用证意指一项约定,无论其如何命名或描述,该约定不可撤销并因此构成开证行对于相符提示予以兑付的确定承诺。

兑付意指:

a. 对于即期付款信用证即期付款。

b. 对于延期付款信用证发出延期付款承诺并到期付款。

c. 对于承兑信用证承兑由受益人出具的汇票并到期付款。

开证行意指应申请人要求或代表其自身开立信用证的银行。

议付意指被指定银行在其应获得偿付的银行日或在此之前,通过向受益人预付或者同意向受益人预付款项的方式购买相符提示项下的汇票(汇票付款人为被指定银行以外的银行)及/或单据。

被指定银行意指有权使用信用证的银行,对于可供任何银行使用的信用证而言,任何银行均为被指定银行。

提示意指信用证项下单据被提交至开证行或被指定银行，抑或按此方式提交的单据。

提示人意指做出提示的受益人、银行或其他一方。

第三条 释 义

就本惯例而言：

在适用的条款中，词汇的单复数同义。

信用证是不可撤销的，即使信用证中对此未作指示也是如此。

单据可以通过手签、签样印制、穿孔签字、盖章、符号表示的方式签署，也可以通过其他任何机械或电子证实的方法签署。

当信用证含有要求使单据合法、签证、证实或对单据有类似要求的条件时，这些条件可由在单据上签字、标注、盖章或标签来满足，只要单据表面已满足上述条件即可。

一家银行在不同国家设立的分支机构均视为另一家银行。

诸如“第一流”、“著名”、“合格”、“独立”、“正式”、“有资格”、“当地”等用语用于描述单据出单人的身份时，单据的出单人可以是除受益人以外的任何人。

除非确需在单据中使用，银行对诸如“迅速”、“立即”、“尽快”之类词语将不予置理。

“于或约于”或类似措辞将被理解为一项约定，按此约定，某项事件将在所述日期前后各五天内发生，起讫日均包括在内。

词语“×月×日止”(to)、“至×月×日”(until)、“直至×月×日”(till) 、“从×月×日”(from) 及“在×月×日至×月×日之间”(between) 用于确定装运期限时，包括所述日期。词语“×月×日之前”(before) 及“×月×日之后”(after) 不包括所述日期。

词语“从×月×日”(from)以及“×月×日之后”(after) 用于确定到期日时不包括所述日期。

术语“上半月”和“下半月”应分别理解为自每月“1 日至 15 日”和“16 日至月末最后一天”，包括起讫日期。

术语“月初”、“月中”和“月末”应分别理解为每月 1 日至 10 日、11 日至 20 日和 21 日至月末最后一天，包括起讫日期。

第四条 信用证与合同

a. 就性质而言，信用证与可能作为其依据的销售合同或其他合同，是相互独立的交易。即使信用证中提及该合同，银行亦与该合同完全无关，且不受其约束。因此，一家银行作出兑付、议付或履行信用证项下其他义务的承诺，并不受申请人与开证行之间或与受益人之间在已有关系下产生的索偿或抗辩的制约。

受益人在任何情况下，不得利用银行之间或申请人与开证行之间的契约关系。

b. 开证行应劝阻申请人将基础合同、形式发票或其他类似文件的副本作为信用证整体组成部分的做法。

第五条 单据与货物/服务/行为

银行处理的是单据，而不是单据所涉及的货物、服务或其他行为。

第六条　有效性、有效期限及提示地点

a. 信用证必须规定可以有效使用信用证的银行，或者信用证是否对任何银行均为有效。对于被指定银行有效的信用证同样也对开证行有效。

b. 信用证必须规定它是否适用于即期付款、延期付款、承兑抑或议付。

c. 不得开立包含有以申请人为汇票付款人条款的信用证。

d. i 信用证必须规定提示单据的有效期限。规定的用于兑付或者议付的有效期限将被认为是提示单据的有效期限。

ii. 可以有效使用信用证的银行所在的地点是提示单据的地点。对任何银行均为有效的信用证项下单据提示的地点是任何银行所在的地点。不同于开证行地点的提示单据的地点是开证行地点之外提交单据的地点。

e. 除非如 29(a)中规定，由受益人或代表受益人提示的单据必须在到期日当日或在此之前提交。

第七条　开证行的承诺

a. 倘若规定的单据被提交至被指定银行或开证行并构成相符提示，开证行必须按下述信用证所适用的情形予以兑付：

i. 由开证行即期付款、延期付款或者承兑；

ii. 由被指定银行即期付款而该被指定银行未予付款；

iii. 由被指定银行延期付款而该被指定银行未承担其延期付款承诺，或者虽已承担延期付款承诺但到期未予付款；

iv. 由被指定银行承兑而该被指定银行未予承兑以其为付款人的汇票，或者虽已承兑以其为付款人的汇票但到期未予付款；

v. 由被指定银行议付而该被指定银行未予议付。

b. 自信用证开立之时起，开证行即不可撤销地受到兑付责任的约束。

c. 开证行保证向对于相符提示已经予以兑付或者议付并将单据寄往开证行的被指定银行进行偿付。无论被指定银行是否于到期日前已经对相符提示予以预付或者购买，对于承兑或延期付款信用证项下相符提示的金额的偿付于到期日进行。开证行偿付被指定银行的承诺独立于开证行对于受益人的承诺。

第八条　保兑行的承诺

a. 倘若规定的单据被提交至保兑行或者任何其他被指定银行并构成相符提示，保兑行必须：

i. 兑付，如果信用证适用于：

a. 由保兑行即期付款、延期付款或者承兑；

b. 由另一家被指定银行即期付款而该被指定银行未予付款；

c. 由另一家被指定银行延期付款而该被指定银行未承担其延期付款承诺，或者虽已承担延期付款承诺但到期未予付款；

d. 由另一家被指定银行承兑而该被指定银行未予承兑以其为付款人的汇票，或者虽已承兑以其为付款人的汇票但到期未予付款；

e. 由另一家被指定银行议付而该被指定银行未予议付。

ii. 若信用证由保兑行议付，无追索权地议付。

a. 自为信用证加具保兑之时起，保兑行即不可撤销地受到兑付或者议付责任的约束。

b. 保兑行保证向对于相符提示已经予以兑付或者议付并将单据寄往开证行的另一家被指定银行进行偿付。无论另一家被指定银行是否于到期日前已经对相符提示予以预付或者购买，对于承兑或延期付款信用证项下相符提示的金额的偿付于到期日进行。保兑行偿付另一家被指定银行的承诺独立于保兑行对于受益人的承诺。

c. 如开证行授权或要求另一家银行对信用证加具保兑，而该银行不准备照办时，它必须不延误地告知开证行并仍可通知此份未经加具保兑的信用证。

第九条　信用证及修改的通知

a. 信用证及其修改可以通过通知行通知受益人。除非已对信用证加具保兑，通知行通知信用证不构成兑付或议付的承诺。

b. 通过通知信用证或修改，通知行即表明其认为信用证或修改的表面真实性得到满足，且通知准确地反映了所收到的信用证或修改的条款及条件。

c. 通知行可以利用另一家银行的服务（第二通知行）向受益人通知信用证及其修改。通过通知信用证或修改，第二通知行即表明其认为所收到的通知的表面真实性得到满足，且通知准确地反映了所收到的信用证或修改的条款及条件。

d. 如一家银行利用另一家通知行或第二通知行的服务将信用证通知给受益人，它也必须利用同一家银行的服务通知修改书。

e. 如果一家银行被要求通知信用证或修改但决定不予通知，它必须不延误通知向其发送信用证、修改或通知的银行。

f. 如果一家被要求通知信用证或修改，但不能确定信用证、修改或通知的表面真实性，就必须不延误地告知向其发出该指示的银行。如果通知行或第二通知行仍决定通知信用证或修改，则必须告知受益人或第二通知行其未能核实信用证、修改或通知的表面真实性。

第十条　修　改

a. 除本惯例第 38 条另有规定外，凡未经开证行、保兑行（如有）以及受益人同意，信用证既不能修改也不能撤销。

b. 自发出信用证修改书之时起，开证行就不可撤销地受其发出修改的约束。保兑行可将其保兑承诺扩展至修改内容，且自其通知该修改之时起，即不可撤销地受到该修改的约束。然而，保兑行可选择仅将修改通知受益人而不对其加具保兑，但必须不延误地将此情况通知开证行和受益人。

c. 在受益人向通知修改的银行表示接受该修改内容之前，原信用证（或包含先前已被接受修改的信用证）的条款和条件对受益人仍然有效。受益人应发出接受或拒绝接受修改的通知。如受益人未提供上述通知，当其提交至被指定银行或开证行的单据与信用证以及尚未表示接受的修改要求一致时,则该事实即视为受益人已作出接受修改的通知,并从此时起,该信用证已被修改。

d. 通知修改的银行应当通知向其发出修改书的银行任何有关接受或拒绝接受修改的通知。

e. 不允许部分接受修改,部分接受修改将被视为拒绝接受修改的通知。

f. 修改书中作出的除非受益人在某一时间内拒绝接受修改,否则修改将开始生效的条款将被不予置理。

第十一条 电讯传递与预先通知的信用证和修改

a. 经证实的信用证或修改的电讯文件将被视为有效的信用证或修改,任何随后的邮寄证实书将被不予置理。

若该电讯文件声明"详情后告"(或类似词语)或声明随后寄出的邮寄证实书将是有效的信用证或修改,则该电讯文件将被视为无效的信用证或修改。开证行必须随即不延误地开出有效的信用证或修改,且条款不能与电讯文件相矛盾。

b. 只有准备开立有效信用证或修改的开证行,才可以发出开立信用证或修改预先通知书。发出预先通知的开证行应不可撤销地承诺将不延误地开出有效的信用证或修改,且条款不能与预先通知书相矛盾。

第十二条 指 定

a. 除非一家被指定银行是保兑行,对被指定银行进行兑付或议付的授权并不构成其必须兑付或议付的义务,被指定银行明确同意并照此通知受益人的情形除外。

b. 通过指定一家银行承兑汇票或承担延期付款承诺,开证行即授权该被指定银行预付或购买经其承兑的汇票或由其承担延期付款的承诺。

c. 非保兑行身份的被指定银行接受、审核并寄送单据的行为既不使得该被指定银行具有兑付或议付的义务,也不构成兑付或议付。

第十三条 银行间偿付约定

a. 如果信用证规定被指定银行(索偿行)须通过向另一方银行(偿付行)索偿获得偿付,则信用证中必须声明是否按照信用证开立日正在生效的国际商会《银行间偿付规则》办理。

b. 如果信用证中未声明是否按照国际商会《银行间偿付规则》办理,则适用于下列条款:

i. 开证行必须向偿付行提供偿付授权书,该授权书须与信用证中声明的有效性一致。偿付授权书不应规定有效日期。

ii. 不应要求索偿行向偿付行提供证实单据与信用证条款及条件相符的证明。

iii. 如果偿付行未能按照信用证的条款及条件在首次索偿时即行偿付,则开证行应对索偿行的利息损失以及产生的费用负责。

iv. 偿付行的费用应由开证行承担。然而,如果费用系由受益人承担,则开证行有责任在信用证和偿付授权书中予以注明。如偿付行的费用系由受益人承担,则该费用应在偿付时从支付索偿行的金额中扣除。如果未发生偿付,开证行仍有义务承担偿付行的费用。

c. 如果偿付行未能于首次索偿时即行偿付，则开证行不能解除其自身的偿付责任。

第十四条　审核单据的标准

a. 按照指定行事的被指定银行、保兑行(如有)以及开证行必须对提示的单据进行审核，并仅以单据为基础，以决定单据在表面上看来是否构成相符提示。

b. 按照指定行事的被指定银行、保兑行(如有)以及开证行，自其收到提示单据的翌日起算，应各自拥有最多不超过五个银行工作日的时间以决定提示是否相符。该期限不因单据提示日适逢信用证有效期或最迟提示期或在其之后而被缩减或受到其他影响。

c. 提示若包含一份或多份按照本惯例第 19 条、20 条、21 条、22 条、23 条、24 条或 25 条出具的正本运输单据，则必须由受益人或其代表按照相关条款在不迟于装运日后的二十一个公历日内提交，但无论如何不得迟于信用证的到期日。

d. 单据中内容的描述不必与信用证、信用证对该项单据的描述以及国际标准银行实务完全一致，但不得与该项单据中的内容、其他规定的单据或信用证相冲突。

e. 除商业发票外，其他单据中的货物、服务或行为描述若须规定，可使用统称，但不得与信用证规定的描述相矛盾。

f. 如果信用证要求提示运输单据、保险单据和商业发票以外的单据，但未规定该单据由何人出具或单据的内容。如信用证对此未做规定，只要所提交单据的内容看来满足其功能需要且其他方面与十四条(d)款相符，银行将对提示的单据予以接受。

g. 提示信用证中未要求提交的单据，银行将不予置理。如果收到此类单据，可以退还提示人。

h. 如果信用证中包含某项条件而未规定需提交与之相符的单据，银行将认为未列明此条件，并对此不予置理。

i. 单据的出单日期可以早于信用证开立日期，但不得迟于信用证规定的提示日期。

j. 当受益人和申请人的地址显示在任何规定的单据上时，不必与信用证或其他规定单据中显示的地址相同，但必须与信用证中述及的各自地址处于同一国家内。用于联系的资料(电传、电话、电子邮箱及类似方式)如作为受益人和申请人地址的组成部分将被不予置理。然而，当申请人的地址及联系信息作为按照 19 条、20 条、21 条、22 条、23 条、24 条或 25 条出具的运输单据中收货人或通知方详址的组成部分时，则必须按照信用证规定予以显示。

k. 显示在任何单据中的货物的托运人或发货人不必是信用证的受益人。

l. 假如运输单据能够满足本惯例第 19 条、20 条、21 条、22 条、23 条或 24 条的要求，则运输单据可以由承运人、船东、船长或租船人以外的任何一方出具。

第十五条　相符提示

a. 当开证行确定提示相符时，就必须予以兑付。

b. 当保兑行确定提示相符时，就必须予以兑付或议付并将单据寄往开证行。

c. 当被指定银行确定提示相符并予以兑付或议付时，必须将单据寄往保兑行或开证行。

第十六条　不符单据及不符点的放弃与通知

a. 当按照指定行事的被指定银行、保兑行(如有)或开证行确定提示不符时，可以拒绝兑付或议付。

b. 当开证行确定提示不符时，可以依据其独立的判断联系申请人放弃有关不符点。然而，这并不因此延长 14 条（b）款中述及的期限。

c. 当按照指定行事的被指定银行、保兑行（如有）或开证行决定拒绝兑付或议付时，必须一次性通知提示人。

通知必须声明：

i. 银行拒绝兑付或议付；

ii. 银行凭以拒绝兑付或议付的各个不符点；

iii. a）银行持有单据等候提示人进一步指示；

b）开证行持有单据直至收到申请人通知弃权并同意接受该弃权，或在同意接受弃权前从提示人处收到进一步指示；

c）银行退回单据；

d）银行按照先前从提示人处收到的指示行事。

d. 第十六条（c）款中要求的通知必须以电讯方式发出，或者，如果不可能以电讯方式通知时，则以其他快捷方式通知，但不得迟于提示单据日期翌日起第五个银行工作日终了。

e. 按照指定行事的被指定银行、保兑行（如有）或开证行可以在提供第十六条（c）款（iii）、（a）款或（b）款要求提供的通知后，于任何时间将单据退还提示人。

f. 如果开证行或保兑行未能按照本条款的规定行事，将无权宣称单据未能构成相符提示。

g. 当开证行拒绝兑付或保兑行拒绝兑付或议付，并已经按照本条款发出通知时，该银行将有权就已经履行的偿付索取退款及其利息。

第十七条　正本单据和副本单据

a. 信用证中规定的各种单据必须至少提供一份正本。

b. 除非单据本身表明其不是正本，银行将视任何单据表面上具有单据出具人正本签字、标志、图章或标签的单据为正本单据。

c. 除非单据另有显示，银行将接受单据作为正本单据，如果该单据：

i. 表面看来由单据出具人手工书写、打字、穿孔签字或盖章；

ii. 表面看来使用单据出具人的正本信笺；

iii. 声明单据为正本，除非该项声明表面看来与所提示的单据不符。

d. 如果信用证要求提交副本单据，则提交正本单据或副本单据均可。

e. 如果信用证使用诸如“一式两份”、“两张”、“两份”等术语要求提交多份单据，则可以提交至少一份正本，其余份数以副本来满足。但单据本身另有相反指示者除外。

第十八条　商业发票

a. 商业发票：

i. 必须在表面上看来系由受益人出具(第三十八条另有规定者除外)；

ii. 必须做成以申请人的名称为抬头(第三十八条(g)款另有规定者除外)；

iii. 必须将发票币别作成与信用证相同币种；

iv. 无须签字。

b. 按照指定行事的被指定银行、保兑行(如有)或开证行可以接受金额超过信用证所允许金额的商业发票，倘若有关银行已兑付或已议付的金额没有超过信用证所允许的金额，则该银行的决定对各有关方均具有约束力。

c. 商业发票中货物、服务或行为的描述必须与信用证中显示的内容相符。

第十九条　至少包括两种不同运输方式的运输单据

a. 至少包括两种不同运输方式的运输单据(即多式运输单据或联合运输单据)，不论其称谓如何，必须在表明上看来：

i. 显示承运人名称并由下列人员签署：

承运人或承运人的具名代理或代表，或船长或船长的具名代理或代表。

承运人、船长或代理的任何签字必须分别表明承运人、船长或代理的身份。

代理的签字必须显示其是否作为承运人或船长的代理或代表签署提单。

ii. 通过下述方式表明货物已在信用证规定的地点发运、接受监管或装载：

预先印就的措词，或注明货物已发运、接受监管或装载日期的图章或批注。

运输单据的出具日期将被视为发运、接受监管或装载以及装运日期。然而，如果运输单据以盖章或批注方式标明发运、接受监管或装载日期，则此日期将被视为装运日期。

iii. 显示信用证中规定的发运、接受监管或装载地点以及最终目的地的地点，即使：

a.)运输单据另外显示了不同的发运、接受监管或装载地点或最终目的地的地点；

b.)运输单据包含“预期”或类似限定有关船只、装货港或卸货港的指示。

iv. 系仅有的一份正本运输单据，或者，如果出具了多份正本运输单据，应是运输单据中显示的全套正本份数。

v. 包含承运条件须参阅包含承运条件条款及条件的某一出处(简式或背面空白的运输单据)者，银行对此类承运条件的条款及条件内容不予审核。

vi. 未注明运输单据受租船合约约束。

b. 就本条款而言，转运意指货物在信用证中规定的发运、接受监管或装载地点到最终目的地的运输过程中，从一个运输工具卸下并重新装载到另一个运输工具上(无论是否为不同运输方式)的运输。

c. i. 只要同一运输单据包括运输全程，则运输单据可以注明货物将被转运或可被转运。

ii. 即使信用证禁止转运，银行也将接受注明转运将发生或可能发生的运输单据。

第二十条 提 单

a. 无论其称谓如何，提单必须表面上看来：

i. 显示承运人名称并由下列人员签署：

承运人或承运人的具名代理或代表，或船长或船长的具名代理或代表。

承运人、船长或代理的任何签字必须分别表明其承运人、船长或代理的身份。

代理的签字必须显示其是否作为承运人或船长的代理或代表签署提单。

ii. 通过下述方式表明货物已在信用证规定的装运港装载上具名船只：

预先印就的措词，或注明货物已装船日期的装船批注。

提单的出具日期将被视为装运日期，除非提单包含注明装运日期的装船批注，在此情况下，装船批注中显示的日期将被视为装运日期。

如果提单包含“预期船”字样或类似有关限定船只的词语时，装上具名船只必须由注明装运日期以及实际装运船只名称的装船批注来证实。

iii. 注明装运从信用证中规定的装货港至卸货港。

如果提单未注明以信用证中规定的装货港作为装货港，或包含“预期”或类似有关限定装货港的标注者，则需要提供注明信用证中规定的装货港、装运日期以及船名的装船批注。即使提单上已注明印就的“已装船”或“已装具名船只”措词，本规定仍然适用。

iv. 系仅有的一份正本提单，或者，如果出具了多份正本，应是提单中显示的全套正本份数。

v. 包含承运条件须参阅包含承运条件条款及条件的某一出处（简式或背面空白的提单）者，银行对此类承运条件的条款及条件内容不予审核。

vi. 未注明运输单据受租船合约约束。

b. 就本条款而言，转运意指在信用证规定的装货港到卸货港之间的海运过程中，将货物由一艘船卸下再装上另一艘船的运输。

c. i. 只要同一提单包括运输全程，则提单可以注明货物将被转运或可被转运。

ii. 银行可以接受注明将要发生或可能发生转运的提单。即使信用证禁止转运，只要提单上证实有关货物已由集装箱、拖车或子母船运输，银行仍可接受注明将要发生或可能发生转运的提单。

d. 对于提单中包含的声明承运人保留转运权利的条款，银行将不予置理。

第二十一条 非转让海运单

a. 无论其称谓如何，非转让海运单必须表面上看来：

i. 显示承运人名称并由下列人员签署：

承运人或承运人的具名代理或代表，或船长或船长的具名代理或代表。

承运人、船长或代理的任何签字必须分别表明其承运人、船长或代理的身份。

代理的签字必须显示其是否作为承运人或船长的代理或代表签署提单。

ii. 通过下述方式表明货物已在信用证规定的装运港装载上具名船只：

预先印就的措词，或注明货物已装船日期的装船批注。

非转让海运单的出具日期将被视为装运日期，除非非转让海运单包含注明装运日期的装船批注，在此情况下，装船批注中显示的日期将被视为装运日期。

如果非转让海运单包含“预期船”字样或类似有关限定船只的词语时，装上具名船只必须由注明装运日期以及实际装运船只名称的装船批注来证实。

iii. 注明装运从信用证中规定的装货港至卸货港。

如果非转让海运单未注明以信用证中规定的装货港作为装货港，或包含“预期”或类似有关限定装货港的标注者，则需要提供注明信用证中规定的装货港、装运日期以及船名的装船批注。即使非转让海运单上已注明印就的“已装船”或“已装具名船只”措词，本规定仍然适用。

iv. 系仅有的一份正本非转让海运单，或者，如果出具了多份正本，应是非转让海运单中显示的全套正本份数。

v. 包含承运条件须参阅包含承运条件条款及条件的某一出处（简式或背面空白的提单）者，银行对此类承运条件的条款及条件内容不予审核。

vi. 未注明运输单据受租船合约约束。

b. 就本条款而言，转运意指在信用证规定的装货港到卸货港之间的海运过程中，将货物由一艘船卸下再装上另一艘船的运输。

c. i. 只要同一非转让海运单包括运输全程，则非转让海运单可以注明货物将被转运或可被转运。

ii. 银行可以接受注明将要发生或可能发生转运的非转让海运单。即使信用证禁止转运，只要非转让海运单上证实有关货物已由集装箱、拖车或子母船运输，银行仍可接受注明将要发生或可能发生转运的非转让海运单。

d. 对于非转让海运单中包含的声明承运人保留转运权利的条款，银行将不予置理。

第二十二条　租船合约提单

a. 无论其称谓如何，倘若提单包含有提单受租船合约约束的指示（即租船合约提单），则必须在表面上看来：

i. 由下列当事方签署：

船长或船长的具名代理或代表，或船东或船东的具名代理或代表，或租船主或租船主的具名代理或代表。

船长、船东、租船主或代理的任何签字必须分别表明其船长、船东、租船主或代理的身份。

代理的签字必须显示其是否作为船长、船东或租船主的代理或代表签署提单。

代理人代理或代表船东或租船主签署提单时必须注明船东或租船主的名称。

ii. 通过下述方式表明货物已在信用证规定的装运港装载上具名船只：

预先印就的措词，或注明货物已装船日期的装船批注。

租船合约提单的出具日期将被视为装运日期，除非租船合约提单包含注明装运日期的装船批注，在此情况下，装船批注中显示的日期将被视为装运日期。

iii. 注明货物由信用证中规定的装货港运输至卸货港。卸货港可以按信用证中的规定显示为一组港口或某个地理区域。

iv. 系仅有的一份正本租船合约提单，或者，如果出具了多份正本，应是租船合约提单中显示的全套正本份数。

b. 即使信用证中的条款要求提交租船合约，银行也将对该租船合约不予审核。

第二十三条 空运单据

a. 无论其称谓如何，空运单据必须在表面上看来：

i. 注明承运人名称并由下列当事方签署：

承运人，或承运人的具名代理或代表。

承运人或代理的任何签字必须分别表明其承运人或代理的身份。

代理的签字必须显示其是否作为承运人的代理或代表签署空运单据。

ii. 注明货物已收妥待运。

iii. 注明出具日期。这一日期将被视为装运日期，除非空运单据包含注有实际装运日期的专项批注，在此种情况下，批注中显示的日期将被视为装运日期。

空运单据显示的其他任何与航班号和起飞日期有关的信息不能被视为装运日期。

iv. 表明信用证规定的起飞机场和目的地机场。

v. 为开给发货人或拖运人的正本，即使信用证规定提交全套正本。

vi. 载有承运条款和条件，或提示条款和条件参见别处。银行将不审核承运条款和条件的内容。

b. 就本条款而言，转运是指在信用证规定的起飞机场到目的地机场的运输过程中，将货物从一飞机卸下再装上另一飞机的行为。

c. i. 空运单据可以注明货物将要或可能转运，只要全程运输由同一空运单据涵盖。

ii. 即使信用证禁止转运，注明将要或可能发生转运的空运单据仍可接受。

第二十四条 公路、铁路或内陆水运单据

a. 公路、铁路或内陆水运单据，无论名称如何，必须看似：

i. 表明承运人名称，并且由承运人或其具名代理人签署，或者由承运人或其具名代理人以签字、印戳或批注表明货物收讫。

承运人或其具名代理人的售货签字、印戳或批注必须标明其承运人或代理人的身份。

代理人的收获签字、印戳或批注必须标明代理人系代表承运人签字或行事。

如果铁路运输单据没有指明承运人，可以接受铁路运输公司的任何签字或印戳作为承运人签署单据的证据。

ii. 表明货物在信用证规定地点的发运日期，或者收讫代运或代发送的日期。运输单据的出具日期将被视为发运日期，除非运输单据上盖有带日期的收货印戳，或注明了收货日期或发运日期。

iii. 表明信用证规定的发运地及目的地。

b. i. 公路运输单据必须看似为开给发货人或托运人的正本，或没有认可标记表明单据开给何人。

ii. 注明"第二联"的铁路运输单据将被作为正本接受。

iii. 无论是否注明正本字样，铁路或内陆水运单据都被作为正本接受。

c. 如运输单据上未注明出具的正本数量，提交的份数即视为全套正本。

d. 就本条款而言，转运是指在信用证规定的发运、发送或运送的地点到目的地之间的运输过程中，在同一运输方式中从一运输工具卸下再装上另一运输工具的行为。

e. i. 只要全程运输由同一运输单据涵盖，公路、铁路或内陆水运单据可以注明货物将要或可能被转运。

ii. 即使信用证禁止转运，注明将要或可能发生转运的公路、铁路或内陆水运单据仍可接受。

第二十五条　快递收据、邮政收据或投邮证明

a. 证明货物收讫待运的快递收据，无论名称如何，必须看似：

i. 表明快递机构的名称，并在信用证规定的货物发运地点由该具名快递机构盖章或签字；

ii. 表明取件或收件的日期或类似词语。该日期将被视为发运日期。

b. 如果要求显示快递费用付讫或预付，快递机构出具的表明快递费由收货人以外的一方支付的运输单据可以满足该项要求。

c. 证明货物收讫待运的邮政收据或投邮证明，无论名称如何，必须看似在信用证规定的货物发运地点盖章或签署并注明日期。该日期将被视为发运日期。

第二十六条　"货装舱面"、"托运人装载和计数"、"内容据托运人报称"及运费之外的费用

a. 运输单据不得表明货物装于或者将装于舱面。声明货物可能被装于舱面的运输单据条款可以接受。

b. 载有诸如"托运人装载和计数"或"内容据托运人报称"条款的运输单据可以接受。

c. 运输单据上可以以印戳或其他方式提及运费之外的费用。

第二十七条　清洁运输单据

银行只接受清洁运输单据。清洁运输单据指未载有明确宣称货物或包装有缺陷的条款或批注的运输单据。"清洁"一词并不需要在运输单据上出现，即使信用证要求运输单据为"清洁已装船"的。

第二十八条　保险单据及保险范围

a. 保险单据，例如保险单或预约保险项下的保险证明书或者声明书，必须看似由保险公司或承保人或其代理人或代表出具并签署。

代理人或代表的签字必须标明其系代表保险公司或承保人签字。

b. 如果保险单据表明其以多份正本出具，所有正本均须提交。

c. 暂保单将不被接受。

d. 可以接受保险单代替预约保险项下的保险证明书或声明书。

e. 保险单据日期不得晚于发运日期，除非保险单据表明保险责任不迟于发运日生效。

f. i. 保险单据必须表明投保金额并以与信用证相同的货币表示。

ii. 信用证对于投保金额为货物价值、发票金额或类似金额的某一比例的要求，将被视为对最低保额的要求。

如果信用证对投保金额未作规定，投保金额须至少为货物的 CIF 或 CIP 价格的 110%。

如果从单据中不能确定 CIF 或者 CIP 价格，投保金额必须基于要求承付或议付的金额，或者基于发票上显示的货物总值来计算，两者之中取金额较高者。

iii. 保险单据须标明承包的风险区间至少涵盖从信用证规定的货物监管地或发运地开始到卸货地或最终目的地为止。

g. 信用证应规定所需投保的险别及附加险(如有的话)。如果信用证使用诸如“通常风险”或“惯常风险”等含义不确切的用语，则无论是否有漏保之风险，保险单据将被照样接受。

h. 当信用证规定投保“一切险”时，如保险单据载有任何“一切险”批注或条款，无论是否有“一切险”标题，均将被接受，即使其声明任何风险除外。

i. 保险单据可以援引任何除外责任条款。

j. 保险单据可以注明受免赔率或免赔额(减除额)约束。

第二十九条　截止日或最迟交单日的顺延

a. 如果信用证的截止日或最迟交单日适逢接受交单的银行非因第三十六条所述原因而歇业，则截止日或最迟交单日，视何者适用，将顺延至其重新开业的第一个银行工作日。

b. 如果在顺延后的第一个银行工作日交单，指定银行必须在其致开证行或保兑行的面涵中声明交单是在根据第二十九条 a 款顺延的期限内提交的。

c. 最迟发运日不因第二十九条 a 款规定的原因而顺延。

第三十条　信用证金额、数量与单价的增减幅度

a. “约”或“大约”用语信用证金额或信用证规定的数量或单价时，应解释为允许有关金额或数量或单价有不超过 10%的增减幅度。

b. 在信用证未以包装单位件数或货物自身件数的方式规定货物数量时，货物数量允许有 5%的增减幅度，只要总支取金额不超过信用证金额。

c. 如果信用证规定了货物数量，而该数量已全部发运，及如果信用证规定了单价，而该单价又未降低，或当第三十条 b 款不适用时，则即使不允许部分装运，也允许支取的金额有 5%的减幅。若信用证规定有特定的增减幅度或使用第三十条 a 款提到的用语限定数量，则该减幅不适用。

第三十一条　分批支款或分批装运

a. 允许分批支款或分批装运。

b. 表明使用同一运输工具并经由同次航程运输的数套运输单据在同一次提交时，只要显示相同目的地，将不视为部分发运，即使运输单据上标明的发运日期不同或装卸港、接管

地或发送地点不同。如果交单由数套运输单据构成，其中最晚的一个发运日将被视为发运日。

含有一套或数套运输单据的交单，如果表明在同一种运输方式下经由数件运输工具运输，即使运输工具在同一天出发运往同一目的地，仍将被视为部分发运。

c. 含有一份以上快递收据、邮政收据或投邮证明的交单，如果单据看似由同一块地或邮政机构在同一地点和日期加盖印戳或签字并且表明同一目的地，将不视为部分发运。

第三十二条　分期支款或分期装运

如信用证规定在指定的时间段内分期支款或分期发运，任何一期未按信用证规定期限支取或发运时，信用证对该期及以后各期均告失效。

第三十三条　交单时间

银行在其营业时间外无接受交单的义务。

第三十四条　关于单据有效性的免责

银行对任何单据的形式、充分性、准确性、内容真实性、虚假性或法律效力，或对单据中规定或添加的一般或特殊条件，概不负责；银行对任何单据所代表的货物、服务或其他履约行为的描述、数量、重量、品质、状况、包装、交付、价值或其存在与否，或对发货人、承运人、货运代理人、收货人、货物的保险人或其他任何人的诚信与否，作为或不作为、清偿能力、履约或资信状况，也概不负责。

第三十五条　关于信息传递和翻译的免责

当报文、信件或单据按照信用证的要求传输或发送时，或当信用证未作指示，银行自行选择传送服务时，银行对报文传输或信件或单据的递送过程中发生的延误、中途遗失、残缺或其他错误产生的后果，概不负责。

如果指定银行确定交单相符并将单据发往开证行或保兑行。无论指定的银行是否已经承付或议付，开证行或保兑行必须承付或议付，或偿付指定银行，即使单据在指定银行送往开证行或保兑行的途中，或保兑行送往开证行的途中丢失。

银行对技术术语的翻译或解释上的错误，不负责任，并可不加翻译地传送信用证条款。

第三十六条　不可抗力

银行对由于天灾、暴动、骚乱、叛乱、战争、恐怖主义行为或任何罢工、停工或其无法控制的任何其他原因导致的营业中断的后果，概不负责。

银行恢复营业时，对于在营业中断期间已逾期的信用证，不再进行承付或议付。

第三十七条　关于被指示方行为的免责

a. 为了执行申请人的指示，银行利用其他银行的服务，其费用和风险由申请人承担。

b. 即使银行自行选择了其他银行，如果发出指示未被执行，开证行或通知行对此亦不负责。

c. 指示另一银行提供服务的银行有责任负担被执释放因执行指示而发生的任何佣金、手续费、成本或开支(费用)。

如果信用证规定费用由受益人负担,而该费用未能收取或从信用证款项中扣除,开证行依然承担支付此费用的责任。

信用证或其修改不应规定向受益人的通知以通知行或第二通知行收到其费用为条件。

d. 外国法律和惯例加诸于银行的一切义务和责任,申请人应受其约束,并就此对银行负补偿之责。

第三十八条　可转让信用证

a. 银行无办理转让信用证的义务,除非该银行明确同意其转让范围和转让方式。

b. 就本条款而言:

转让信用证意指明确表明其"可以转让"的信用证。根据受益人(第一受益人)的请求,转让信用证可以被全部或部分地转让给其他受益人(第二受益人)。

转让银行意指办理信用证转让的被指定银行,或者,在适用于任何银行的信用证中,转让银行是由开证行特别授权并办理转让信用证的银行。开证行也可担任转让银行。

转让信用证意指经转让银行办理转让后可供第二受益人使用的信用证。

c. 除非转让时另有约定,所有因办理转让而产生的费用(诸如佣金、手续费、成本或开支)必须由第一受益人支付。

d. 倘若信用证允许分批支款或分批装运,信用证可以被部分地转让给一个以上的第二受益人。

第二受益人不得要求将信用证转让给任何次序位居其后的其他受益人。第一受益人不属于此类其他受益人之列。

e. 任何有关转让的申请必须指明是否以及在何种条件下可以将修改通知第二受益人。转让信用证必须明确指明这些条件。

f. 如果信用证被转让给一个以上的第二受益人,其中一个或多个第二受益人拒绝接受某个信用证修改并不影响其他第二受益人接受修改。对于接受修改的第二受益人而言,信用证已做相应的修改;对于拒绝接受修改的第二受益人而言,该转让信用证仍未被修改。

g. 转让信用证必须准确转载原证的条款及条件,包括保兑(如有),但下列项目除外:

——信用证金额;

——信用证规定的任何单价;

——到期日;

——单据提示期限;

——最迟装运日期或规定的装运期间。

以上任何一项或全部均可减少或缩短。

必须投保的保险金额的投保比例可以增加,以满足原信用证或本惯例规定的投保金额。

可以用第一受益人的名称替换原信用证中申请人的名称。

如果原信用证特别要求开证申请人名称应在除发票以外的任何单据中出现时,则转让信用证必须反映出该项要求。

h. 第一受益人有权以自己的发票和汇票(如有),替换第二受益人的发票和汇票(如有),其金额不得超过原信用证的金额。在如此办理单据替换时,第一受益人可在原信用证项下支取自己发票与第二受益人发票之间产生的差额(如有)。

i. 如果第一受益人应当提交其自己的发票和汇票(如有),但却未能在收到第一次要求时照办;或第一受益人提交的发票导致了第二受益人提示的单据中本不存在的不符点,而其未能在收到第一次要求时予以修正,则转让银行有权将其从第二受益人处收到的单据向开证行提示,并不再对第一受益人负责。

j. 第一受益人可以在其提出转让申请时,表明可在信用证被转让的地点,在原信用证的到期日之前(包括到期日)向第二受益人予以兑付或议付。本条款并不损害第一受益人在第三十八条(h)款下的权利。

k. 由第二受益人或代表第二受益人提交的单据必须向转让银行提示。

第三十九条　款项让渡

信用证未表明可转让,并不影响受益人根据所适用的法律规定,将其在该信用证项下有权获得的款项让渡与他人的权利。本条款所涉及的仅是款项的让渡,而不是信用证项下执行权力的让渡。

参考文献

[1] 吴百福.进出口贸易实务教程.上海:上海人民出版社,2005.

[2] 黎孝先.国际贸易实务.北京:对外经济贸易大学出版社,2003.

[3] 国际商会中国国家委员会.2000年国际贸易术语解释通则.北京:中信出版社,2000.

[4] 胡丹婷.国际贸易实务.北京:机械工业出版社,2007.

[5] 马爱霞.国际医药贸易理论与实务.北京:中国医药科技出版社,2006.

[6] 张晓辉,陈勇.国际贸易实务教程.杭州:浙江大学出版社,2010.

[7] 张炳达,唐辉亮,李成军.国际贸易理论与实务.上海:上海财经大学出版社,2008.

[8] 辛清,陈宝领.国际贸易实务.南京:南京大学出版社,2008.

[9] 顾民.最新信用证(UCP600)操作指南.北京:对外经济贸易大学出版社,2007.

[10] 仲鑫.国际贸易实务——交易程序、磋商内容、案例分析.北京:机械工业出版社,2005.

[11] 国际商会中国国家委员会.2010年国际贸易术语解释通则,2010.